Sozialpädagogik

Gesundheit und Ökologie

Autor: Thomas Schauer

unter Mitarbeit der Verlagsredaktion

Cornelsen

Gesundheit und Ökologie Sozialpädagogik

Projektleitung und Redaktion:
Carina vom Hagen

Außenredaktion:
Dietlind Grüne, Mannheim

Redaktionelle Unterstützung:
Marion Lemnitz, Berlin; Mareike Kerz, Mainz

Covergestaltung:
Rosendahl Grafikdesign, Berlin

Titelfotos:
Fotofinder International / images.de / Biophoto; Colourbox; J. L. Klein & M. L Hubert / Juniors / Wildlife; Glow Images/ Aflo Relax; Mauritius / Alamy; Fotolia / asife;

Layout und technische Umsetzung:
SOFAROBOTNIK GbR, Augsburg & München

www.cornelsen.de

1. Auflage, 6. Druck 2024

Druck: GZH d.o.o., Zagreb

ISBN: 978-3-06-451179-8 (Schülerbuch)
ISBN: 978-3-06-451180-4 (E-Book)

PEFC
PEFC/01-31-1188

PEFC-zertifiziert
Dieses Produkt stammt aus nachhaltig bewirtschafteten Wäldern und kontrollierten Quellen
www.pefc.de

Liebe angehende pädagogische Fachkräfte,

im von Ihnen angestrebten Berufsbild haben Sie großen Einfluss auf die Entwicklung der nächsten Generationen. Mit Kopf, Hand und Herz stehen Ihnen viele Möglichkeiten offen, die betreuten Kinder auf ihrem Weg zu begleiten, zu unterstützen und zu fördern. In der Ausbildung erwerben Sie das nötige grundlegende Handwerkszeug, um Ihre Arbeit am aktuellen wissenschaftlichen Erkenntnisstand ausrichten zu können. Diese Basis ist enorm wichtig. Ihnen sollte jedoch klar sein, dass Sie Ihre Fähigkeiten Ihr Leben lang erweitern und ergänzen müssen, um Ihren Beruf zeitgemäß auszufüllen. Ich wünsche Ihnen für die Ausbildung, aber auch für das ganze Berufsleben viel Ausdauer, Kreativität und Interesse an Neuem!

Gesundheit und eine Umwelt, die es erlaubt, gesund aufzuwachsen, bilden die Grundlage für die bestmögliche Entwicklung eines Kindes. Versuchen Sie, die von Ihnen betreuten Kinder so früh wie möglich an ein Verhalten heranzuführen, das Gesundheit und den Erhalt der Umwelt unterstützt. Kinder benötigen dazu keine Belehrungen. Es ist an Ihnen, sie spielerisch und kindgerecht mit der Thematik vertraut zu machen. Der Themenband „Gesundheit und Ökologie" soll Ihnen dazu das nötige Hintergrundwissen und exemplarische Möglichkeiten der pädagogischen Umsetzung anbieten.

Der Lebensstil einer Gesellschaft ändert sich kontinuierlich. Aus diesem Lebenswandel ergeben sich positive Aspekte, aber auch typische Gefahren und Risiken. Ich möchte Ihnen besonders die Thematik Bewegung ans Herz legen. Das oft recht passive Verhalten vieler Kinder ist eine der häufigsten Ursachen für derzeitige gesundheitliche Problemfelder in der Kindheit. Spaß an Bewegung zu fördern heißt auch, eine Vielzahl an gesundheitlichen Risiken abzuwehren.

Einen herzlichen Dank möchte ich an das gesamte mir bekannte Team des Cornelsen Verlages richten. Die konstruktive Zusammenarbeit hat mich auch beruflich viel dazulernen lassen.

Ganz besonders danke ich meiner Frau Kristina und meiner Tochter Laura für die Unterstützung bei der Arbeit an diesem Buch. Ich hoffe, jetzt wieder mehr Zeit für Euch zu haben!

Thomas Schauer

TRAUNSTEIN, NOVEMBER 2015

Thomas Schauer • Jg. 1980
Lehrer an der staatlichen Berufsschule III Traunstein im sozialpflegerischen und sozialpädagogischen Bereich
Diplomberufspädagoge Univ.
Gesundheits- und Krankenpfleger

INHALT

I

Die Begriffe „Gesundheit“ und „Ökologie“

1

S. 12 – 13

Relevanz der Begriffe Gesundheit und Ökologie für die heutige Zeit

Die Bedeutung von Gesundheit und Umwelt für die kindliche Entwicklung erkennen

Über gesundheitliche und ökologische Ziele für die Zukunft nachdenken

2

S. 14 – 23

Der Gesundheitsbegriff

Gesundheit als mehr denn nur fehlende Krankheit verstehen

Sich der Einflüsse auf unsere Gesundheit bewusst werden

Ansatzpunkte für die Unterstützung von Gesundheit kennenlernen

Menschen mit Behinderung in der Gesellschaft als selbstverständlich betrachten

3

S. 24–25

Ökologie – Mehr als nur Umweltschutz

Die Erde als Lebensgrundlage wahrnehmen

Das eigene Verhalten auf seine Auswirkungen reflektieren

1 RELEVANZ DER BEGRIFFE GESUNDHEIT UND ÖKOLOGIE FÜR DIE HEUTIGE ZEIT

Die Themen Gesundheit und Ökologie verbinden Sie vielleicht nicht zu allererst mit Kindern. Aber gerade in diesem Alter werden die Grundsteine für die Haltung zum eigenen Körper und der Umwelt gelegt. Die Begriffe Ökologie und Gesundheit müssen logischerweise zusammen betrachtet werden. Die Umwelt ist die Lebensgrundlage der Menschheit und beeinflusst diese maßgeblich. Andererseits hat das menschliche Leben stets auch Auswirkungen auf seine Umwelt. Aufgrund dieser Wechselwirkungen macht es wenig Sinn, den Menschen losgelöst von seiner Umwelt zu betrachten. Diese Gedanken greift auch das Fach „Gesundheit und Ökologie“ immer wieder auf.

ZUM WEITERDENKEN Die große Mehrzahl der bekannten Erkrankungen tritt im höheren Alter viel häufiger auf als im Kindesalter. Am Beispiel ›Schlaganfall‹ lässt sich das sehr deutlich belegen. Nach Angaben der Deutschen Schlaganfallhilfe erleiden in Deutschland pro Jahr ca. 300 Kinder und Jungendliche einen Schlaganfall. Für die Altersgruppe zwischen 65 und 75 Jahren gehen Ärzte von einer jährlichen Zahl von über 60 000 aus (vgl. z. B. Heuschmann 2010). Das sind im Vergleich zu den Kindern über 200-mal mehr Krankheitsereignisse.

Schlaganfall
Unterversorgung des Gehirns mit Sauerstoff

Auch wenn über die Umwelt diskutiert wird, spielen Kinder nur eine nebensächliche Rolle. Erwachsene sind die Bevölkerungsgruppe, die Energiepolitik machen, Auto fahren und als Betreiber von Fabriken die Umwelt belasten.

Wieso also sollen Gesundheit und Ökologie schon in der Kindertagesstätte eine Rolle spielen?

Abb. 1.1 Aktuelle Zeitungsüberschriften zum Thema Gesundheit

Gesundheit und Fragen des Umgangs mit der Umwelt sind für Kinder natürlich wichtig, das steht außer Frage. Im Kindesalter wird die Basis für das spätere Verhalten gelegt und Kinder sind noch besonders empfänglich für eine Ausbildung von Werten. Trotzdem müssen gerade pädagogische Fachkräfte in der Kindertageseinrichtung immer wieder aktuell hinterfragen, welche Schwerpunkte in der heutigen Zeit besonders relevant sind.

Problemfelder verändern sich stets durch den gesellschaftlichen und technischen Wandel. Gesellschaftlicher Wandel vollzieht sich durch ein Umdenken der Menschen, die in einem bestimmten Raum zusammenleben:

- Was ist uns wichtig?
- Was sind unsere Ziele?
- Was wollen wir und was nicht?

Die Antworten auf diese Fragen verändern sich mit der Zeit. Der technische Wandel hat seine Grundlage in der Wissenserweiterung der Menschheit. Jeden Tag gewinnen Forscher neue Erkenntnisse über die Abläufe im menschlichen Körper. Technische Geräte können Funktionen des menschlichen Körpers übernehmen, denken Sie z. B. an Beatmungsgeräte oder moderne Elektrorollstühle. Neben der Gesundheit beeinflusst der technische Wandel natürlich auch die Umwelt der Menschen. Lebensmittel werden z. B. über enorme Entfernungen transportiert, wobei eine Unmenge an Abgasen ausgestoßen wird. Moderne Autos sollen immer weniger Treibstoff verbrauchen. Aus diesem Grund muss das Nachdenken über Gesundheit und Umwelt immer wieder angestoßen werden.

2 DER GESUNDHEITSBEGRIFF

2.1 Gesundheit – Was ist das?

„Viel Glück und Gesundheit!“, so lautet einer der vielen Wünsche zu besonderen Ehrentagen, wie dem Geburtstag. Gesundheit ist eines der höchsten, wenn nicht das höchste Gut für den Menschen. Was aber versteht der Einzelne unter Gesundheit? Höchstwahrscheinlich jeder etwas anderes.

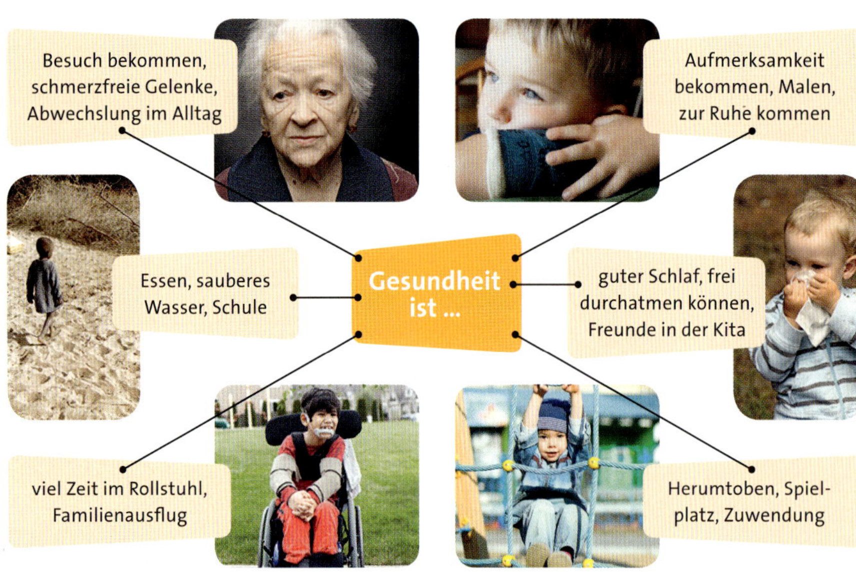

Abb. 2.1 Was verstehen Menschen unter Gesundheit?

2.1.1 Definitionen von Gesundheit

Wenn Sie versucht haben, sich in die oben abgebildeten Personen hineinzuversetzen, haben Sie sicherlich eines festgestellt: Gesundheit ist immer abhängig von den Umständen und der Betrachtungsweise einer Person. Gesundheit ist also ›subjektiv‹. Trotz der Tatsache, dass jeder Mensch unter Gesundheit etwas anderes versteht, versuchen immer wieder einzelne Personen oder Organisationen, eine Definition für die Gesundheit zu erstellen.

Die heute am weitesten verbreitete Definition ist von der Weltgesundheitsorganisation (›WHO‹). Diese versteht unter Gesundheit ...

> *„... einen Zustand vollkommenen körperlichen, geistigen und sozialen Wohlbefindens und nicht allein das Fehlen von Krankheit und Gebrechen."*

- Der letzte Teil der Definition löst die frühere Vorstellung von Gesundheit ab, dass ein Mensch gesund ist, wenn er keine Krankheiten oder Einschränkungen hat.
- Der erste Teil umfasst alle Bereiche des menschlichen Lebens: Körper, Geist und soziales Umfeld.

Diese Betrachtung des Menschen und seiner Gesundheit wird ganzheitlich genannt, da nicht nur der körperliche Aspekt im Mittelpunkt steht.

In den folgenden Beispielen wird klar, dass Kinder durch körperliche, geistige und soziale Einflüsse in ihrer Gesundheit beeinträchtigt werden.

BEISPIEL **Johanna (4;2)** ist in allen Bereichen altersgemäß entwickelt und sehr klug. Obwohl sie sich solche Mühe gibt, von den anderen Kindern gemocht zu werden, lassen diese sie selten mitspielen.
Max (3;9) wird von allen Kindergartenkindern als der beste Sportler verehrt. Er hat eine Kondition wie kein anderes Kind und kann am schnellsten auf die Sprossenwand klettern. Bei Bastelangeboten wird er schnell unruhig und wütend. Sich zu konzentrieren fällt ihm sehr schwer.
Dilara (5;1) sitzt seit ihrem dritten Lebensjahr aufgrund eines Unfalls im Rollstuhl. Sie ist trotz ihrer Einschränkungen eines der Kinder mit der größten Lebensfreude. Ihre Eltern sorgen sich ganz eindrucksvoll um das Mädchen und auch die anderen Kinder verbringen bei ruhigen Aktivitäten gerne Zeit mit ihr.

Die Definition der WHO ist natürlich nicht der einzige Versuch, Gesundheit zu beschreiben. Es gibt sehr viele weitere Definitionen, jeweils mit unterschiedlichen Ansätzen und Sichtweisen.

- Klaus Hurrelmann (1990): „Zustand des objektiven und subjektiven Befindens einer Person, der gegeben ist, wenn diese Person sich in den ›physischen‹, psychischen und sozialen Bereichen ihrer Entwicklung im Einklang mit den eigenen Möglichkeiten und Zielvorstellungen und den jeweils gegebenen äußeren Lebensbedingungen befindet."
- Thomas von Aquin (13. Jh.): „Gesundheit ist weniger ein Zustand als eine Haltung. Und sie gedeiht mit der Freude am Leben."
- Talcott Parson (1971): „Gesundheit ist ein Zustand optimaler Leistungsfähigkeit eines Individuums für die wirksame Erfüllung seiner Rollen und Aufgaben."

subjektiv
abhängig von der Beurteilung durch den Einzelnen

Gegenteil: objektiv
nicht von der Beurteilung durch den Einzelnen abhängig, eindeutig messbar

WHO
World Health Organization; Sonderorganisation der Vereinten Nationen mit dem Ziel, den Gesundheitszustand aller Menschen auf der Welt zu fördern

physisch
körperlich

2.1.2 Einflüsse auf die Gesundheit

Unsere Gesundheit ist jeden Tag einer Vielzahl von Einflüssen ausgesetzt. So fühlen sich z. B. Kinderpfleger nach einem langen Arbeitstag, an dem auch noch die Kinder sehr unruhig und anstrengend waren, matt, müde und gestresst. Nach einem Wochenende, an dem die Sonne scheint und man richtig ausschlafen konnte, sieht die Welt schon wieder ganz anders aus.
Die Sozialwissenschaftler Dahlgren und Whitehead haben 1991 in einer wissenschaftlichen Arbeit den Versuch unternommen, die Einflussfaktoren auf Gesundheit, auch Gesundheitsdeterminanten genannt, zu strukturieren. Der Mensch ist einigen unveränderlichen Gegebenheiten ausgesetzt, die seine Gesundheit beeinflussen. Das Alter, das Geschlecht und viele weitere Erbanlagen sind dafür Beispiele. Die weiteren Gesundheitsdeterminanten sind zum Großteil veränderbar und werden in vier Ebenen unterteilt:

- individuelle Lebensweise
- soziale Einflüsse
- Lebens- und Arbeitsbedingungen
- allgemeine Umweltbedingungen

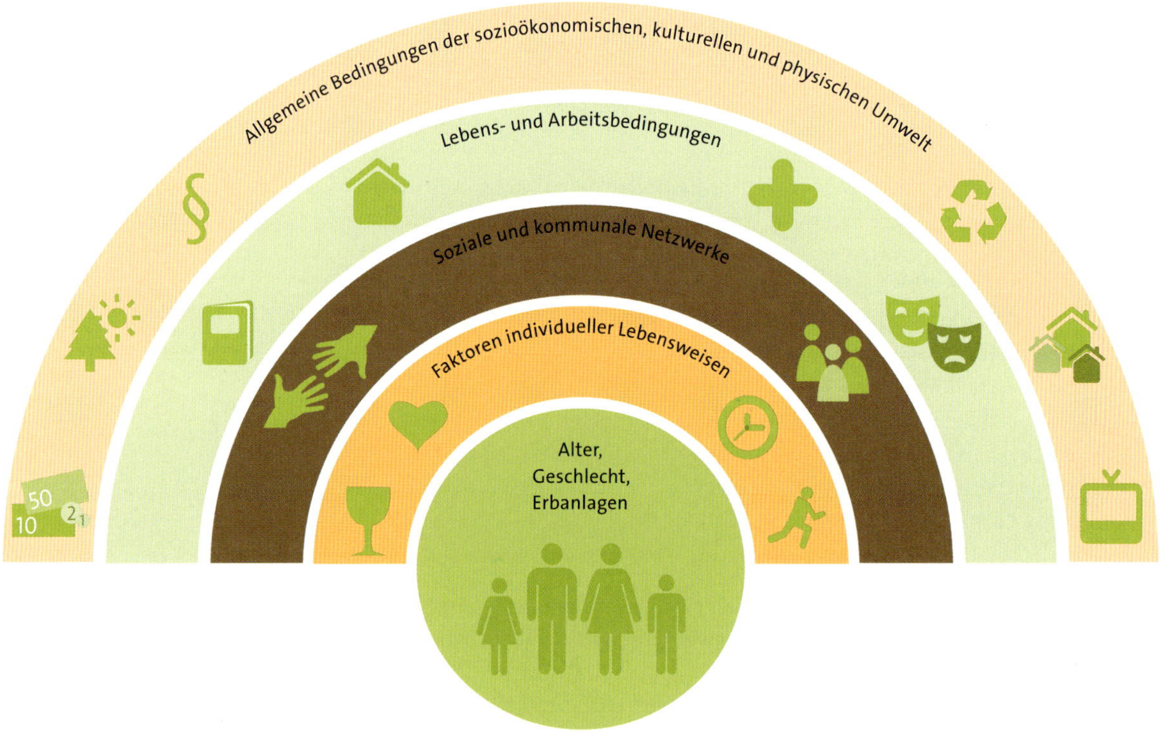

Abb. 2.2 Einflüsse auf die Gesundheit nach Dahlgren und Whitehead

Bei der individuellen Lebensweise geht es direkt um das Verhalten eines Menschen, wie die Ernährung, die Motivation für Bewegung oder das Zeitmanagement. Soziale Einflüsse kommen von Mitmenschen, diese können positiv oder negativ sein. Natürlich macht es einen Unterschied, ob ein Mensch im Kindergarten oder als Landwirt arbeitet, aber auch der Zugang zu einer guten medizinischen Versorgung gehört zu den Lebens- und Arbeitsbedingungen. Allgemeine Umweltbedingungen beschreiben Faktoren wie die wirtschaftliche Lage, das Klima oder auch, ob im Heimatland Krieg oder Frieden herrscht.

2.2 Prävention und Gesundheitsförderung – Gesundheit kann man unterstützen

2.2.1 Krankheit im Wandel der Zeit

Zu erkranken verstanden Menschen vor mehreren Hundert Jahren oft als Schicksal und als eine Aufgabe oder Bestrafung durch die Götter. Als Mediziner begannen, Krankheiten zu erforschen und Therapien zu entwickeln, konnten sie nur versuchen, die Krankheiten zu behandeln. Je mehr Wissen sie über die Krankheiten und deren Entstehung sammelten, desto stärker verschob sich der Blickwinkel darauf, eine Erkrankung zu verhindern und gar nicht erst entstehen zu lassen. Heute geht der Trend dahin, die Erkrankungen überhaupt nicht mehr in den Mittelpunkt zu stellen, sondern zu überlegen: „Wie kann ich Gesundheit unterstützen?“

Diese Gedanken stellen im Zeitraffermodus die Denkweisen in Bezug auf Gesundheit und Krankheit dar. Die Gesundheit und deren Förderung stehen immer mehr im Mittelpunkt. Die Krankheit und deren Heilung sind eher als letzte Möglichkeit zu verstehen.

2.2.2 Prävention

Die Prävention im Zusammenhang mit Gesundheit und Krankheit meint nichts anderes als das Vorbeugen oder die Verhütung von Krankheiten. Je nachdem, zu welchem Zeitpunkt die Prävention geschieht, unterscheidet man verschiedene Stufen:

- Die **Primärprävention** (erste Stufe) setzt bereits in gesunden Zeiten an, indem Risikofaktoren für bestimmte Erkrankungen vermieden werden.
- Bei der **Sekundärprävention** (zweite Stufe) geht es darum, eine Erkrankung möglichst früh zu erkennen und eine optimale Behandlung einzuleiten.
- Liegt bereits eine schwere Erkrankung vor, ist es wichtig, eine Verschlechterung oder mögliche Folgeerkrankungen zu vermeiden. Dabei spricht man von der dritten Stufe, der sogenannten **Tertiärprävention**.

Abb. 2.3 Stufen der Prävention

2.2.3 Gesundheitsförderung

Im Vergleich zur Prävention setzt die Gesundheitsförderung sogar noch früher an. Gesundheitsförderung will den Menschen stärken, ihn widerstandsfähig machen und so gesund erhalten. Die Unfallkasse des Bundes hat für Firmen eine Möglichkeit vorgestellt, mit der diese ihre Maßnahmen zur Gesundheitsförderung strukturieren können. Auch wenn die Maßnahmen nicht für den Bereich der pädagogischen Arbeit mit Kindern entwickelt wurden, bilden sie die Tätigkeitsfelder der Prävention in der Kindertageseinrichtung gut ab.

Abb. 2.4 Handlungsfelder der Gesundheitsförderung

2.2.4 Argumente für Prävention und Gesundheitsförderung

Diabetes → S. 147

Prävention und Gesundheitsförderung müssen bereits im Kindesalter beginnen. Viele Krankheiten zeigen sich zwar erst im höheren Lebensalter, die Basis für ihre Entstehung liegt jedoch Jahre und Jahrzehnte davor. Die Blutzuckerkrankheit ›Diabetes‹ Typ II tritt meist im Erwachsenenalter auf. Eine ungesunde Lebensweise im Kindesalter, z. B. fehlende Bewegung und zu fettreiche Ernährung, steigert aber das Risiko, zu erkranken, enorm. Parodontose, der Zahnfleischschwund, tritt ebenfalls gehäuft ab dem 40. Lebensjahr auf. Ungenügende Zahnpflege, die Grundlage der Erkrankung, kann aber bis ins Kindesalter zurückgeführt werden. Dieses Prinzip ließe sich für viele Krankheiten fortführen.

Für Prävention und Gesundheitsförderung sprechen vor allem zwei Argumente:

Jede vermiedene Krankheit erspart dem Betroffenen Leid.

Vorsorge zu betreiben ist für das Gesundheitssystem billiger als Erkrankungen zu behandeln.

2.3 Salutogenese

2.3.1 Erklärung des Modells

Die ›Salutogenese‹ nach Aaron Antonovsky ist ein sehr bekanntes Modell im Rahmen der Gesundheitsförderung. Der Medizinsoziologe und Stressforscher untersuchte Frauen, die im Dritten Reich in Konzentrationslagern viel Leid erfahren mussten. Er wollte vor allem wissen, was manchen Frauen die Kraft gab, die Erlebnisse besser zu verarbeiten, als anderen. Im Laufe seiner Untersuchungen entwickelte er das Konzept der Salutogenese.

Salutogenese
lat. salus: Gesundheit, Heil, Glück und griech. génesis: Entstehung, Entwicklung; Wissenschaft von der Entstehung der Gesundheit

Nach Antonovsky ist kein Mensch vollständig krank oder vollständig gesund, sondern er bewegt sich zwischen den beiden Extremsituationen hin und her. Einmal näher am Endpunkt völlige Gesundheit, einmal näher am Endpunkt völlige Krankheit. Den Raum zwischen den beiden Endpunkten (Polen) nennt er das Gesundheits-Krankheits-Kontinuum.

Abb. 2.5 Die Waage als Sinnbild für die Salutogenese

Des Weiteren gibt es natürlich Faktoren, die den Menschen belasten oder zumindest fordern. Diese Einflüsse werden in seinem Modell **Stressoren** genannt.

Jeder Mensch besitzt gewisse Fähigkeiten, mit diesen Anforderungen umzugehen. Mit starken und vielfältigen Fähigkeiten dieser Art kann der Mensch mehr Stressoren ertragen, bevor diese zu viel werden. Antonovsky benennt diese Fähigkeiten als **Widerstandsressourcen**.

2.3.2 Gefühl der Zuversicht

Das Leben nach dem Prinzip der Salutogenese ist mit einer Waage vergleichbar, die auf der einen Seite die Bestandteile der Gesundheit, auf der anderen die der Krankheit aufwiegt. Zu den oben genannten Widerstandsressourcen gehören z. B. Intelligenz, Problemlösefähigkeiten, intakte soziale Beziehungen oder ein gutes körperliches Abwehrsystem. Von allen Widerstandsressourcen räumt Antonovsky einem durchgehenden und andauernden Gefühl der Zuversicht einen ganz hohen Stellenwert ein.

> Zuversicht stellt sich bei Kindern ein, wenn sie ihre Umwelt verstehen, das Gefühl haben, Probleme bewältigen zu können, und das Leben sinnvoll erscheint.

Das **Konzept der Salutogenese** lässt sich in zwei Richtungen auf die pädagogische Arbeit in der Kindertagesstätte übertragen. Kinderpfleger müssen unnötige Stressoren von den Kindern fernhalten und gleichzeitig deren Widerstandsressourcen stärken. Andererseits sind pädagogische Fachkräfte in der Kindertageseinrichtung ebenso einer Vielzahl von Stressoren ausgesetzt. Deswegen sollten sie bemüht sein, auch an den eigenen Widerstandsressourcen zu arbeiten und diese auszubauen.

Abb. 2.6 und 2.7 Fördermöglichkeiten in der Kita: Stärkung von Widerstandsfaktoren und Vermeidung von Stressoren

Menschen mit einem hohen Maß an Zuversicht haben also laut Antonovsky weniger Probleme im Umgang mit Stressoren und können deswegen Krankheit länger vermeiden. Die zentrale Frage ist also, wie lässt sich bei Kindern ein Gefühl der Zuversicht fördern?

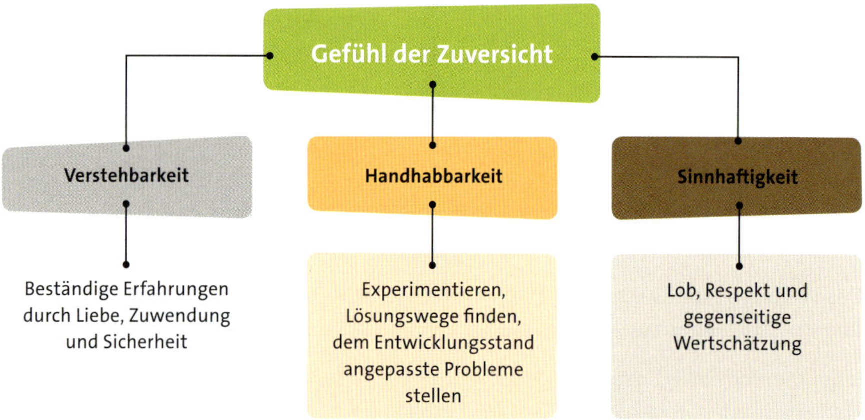

Abb. 2.8 Arbeiten nach dem Prinzip der Salutogenese in der Kindertageseinrichtung

Lob → S. 29

Kinder können ein Gefühl der Zuversicht nur entwickeln, wenn ihnen ihre Mitmenschen immer wieder zeigen, dass das Leben einen Sinn hat. Anstrengungen meistern Kinder mit Leidenschaft, wenn ihnen dafür Respekt und Wertschätzung entgegengebracht wird. Setzen pädagogische Fachkräfte in der Kindertageseinrichtung ›Lob‹ sinnvoll ein, erfahren Kinder ihre Tätigkeiten und Anstrengungen als sinnvoll. Des Weiteren brauchen Kinder das Gefühl, dass alle Vorkommnisse eine logische Begründung haben. Dieses Vertrauen lässt sich durch gute und dauerhafte soziale Beziehungen fördern. Auch Kinderpfleger spielen dabei als Vor- und Leitbilder eine wichtige Rolle. Als dritten Baustein brauchen Kinder das Gefühl, Probleme lösen zu können. Dazu ist es wichtig, dass sie immer wieder eigene Lösungswege erproben können und nicht jeden Stein aus dem Weg geräumt bekommen.

2.4 Integration und Inklusion – Nicht jeder hat die gleichen Startbedingungen

2.4.1 Definition und Klassifikation von Behinderungen

Leider haben nicht alle Menschen die Möglichkeit, ohne Einschränkungen am gesellschaftlichen Leben teilzuhaben. Das ›SGB‹ IX definiert in § 2 eine Behinderung wie folgt:

SGB
Sozialgesetzbuch;
Sammlung von Gesetzen, die Menschen in bestimmten Notlagen unterstützen.
Das Neunte (IX) Buch beschäftigt sich mit der Rehabilitation und Teilhabe behinderter Menschen.

„*Menschen sind behindert, wenn ihre körperliche Funktion, geistige Fähigkeit oder seelische Gesundheit mit hoher Wahrscheinlichkeit länger als sechs Monate von dem für das Lebensalter typischen Zustand abweichen und daher ihre Teilhabe am Leben in der Gesellschaft beeinträchtigt ist ...*“

Im Kontakt zu Menschen mit Behinderung ist es wichtig zu wissen, dass es DIE Behinderung nicht gibt. Vielmehr hat jeder Mensch mit Behinderung seine ganz einzigartigen Einschränkungen. Von einer Schwerbehinderung spricht man, wenn ein Mensch von einer sehr starken Einschränkung betroffen ist. Für 2013 liegt die Zahl der anerkannten Schwerbehinderungen laut dem Statistischen Bundesamt in Deutschland bei mehr als 7,5 Millionen. Bei dieser enormen Zahl sind allerdings nur etwa 28 000 Kinder von 0–6 Jahren miterfasst.

Je nachdem, in welcher Art und Weise ein Mensch eingeschränkt ist, unterscheidet man verschiedene Behinderungsarten:

- **Körperbehinderung**
  Die mit Abstand häufigste Behinderungsart sind Einschränkungen, die sich aus einer Störung körperlicher Abläufe ergeben. Kinder mit Spastiken z. B. haben ständig eine enorm angespannte Muskulatur und sind deswegen in ihrer Bewegungsfähigkeit eingeschränkt.
- **Sinnesbehinderung**
  Einschränkungen der menschlichen Sinne, wie des Gehörs, des Auges oder des Tastsinns, haben starke Auswirkungen auf den Alltag eines Menschen. Sie betreffen zwar ebenfalls körperliche Abläufe, werden jedoch häufig als gesonderte Behinderungsart aufgeführt.
- **Geistige Behinderung**
  Unter dem Begriff geistige Behinderung werden alle Arten von Einschränkungen zusammengefasst, die sich aus einer eingeschränkten Leistungsfähigkeit des Gehirns ergeben. Neben der Intelligenz, die über den ›IQ‹ eingeschätzt wird, können bei Kindern und Erwachsenen mit geistiger Behinderung vor allem auch die Steuerung der Gefühle und der zwischenmenschliche Umgang Probleme bereiten. Bei einer weniger starken Beeinträchtigung der Gehirnfunktionen spricht man von einer Lernbehinderung.

Abb. 2.9 Kind mit Körperbehinderung

- **Weitere Arten von Behinderung**
  Je nach Zusammenstellung gibt es noch eine Vielzahl weiterer Behinderungsarten wie z. B. die seelische Behinderung oder die Sprachbehinderung. Außerdem liegt häufig nicht eine gesonderte Behinderungsart vor, sondern die Menschen sind gleichzeitig von mehreren Einschränkungen betroffen und deswegen mehrfachbehindert.

IQ
Intelligenzquotient;
Kenngröße zur Bewertung der Leistungsfähigkeit des Gehirns

2.4.2 Entstehung von Behinderungen

Eine Behinderung muss nicht angeboren sein, sondern kann zu jeder Lebenszeit auftreten. Grob kann man den Zeitpunkt der Entstehung einer Behinderung in drei Bereiche einteilen.

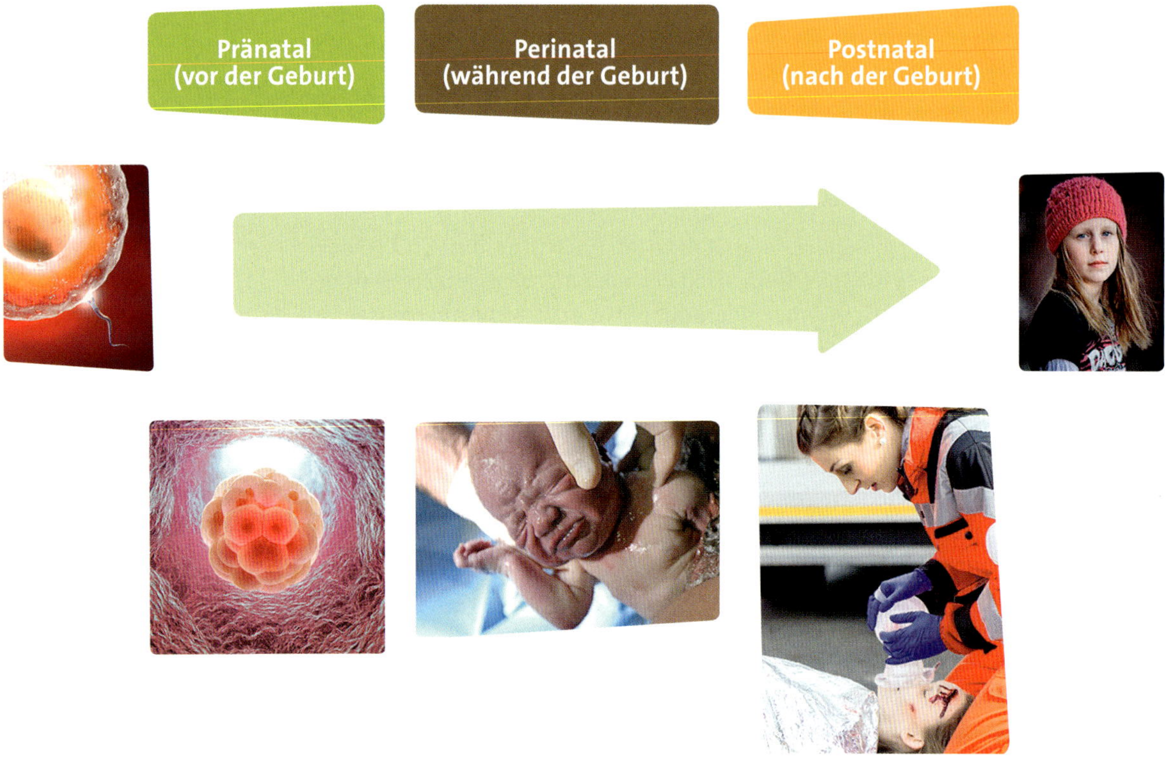

Abb. 2.10 Wann entstehen Behinderungen?

Behinderungen können bereits im Mutterleib entstehen, also vor der Geburt. Einschränkungen, die in dieser Zeit entstehen, werden als pränatal bezeichnet und können z. B. durch Alkohol- und Nikotinkonsum in der Schwangerschaft begünstigt werden. Gibt es Probleme während der Geburt eines Kindes, die zu einer Schädigung führen, spricht man von einer perinatal entstandenen Behinderung. Werden z. B. durch einen Sauerstoffmangel bei der Geburt die Gehirnzellen des Kindes geschädigt, kann eine geistige Behinderung entstehen. Die meisten Behinderungen werden jedoch im Laufe des Lebens erworben. Unfälle z. B. führen sehr häufig zu Körperbehinderungen. Da die Behinderung nach der Geburt entstanden ist, wird sie als postnatal bezeichnet.

2.4.3 Behinderung und Inklusion

Verschiedenste Einschränkungen erschweren es einem Menschen mit Behinderung, voll und ganz am gesellschaftlichen Leben teilzuhaben. Aus diesem Grund ist es enorm wichtig, sich als Gesellschaft zu fragen, wie man mit dem Thema Behinderung umgehen will. Früher wurden Menschen mit Behinderung eher aus der Gesellschaft ausgeschlossen. Heutzutage versucht man immer mehr, Menschen mit Behinderung an allen Vorgängen des Lebens teilhaben zu lassen.

Die Gesellschaft versucht heute das Anderssein als Normalität zu betrachten.

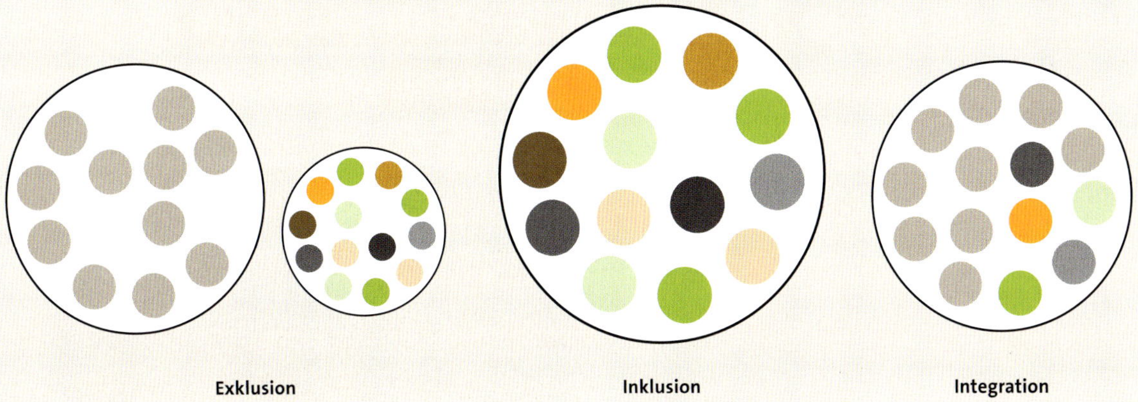

Abb. 2.11 Inklusion bedeutet: Menschen mit Behinderung als Teil der Gesellschaft teilhaben zu lassen.

Bei der Integration müssen Menschen mit Behinderung in vorgegebene Strukturen passen, die Inklusion geht einen Schritt weiter und passt das Umfeld an die Menschen mit Behinderung an.
Seit Februar 2009 ist mit der Unterzeichnung der Konvention der Vereinten Nationen für die Rechte von Menschen mit Behinderung Inklusion in Deutschland gesetzlich verankert. Um die Umsetzung zu gewährleisten, hat die Bundesregierung einen Aktionsplan entwickelt, der bis 2020 den Gedanken der Inklusion vorantreiben soll. Der inklusive Gedanke beginnt so früh wie nur möglich, also natürlich auch in der Kindertagesstätte.

Weitere Informationen zum Nationalen Aktionsplan der Bundesregierung unter:
www.bmas.de/DE/Themen/Schwerpunkte/NAP/inhalt.html

ZUM WEITERDENKEN Auszug aus einem Interview mit Gaby Rijntjes (Leiterin der Kindergemeinschaft Sülztal)

... *Wie sieht Inklusion im Kita-Alltag aus?*

Gaby Rijntjes: ... Inklusion bedeutet, das System immer wieder so zu verändern, dass es den Kindern gerecht wird und nicht umgekehrt. Unsere These: Wir können mit und von Kindern lernen. Inklusion besteht aus einem Umdenken und einer geänderten, verstehenden Haltung dem Kind gegenüber. Immer begleiten uns die Fragen: In welchem System lebt das Kind und was braucht es, um für sich erfolgreich zu werden? Und: Wie kann ich den Alltag so gestalten, dass das Kind seinen Platz findet und seine Kompetenzen erweitern kann? Wie gestalte ich seine Umgebung, welchen Tagesablauf braucht es, wie viel Bindung und Begleitung und so weiter? Nur ein Beispiel: Ein Kind, das in einem anderen Kindergarten auffällt, weil es „verhaltensgestört" ist, wird bei uns erst einmal mit seinen Interessen, seinen Kommunikationsmöglichkeiten, seinem Bewegungsbedarf und seinen Handlungskompetenzen entdeckt und verstanden. Daraus ergeben sich erste Förderansätze. Neben festen Stammgruppen gibt es das besondere Konzept der „Offenen Arbeit". Viele kleine Themengrüppchen am Tag bieten differenzierte Angebote. Einfache Ordnungsprinzipien, einfache Strukturen, eine bewegungsorientierte Umgebung und viele Visualisierungen sind nur ein paar der methodischen Umsetzungshilfen.

Bildungsklick.de (Juni 2015): „Inklusion in der Kita"; bildungsklick.de/a/93146/das-system-muss-den-kindern-gerecht-werden-und-nicht-umgekehrt (Abruf: 13.06.2015)

3 ÖKOLOGIE – MEHR ALS NUR UMWELTSCHUTZ

Die Ökologie versteht sich als ein Bereich der Biologie. Angelehnt an Ernst Haeckel kann man die Ökologie definieren als die Lehre von den Beziehungen der Lebewesen zu ihrer Umwelt. Kinder müssen die Natur als ihre Umwelt kennenlernen, um diese wertzuschätzen. Nur so können die nächsten Generationen dazu motiviert werden, sorgsam mit der Lebensgrundlage „Erde" umzugehen.

3.1 Die Erde als Lebensgrundlage

Der Planet Erde bietet für den Menschen alle lebensnotwendigen Rohstoffe. Die grünen Pflanzen produzieren Sauerstoff, Wasser stillt unseren Durst, tierische und pflanzliche Lebensmittel sorgen dafür, dass wir nicht hungern müssen.

> Ressourcen sind natürliche Vorräte an lebensnotwendigen Stoffen wie beispielsweise Wasser oder Sauerstoff.

Ohne die Ressourcen, die uns die Erde bietet, könnten wir nicht überleben.

Der Planet Erde liefert somit die Grundlage für das menschliche Leben, aber auch für das Leben aller anderen Lebewesen. Er stellt aber nicht unendlich viele Vorräte. Die Ressourcen sind begrenzt und werden auch nur in Grenzen immer wieder neu bereitgestellt. Verbraucht der Mensch durch seinen modernen Lebensstil mehr Vorräte, als die Erde immer wieder neu herstellen kann, werden die verfügbaren Rohstoffe immer weniger, bis es irgendwann keine Rohstoffe mehr gibt. Der Mensch hätte sich dann seiner eigenen Lebensgrundlage beraubt.

3.2 Nachhaltigkeit

Wie lange die Vorräte der Erde noch reichen, hängt stark vom Verhalten der Menschheit ab. Würden alle Menschen zusammen nur so viele Ressourcen verbrauchen, wie die Erde nachproduzieren kann, gäbe es kein Problem. Dieses Ziel anzustreben bezeichnet man in der Ökologie mit **nachhaltigem Handeln** oder **Nachhaltigkeit**. Derzeit ist die Menschheit noch weit von nachhaltigem Handeln entfernt. Ein Versuch der Veranschaulichung ist der ökologische Fußabdruck. Das Modell zeigt, wie sehr sich der Lebenswandel auf die Vorräte der Erde auswirkt. Die Menschheit lebt nach derzeitigen Erkenntnissen so, als hätten wir 1,5 Erden zur Verfügung. Auf Dauer wird sich also entweder das Verhalten der Menschen ändern müssen oder die Ressourcen sind aufgebraucht.

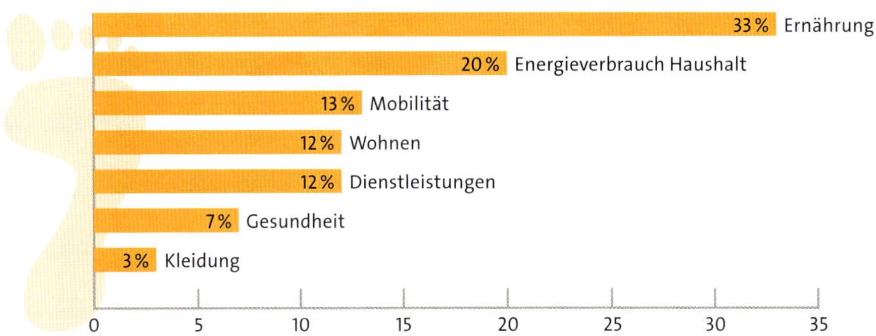

Abb. 3.1 Womit verbraucht der Mensch die Vorräte der Natur?

Nur wenn Kinder von Anfang an lernen, wie wichtig die natürlichen Lebensgrundlagen sind, ist eine Erziehung zu nachhaltigem Handeln möglich. Das heißt jedoch nicht, dass Krippenkinder mit Horrorszenarien von Wasserknappheit und Hungersnöten konfrontiert werden sollen. Ein Kind, das aber die Natur als etwas Schönes und Wertvolles begreift, wird sich ihr gegenüber auch wertschätzender verhalten.

Dass ›Umweltbildung‹ schon in Kinderjahren wichtig ist, bestätigen auch viele öffentliche Stellungnahmen. In der AGENDA 21 der Vereinten Nationen (1992) wird ausdrücklich darauf verwiesen, dass zum Erhalt der Umwelt auch Kinder und Jugendliche berücksichtigt werden sollen. Für bayerische Kindertageseinrichtungen sind Ziele der Umweltbildung beispielsweise sogar in einer Verordnung festgelegt: *„Ziel der Erziehung zu Umwelt- und Naturverständnis ist es, das Interesse des Kindes an der Umwelt und der Natur zu wecken und zu fördern."* (4. DVBayKiG)

Umweltbildung → S. 116

Warum muss ich das für meinen Beruf wissen?

Pädagogische Fachkräfte in Kindertageseinrichtungen haben den gesellschaftlichen Auftrag, die betreuten Kinder an einen gesunden Lebensstil heranzuführen. Dazu benötigen sie ein grundlegendes Verständnis von Gesundheit und Krankheit. Sie fördern die Widerstandsfähigkeit der Kinder, um Gesundheit zu stärken und Krankheit zu vermeiden.

Der Umgang mit den natürlichen Rohstoffen und unserer Umwelt ist Lebensgrundlage für die nächsten Generationen. Kinderpfleger unterstützen die Kinder dabei, eine wertschätzende Grundhaltung gegenüber der Natur zu entwickeln. Auf diese Weise legen Sie die Basis für nachhaltig denkende Menschen.

II

Bedürfnisse des gesunden Kindes

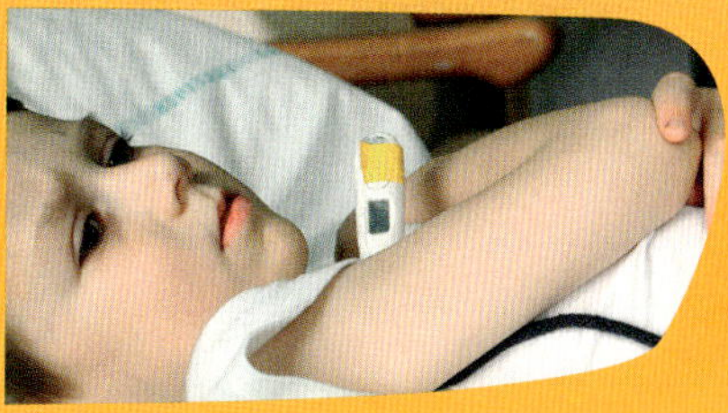

1 GRUNDBEDÜRFNISSE VERSTEHEN

1.1 Grundlagen

KP Bedürfnisse → S. 410
SB Bedürfnisse des Säuglings → S. 63

Ein ›Bedürfnis‹ wird in der Psychologie ganz allgemein als das Empfinden eines Mangels definiert, der dazu führt, dass der Mensch diesen Mangel ausgleichen oder abbauen möchte. Bedürfnisse haben Menschen vom Zeitpunkt der Geburt bis zum Tod. Manche davon bleiben ein Leben lang vorhanden, wie z. B. der Hunger. Andere verändern sich im Laufe der Jahre oder entstehen erst mit der Zeit. Ein Beispiel dafür ist das unterschiedliche Bedürfnis nach sinnvoller Beschäftigung beim Kind und beim Erwachsenen.

BEISPIEL **Sophia (0;10)** beginnt in der Kinderkrippe zu weinen. Kinderpflegerin Lena versucht zu erkennen, was der Kleinen fehlt.

Hannes (3;4) kommt ganz nervös zur pädagogischen Fachkraft Yeliz und sagt, er muss auf die Toilette.

Als **Mathilda (1;9)** den Obstteller auf dem vorbereiteten Frühstückstisch entdeckt, deutet sie immer in diese Richtung und ruft: „Di da! Di da!".

Diese Beispiele zeigen deutlich, warum gerade bei Kindern das Thema Bedürfnisse eine so große Rolle spielt. Empfindet ein erwachsener Mensch einen Mangel, kann er in der Regel selbst etwas dagegen unternehmen. Ein Kind hingegen ist darauf angewiesen, dass ihm jemand hilft, seine Bedürfnisse zu befriedigen. Neben den Eltern sind natürlich auch die pädagogischen Fachkräfte in Kindertageseinrichtungen tagtäglich damit beauftragt, Bedürfnisse zu erkennen und dementsprechend zu reagieren.

1.2 Die Bedürfnispyramide nach Maslow

Das bekannteste Modell, um die Struktur der menschlichen Bedürfnisse abzubilden, ist wohl die Bedürfnispyramide nach dem Psychologen Abraham Maslow. Maslow stellt die Bedürfnisse, je nachdem wie dringlich sie sind, auf verschiedene Stufen. So ergibt sich eine Pyramide, deren Fundament die körperlichen Grundbedürfnisse darstellen. Die Bedürfnisse der oberen Stufen werden für ein Kind erst wichtig, wenn die darunterliegenden befriedigt wurden. Hat ein Kind starken Hunger, ist dieser empfundene Mangel an Essen so vorrangig, dass die weiter oben angesiedelten Bedürfnisse in diesem Moment unwichtig sind. Die körperlichen Grundbedürfnisse sind also die Grundlage der gesunden und glücklichen Entwicklung eines Kindes. Wichtig ist aber zu wissen, dass es nicht ausreicht, ausschließlich auf die körperlichen Bedürfnisse zu achten. Ohne Einbezug der weiter oben angesiedelten Stufen ist die positive Entwicklung eines Kindes ebenfalls nicht möglich.

Abb. 1.1 Die Bedürfnispyramide nach Maslow

Zu den **körperlichen Grundbedürfnissen** zählen vor allem eine ausreichende und ›gesunde Ernährung‹, ein an das Alter angepasster ›Schlaf-Wach-Rhythmus‹ mit ausreichend Ruhephasen, ein ›gepflegter Körper‹ und die Möglichkeit, sich zu ›bewegen‹. **Sicherheit** erfährt ein Kind beispielsweise durch eine sichere und kindsgerechte Gestaltung der Umgebung oder durch die Anwesenheit von vertrauten Menschen. **Soziale Beziehungen** geben dem Kind aber nicht nur Sicherheit, sie sind auch die Grundlage dafür, dass ein Kind lernt, wie es sich in der Gesellschaft verhalten soll. Das Bedürfnis nach **Anerkennung** stellt den Wunsch des Kindes dar, von seiner Umgebung für die erbrachten Leistungen gelobt und wertgeschätzt zu werden. Jedes Kind hat ganz individuelle Fähigkeiten und Begabungen. Diese auszubauen und ihnen nachzugehen ist das Streben nach **Selbstverwirklichung**.

gesunde Ernährung → S. 35
Schlaf und Ruhe → S. 52
Körperpflege → S. 60
Bewegung → S. 74

In der Psychologie gelten die unteren drei und teilweise auch noch die vierte Stufe als sogenannte Defizitbedürfnisse. Defizitbedürfnisse entstehen wie alle Bedürfnisse dann, wenn ein Kind den Eindruck hat, dass es ihm an etwas fehlt. Ist allerdings der Mangel beseitigt, kann das ›Wohlbefinden‹ durch weitere Angebote nicht mehr gesteigert werden. Hat ein Kind zum Beispiel Durst, so hat das Kind keinen Vorteil durch ein weiteres Glas Wasser, nachdem der Durst gestillt wurde. Vor allem die Selbstverwirklichung, zum Teil aber auch die vierte Stufe, werden als Wachstumsbedürfnisse bezeichnet. Je mehr diese Bedürfnisse befriedigt werden, desto besser für das Kind. Eine Sättigung gibt es in diesen Bedürfnissen nicht. Ein Kind, das es geschafft hat, zum ersten Mal eine Leiter nach oben zu klettern, wird sich damit nicht für immer begnügen. Es versucht, die Leiter schneller und sicherer zu klettern oder eine höhere Leiter zu erklimmen.

Wohlbefinden → S. 88

Warum muss ich das für meinen Beruf wissen?

Die Bedürfnisse der Kinder sind der zentrale Ausgangspunkt für die pädagogische Arbeit in der Kita. Kinderpfleger richten, mit einem Grundverständnis dafür, was Kinder brauchen, die Erziehung und Förderung auf deren Bedürfnisse aus.

2 NAHRUNG

Eine ausreichende und dem Alter angepasste Ernährung ist ohne Zweifel eines der grundlegendsten körperlichen **Bedürfnisse** eines Kindes. Die Ansprüche an eine bedarfsgerechte Bedürfnisbefriedigung aber sind weltweit äußerst unterschiedlich. Während in Deutschland und anderen Ländern mit hohem Lebensstandard schon von einer „Generation Pommes" gescherzt wird, hungern in Entwicklungsländern nach Zahlen der Weltgesundheitsorganisation (WHO) über 160 Millionen Kleinkinder.

2.1 Grundlagen der Ernährung

Ernährungsgewohnheiten
→ S. 41

Ernährung hat auch eine kulturelle und eine soziale Komponente. Menschen kommen beim gemeinsamen Essen ins Gespräch, Familien sitzen an einem Tisch und verschiedene Länder haben unterschiedliche ›Ernährungs- und Esskulturen‹. Dennoch nehmen alle Menschen Nahrung hauptsächlich zu sich, um dem Körper Stoffe zuzuführen, die er benötigt, um Energie zu gewinnen oder zu wachsen.

Aufgaben des Essens

- Ernährung
- Gesellschaftliches Ereignis
- Genuss
- Kultur und Tradition

Abb. 2.1 Essen hat verschiedene Aufgaben.

2.1.1 Der Energiebedarf

Der menschliche Körper verbraucht jede einzelne Minute unseres Lebens Energie, um bestimmte Vorgänge am Laufen zu halten. Auch ohne Aktivität muss ein Mensch z. B. seine Körpertemperatur regulieren sowie die Atmung und den Herzschlag aufrechterhalten. Das Gehirn arbeitet ununterbrochen. Die Energiemenge, die der Mensch in 24 Stunden in völliger Ruhe für diese grundlegenden Körperfunktionen benötigt, wird als **Grundumsatz** bezeichnet. Er ist von verschiedenen Faktoren abhängig, z. B. Alter, Geschlecht, Körperbau oder Klima.
Für alle weiteren Tätigkeiten ist natürlich zusätzliche Energie notwendig. Diese wird **Leistungsumsatz** genannt. Kinder, die sich viel bewegen, haben einen höheren zusätzlichen Energiebedarf als Kinder, die viel Zeit im Sitzen verbringen.

Der gesamte Energiebedarf eines Menschen besteht aus dem Grundumsatz und dem Leistungsumsatz.

Wie hoch der Energiebedarf eines Kindes ist, lässt sich daher nicht pauschal angeben. Er ist bei jedem Menschen etwas anders. Mit dem Alter, der Umgebung, dem körperlichen Zustand und der Freizeitgestaltung verändert sich auch der Energiebedarf.
Die Einheit für die Energie ist offiziell das **Kilojoule** (kJ). Häufig wird aber noch immer die Einheit **Kilokalorien** (kcal) verwendet. Aus diesem Grund sollten Kinderpfleger in der Lage sein, diese beiden Einheiten auf die jeweils andere Größe umzurechnen. Eine Kilokalorie sind 4,186 Kilojoule.

Grobe Merkregel: 1 kcal = 4 kJ, 1 kJ = ¼ kcal.

Die **Deutsche Gesellschaft für Ernährung** e. V. (DGE) gibt als eine der wichtigsten Forschungseinrichtungen im Bereich gesunder Ernährung regelmäßig ›Richtlinien‹ mit aktuellen Empfehlungen zur Ernährung heraus. Eltern und pädagogische Fachkräfte in der Kita müssen aber immer individuell abschätzen, ob die aktuelle Situation eines Kindes es erfordert, den Richtwert nach oben oder unten anzupassen. So gelten etwa die Richtwerte nur für normalgewichtige Kinder, bei ›Übergewicht‹ soll die tägliche Energiezufuhr zurückgefahren werden. Ein krankes Kind mit Fieber hingegen hat einen hohen Stoffwechsel und sollte mehr Energie aufnehmen.
Die in Tabelle 2.2 angegebenen Werte sind für einen Tagesablauf ohne besondere Anstrengungen berechnet. Bewegen sich Kinder viel und sind insgesamt sehr aktiv, muss der entsprechende Referenzwert nach oben angepasst werden.

Weitere Empfehlungen und Informationen finden Sie auf der Webseite der DGE: https://www.dge.de/

10 Regeln der DGE → S. 36
Übergewicht → S. 142

Alter	Richtwert für die Energiezufuhr in kcal	
	m	w
0 bis 4 Monate	550	500
4 bis 12 Monate	700	600
1 bis 3 Jahre	1300	1200
4 bis 6 Jahre	1600	1500
7 bis 9 Jahre	1900	1800

Tab. 2.2 Empfehlungen zur Energiezufuhr für Kinder der DGE

2.1.2 Woher kommt die Energie?

Als Energielieferanten können Zucker, Eiweiße und Fette genutzt werden. Diese drei großen Nährstoffgruppen haben neben der Energieversorgung jeweils noch andere Aufgaben. Es gibt noch weitere Nährstoffgruppen wie Mineralstoffe oder Vitamine – diese sind ebenfalls wichtig für den menschlichen Körper, liefern aber keine Energie. **Fette** sind die Nährstoffgruppe mit dem höchsten Energiegehalt. Ein Gramm Fett liefert dem Körper 9 kcal (ca. 39 kJ) Energie. **Kohlenhydrate** (Zucker) und **Eiweiß** haben nur in etwa den halben Energiegehalt. Ein Gramm der beiden Nährstoffgruppen enthält 4 kcal (ca. 17 kJ) Energie. Die DGE empfiehlt, bei der Ernährung darauf zu achten, dass Zucker, Eiweiße und Fette unterschiedliche Anteile am Energiebedarf decken. Nimmt ein Mensch regelmäßig zu viel von einer Nährstoffgruppe zu sich, können sich daraus Probleme wie z. B. ›Übergewicht‹ ergeben.

Übergewicht → S. 142

Baustoffe
Bestandteile der Nahrung, die zum Aufbau neuer Körperstrukturen verwendet werden, z. B. zum Bilden neuer Zellen

Abb. 2.3 Empfehlung zur Verteilung der Energiezufuhr auf die drei großen Nährstoffgruppen

Nährwerttabellen finden Sie z. B. unter: www.naehrwertrechner.de

Nährwerttabellen helfen dabei, abzuschätzen, wie viel Energie in den einzelnen Lebensmitteln steckt. Auf diese Weise lässt sich kontrollieren, ob die empfohlene Energiemenge in etwa eingehalten wird. Nährwerttabellen sind in gedruckter Form käuflich zu erwerben, im Internet sind aber auch kostenfreie Nährwerttabellen zu finden. Für unterwegs werden sogar kostenlose und kostenpflichtige Nährwert-Apps angeboten.

2.1.3 Nährstoffe

Unsere Lebensmittel enthalten also Nährstoffe. Die Nährstoffgruppen Zucker, Eiweiß und Fett liefern uns Energie, haben aber auch eine ganze Reihe weiterer Funktionen im menschlichen Körper. Die mengenmäßig am meisten vorkommenden Nährstoffe werden auch als **Makronährstoffe** bezeichnet. Dazu zählen die bereits genannten Zucker, Eiweiße, Fette und das Wasser. Andere Nährstoffe machen nur einen verschwindend kleinen Teil unserer Nahrung aus, sind aber nicht weniger wichtig. Zu diesen Mikronährstoffen gehören die Vitamine, die Mineralstoffe und die sekundären Pflanzenstoffe.

Kohlenhydrate

Diese Nährstoffgruppe wird auch als **Zucker** bezeichnet und dient in erster Linie der Energieversorgung. Kohlenhydrate bestehen allesamt aus **Einfachzuckern**, auch Monosaccharide genannt. Der bekannteste Einfachzucker ist der Traubenzucker (Glucose). Es gibt aber noch viele andere Einfachzucker, die jeweils eine andere chemische Struktur haben, z. B. den Fruchtzucker oder den Schleimzucker.
Zwei durch chemische Vorgänge miteinander verbundene Einfachzucker heißen **Zweifachzucker** oder Disaccharide. Der typische Haushaltszucker, aber auch der Milchzucker und der Malzzucker sind bekannte Zweifachzucker.
Ketten von mehr als zehn Einfachzuckern werden als **Vielfachzucker** oder Polysaccharide bezeichnet. Die Stärke ist ein im Ernährungsbereich sehr wichtiger Vertreter der Vielfachzucker.

Monosaccharide

Vorkommen z. B. in Früchten, Honig und Gemüse

Disaccharide

Vorkommen z. B. in Milchprodukten und gesüßten Lebensmitteln

Polysaccharide

Vorkommen z. B. in Kartoffeln, Reis, Getreide und Hülsenfrüchten

Tab. 2.4 Die verschiedenen Zuckerarten und ihr Vorkommen

Kohlenhydrate können aber nicht nur einen gerade bestehenden Energiebedarf abdecken. Braucht der Körper momentan keine Energie, kann er den Zucker auch speichern. Dafür werden die Einfachzucker in den Speicherzucker **Glykogen** umgebaut und in den Zellen der Leber und der Muskulatur eingelagert, bis der Körper wieder einen Bedarf an Energie hat.
Eine Sonderform der Kohlenhydrate sind die **Ballaststoffe**. Diese sind unverdaulich und liefern daher auch keine Energie. Dennoch sind sie sehr wichtig, da sie die Verdauung anregen und dazu beitragen, dass sich der Mensch schneller satt fühlt. Ballaststoffe sind vor allem in pflanzlichen Lebensmitteln wie Vollkornprodukten, Obst und Gemüse zu finden.

Eiweiß

Der Fachbegriff für Eiweiß lautet **Protein**. Proteine können auch zur Energiegewinnung genutzt werden, kommen jedoch vor allem als Baustoffe zum Einsatz. Die Grundbausteine aller Eiweiße sind **Aminosäuren**, von denen es zwanzig verschiedene gibt. Manche davon muss der Körper unbedingt mit der Nahrung aufnehmen, andere kann er auch selbst herstellen. Die Aminosäuren können in unterschiedlicher Anzahl und räumlicher Struktur miteinander verkettet werden. Dementsprechend entstehen unterschiedliche Proteine mit verschiedenen Eigenschaften. Diese Eigenschaften machen es den Proteinen möglich, vielfältige Aufgaben im menschlichen Körper zu übernehmen.

Immunsystem → S. 69

Proteine sind
- Baustoffe für jede neu gebildete Zelle.
- als Bestandteile der Muskulatur für Bewegung verantwortlich.
- als Antikörper an der ›Abwehr von Erkrankungen‹ beteiligt.
- in Form von Hormonen wichtige Boten- und Steuerstoffe des Körpers.
- wichtig für die Blutgerinnung.
- als roter Blutfarbstoff Transportstoff für den Sauerstoff.

Abb. 2.5 Lebensmittel mit Eiweiß

Proteine kommen in tierischen Lebensmitteln wie Ei, Milchprodukten, Fleisch und Fisch vor. Aber auch in pflanzlichen Lebensmitteln sind hochwertige Eiweiße vorhanden. Gute Quellen sind Vollkornprodukte, Hülsenfrüchte, Kartoffeln oder Nüsse.

Fett

Lipide, wie die Fette auch bezeichnet werden, sind hervorragende Energielieferanten. Ein Gramm Fett liefert gut doppelt so viel Energie wie ein Gramm Kohlenhydrate oder Eiweiß. Nimmt der Mensch mehr Energie in Form von Fett zu sich, als er benötigt, wird dieses als **Depotfett** eingelagert und kann somit als Energiereserve dienen. Auch Fette haben neben der Versorgung mit Energie vielfältige weitere Aufgaben. So können die Vitamine A, D, E und K als sogenannte fettlösliche Vitamine nur in Kombination mit Fett vom Körper aufgenommen werden. Die Fettschicht in der Unterhaut isoliert und trägt so dazu bei, dass der Mensch eine angemessene Körpertemperatur aufrechterhalten kann. Fette schützen zudem empfindliche Organe wie die Niere vor Stößen und werden auch als Baustoffe für Zellen benötigt. Fettquellen in der Ernährung können tierisch oder pflanzlich sein.

Abb. 2.6 Butter und Öle enthalten Fett.

Weitere Nährstoffe

Wasser ist im weiteren Sinne ebenfalls zu den Nährstoffen zu zählen. Ohne Wasser gibt es kein Leben. Der Mensch besteht zu ca. 70 % aus Wasser, bei einem Mangel treten schnell körperliche Beschwerden auf.

Vitamine sind Stoffe, die der Körper nicht selbst herstellen kann, jedoch dringend braucht, um seine Abläufe zu steuern. Ausnahmen sind das Vitamin D und das Vitamin K. Diese kann der Mensch selbst in der Haut bzw. im Darm herstellen.

Vitamin	Vorkommen (Auswahl)	Aufgabe
Fettlöslich		
Vitamin A	Fleisch, v. a. Leber, Fisch, Milchprodukte, Karotten, Tomaten, Brokkoli	Wachstum, intakte Haut, Sehen
Vitamin D	Meeresfisch, Eier, Butter	stabiler Knochenbau
Vitamin K	Spinat, Kohl, Feldsalat	Blutgerinnung
Wasserlöslich		
Vitamin B_1	Vollkornprodukte, Naturreis, Erbsen, Schweinefleisch	Nervensystem, reguliert den Stoffwechsel
Vitamin B_6	Bananen, Vollkornprodukte, Nüsse, Kartoffeln	Nervensystem, Immunsystem, Eiweißstoffwechsel
Vitamin B_{12}	Milch, Eier, Fisch, Fleisch	Bildung der roten Blutkörperchen
Vitamin C	Zitrusfrüchte, Kartoffeln, Paprika, Tomaten	Immunabwehr, Wundheilung

Tab. 2.7 Auswahl wichtiger Vitamine im Überblick

Bei der Verarbeitung von vitaminreichen Lebensmitteln sollten Kinderpfleger ein paar Hinweise beachten. Viele Vitamine reagieren empfindlich auf Licht, Wärme oder Sauerstoff. Deswegen ist es wichtig, diese Lebensmittel am besten verpackt, kühl und dunkel zu lagern. Den höchsten Vitamingehalt haben sie natürlich, wenn sie zeitnah frisch verarbeitet werden. Fettlösliche Vitamine können vom Körper nur gemeinsam mit Fett aufgenommen werden. Aus diesem Grund wird Salat meist mit einem Öl-Essig-Dressing serviert und Gemüse oft in Butter geschwenkt.
Mineralstoffe müssen ebenfalls mit der Nahrung aufgenommen werden und sind für viele Vorgänge im Körper unentbehrlich.

Mineralstoff	Vorkommen (Auswahl)	Aufgabe
Kalzium	Milchprodukte, Hülsenfrüchte, Nüsse, Gemüse (v. a. Kohl)	stabiler Knochenbau, Nervensystem
Eisen	Fleisch, Vollkornprodukte	Sauerstofftransport durch die roten Blutkörperchen
Jod	Meeresfisch, jodiertes Speisesalz	Schilddrüsenfunktion, geistige Entwicklung
Fluor	Meeresfisch, fluoriertes Speisesalz	stabiler Zahnschmelz und Knochenbau

Tab. 2.8 Wichtige Mineralstoffe im Überblick

2.1.4 Vollwertige Ernährung ist „gesunde" Ernährung

Gesunde Ernährung ist in aller Munde, aber was heißt der Begriff „gesund" eigentlich? Ein zwei Monate altes Baby hat einen anderen Bedarf an Nährstoffen als ein erwachsener Mensch. Ein Kind mit ›Diabetes‹ muss sich anders ernähren als ein völlig gesundes Kind. Der Begriff „gesund" muss daher immer an die aktuelle Lebenssituation eines Menschen angepasst werden.

Diabetes → *S. 147*

So spricht auch die ›DGE‹ nicht von einer gesunden, sondern von einer **vollwertigen Ernährung**. Diese liefert dem Körper alle lebenswichtigen Nährstoffe, und zwar in ausreichender Menge und passender Zusammensetzung. So kann der Mensch seine körperlichen Funktionen aufrechterhalten. Eine vollwertige Ernährung fördert die Entwicklung des Menschen und trägt zum Erhalt seiner Leistungsfähigkeit und Gesundheit bei. Die DGE setzt für die Ernährungserziehung auf einfache, aber einprägsame Materialien. Diese Methode kommt auch der pädagogischen Arbeit mit Kindern entgegen.

Deutsche Gesellschaft für Ernährung (DGE) → *S. 31*

Die **10 Regeln der DGE** für vollwertiges Essen und Trinken geben die aktuellen wissenschaftlichen Erkenntnisse in Sachen Ernährung in verständlicher und kurzer Form wieder.

So ernähren Sie sich vollwertig:

1. Die Lebensmittelvielfalt genießen
2. Reichlich Getreideprodukte sowie Kartoffeln
3. Gemüse und Obst – Nimm „5 am Tag"
4. Milch und Milchprodukte täglich, Fisch ein- bis zweimal in der Woche, Fleisch, Wurstwaren sowie Eier in Maßen
5. Wenig Fett und fettreiche Lebensmittel
6. Zucker und Salz in Maßen
7. Reichlich Flüssigkeit
8. Schonend zubereiten
9. Sich Zeit nehmen und genießen
10. Auf das Gewicht achten und in Bewegung bleiben

Ernährungserziehung → S. 42

Auf der Webseite der DGE finden Sie eine detaillierte Beschreibung der 10 Regeln sowie weiteres Material:

www.dge.de

Es ist natürlich nicht ausreichend, Kindern im Rahmen der ›Ernährungserziehung‹ einfach nur die 10 Regeln an die Hand zu geben. Dennoch können sie als Grundlage für ein Gesamtkonzept der Ernährungserziehung genutzt werden. Pädagogische Fachkräfte in der Kindertageseinrichtung müssen die einzelnen Regeln noch mit Leben füllen und für die Kinder verständlich aufbereiten.

Zwei Materialien sollen hier ergänzend vorgestellt werden: Der **Ernährungskreis** und die **Lebensmittelpyramide** zeigen bildlich, wie die tägliche Ernährung zusammengesetzt sein sollte. Daraus lässt sich ableiten, welche Produkte für den regelmäßigen Verzehr und welche eher weniger empfohlen werden. Lebensmittelgruppen mit größerem Anteil am Ernährungskreis sollten auch einen größeren Anteil der täglichen Ernährung ausmachen.

Abb. 2.9 Ernährungskreis und Ernährungspyramide der DGE

Der Ernährungskreis der Deutschen Gesellschaft für Ernährung e.V. (DGE) dient als Wegweiser für eine vollwertige Ernährung. Er teilt das reichhaltige Lebensmittelangebot in sieben Gruppen ein und erleichtert so die tägliche Lebensmittelauswahl:

1. Getreide, Getreideprodukte, Kartoffeln
2. Gemüse, Salat
3. Obst
4. Milch und Milchprodukte
5. Fleisch, Wurst, Fisch und Eier
6. Öle und Fette
7. Getränke

Je größer ein Kreissegment ist, desto größere Mengen sollten täglich aus der Gruppe verzehrt werden. Lebensmittel aus kleinen Segmenten sollten sparsam verwendet werden. Für eine abwechslungsreiche Ernährung sollte die Lebensmittelvielfalt der einzelnen Gruppen genutzt werden.
Der Kreis zeigt deutlich, dass die Basis jeder vollwertigen Ernährung eine ausreichende **Trinkmenge von mindestens 1,5 Litern pro Tag** ist. Die Lebensmittelgruppen 1 bis 3, also Getreideprodukte bzw. Kartoffeln, Gemüse und Obst, nehmen fast drei Viertel des Ernährungskreises ein. Sie sollten dementsprechend mehrmals täglich verzehrt werden. Nicht weniger wichtig für eine vollwertige Ernährung sind die Lebensmittel der Gruppen 4 bis 6, aber sie sollten in kleineren Mengen in der Nahrung enthalten sein. Zusammenfassend kann man also sagen, dass der Ernährungskreis vor allem die mengenmäßige Verteilung der einzelnen Lebensmittelgruppen wiedergibt.
Die **Dreidimensionale Lebensmittelpyramide** der Deutschen Gesellschaft für Ernährung e.V. (DGE) veranschaulicht die Prinzipien einer vollwertigen Ernährung. Auf der Unterseite der Pyramide ist der DGE-Ernährungskreis abgebildet. Er teilt das reichhaltige Lebensmittelangebot in sieben Gruppen ein und erleichtert so die tägliche Lebensmittelauswahl. Je größer ein Kreissegment ist, desto größere Mengen sollten täglich aus der Gruppe verzehrt werden. Lebensmittel aus kleinen Segmenten sollten sparsam verwendet werden.
Die Seitenflächen der Dreidimensionalen DGE-Lebensmittelpyramide geben durch die räumliche Anordnung der Lebensmittel die zusätzliche Information, welche Lebensmittel innerhalb der jeweiligen Gruppen zu bevorzugen sind: Lebensmittel an der Basis der Pyramidenseite gelten als besonders empfehlenswert, Lebensmittel in der Spitze als weniger empfehlenswert.
Die Aussagen sind aber, wie gesagt, in Bezug auf die Qualität der Lebensmittelgruppen zu verstehen. Eine Aussage über die tägliche Menge sollte nur über den Ernährungskreis getroffen werden.
Auf der Lebensmittelpyramide ist seitlich eine Farbskala abgebildet, die ihre Aussagekraft unterstützt. Die Lebensmittel in der Basis einer Pyramidenseite (ganz unten) liegen im grünen Bereich und sind somit für den regelmäßigen Verzehr empfohlen. Die Produkte im gelben Bereich sollten mäßig verzehrt werden, diejenigen im roten Bereich nur sparsam.

BEISPIEL Getreideprodukte und Kartoffeln sollten laut DGE-Ernährungskreis einen Großteil der Nahrung ausmachen. Die Lebensmittelpyramide ergänzt zu dieser Aussage, dass Vollkornprodukte Weißmehlprodukten vorzuziehen sind.

Pflanzliche Lebensmittel

- Fünf Portionen Obst und Gemüse pro Tag.
- Vollkornprodukte sind Weißmehlprodukten vorzuziehen.
- Kartoffeln möglichst fettarm zubereiten.
- Süßigkeiten, Knabbereien und fettreiche Kartoffelprodukte sind wenig empfehlenswert.

Tierische Lebensmittel

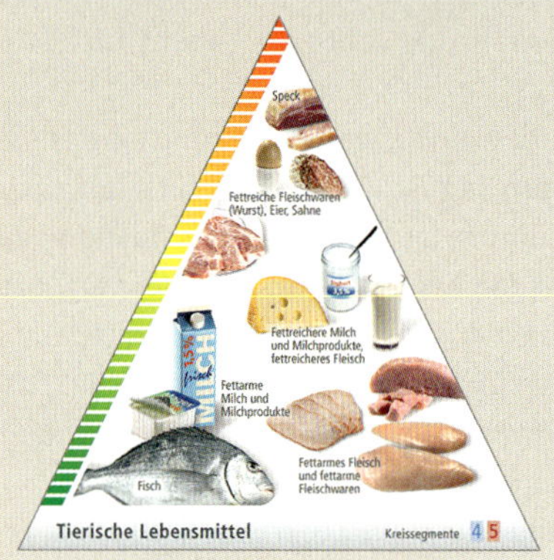

- Fisch liefert viele wichtige Fettsäuren.
- Fettarme Milch- und Fleischprodukte sind zu bevorzugen.
- Vorsicht vor allem bei verstecktem Fett, wie z. B. in Wurstwaren.

Öle und Fett

- Raps- und Walnussöl enthalten viele Omega-3-Fettsäuren, die der Körper dringend benötigt.
- Pflanzliche Fette sind für den Körper besser als tierische Fette.
- Bei den Pflanzenölen kalt gepresste Produkte bevorzugen.

Getränke

- Trinkwasser, Mineralwasser oder ungesüßte Tees sollten die bevorzugten Durstlöscher sein.
- Saftschorlen können diese ergänzen.
- Getränke mit hohem Energiegehalt (z. B. Cola) eher meiden.

Tab. 2.10 Die vier Seiten der Lebensmittelpyramide (nach DGE)

Pädagogische Fachkräfte in der Kindertagesstätte können sich an **altersabhängigen Empfehlungen** orientieren, wie sie z. B. vom Forschungsinstitut für Kinderernährung (FKE) in Dortmund herausgegeben werden.

Weitere Informationen zu den Forschungsergebnissen und Empfehlungen des FKE finden Sie unter: **www.fke-do.de**

Alter (Jahre) Gesamtenergie	kcal/Tag	1 950	2–3 1100	4–6 1450	7–9 1800	10–12 2150	13–14 2200/2700 Mädchen/ Jungen	15–18 2500/3100 Mädchen/ Jungen	% der Gesamt-ernährung[1]
Empfohlene Lebensmittel						**≥ 90 % der Gesamtenergie**			
Reichlich									
Getränke	ml/Tag	600	700	**800**	900	1000	1200/1300	1400/1500	**38,5**
Gemüse	g/Tag	120	150	**200**	220	250	260/300	300/350	**10,0**
Obst	g/Tag	120	150	**200**	220	250	260/300	300/350	**10,0**
Kartoffeln[2]	g/Tag	120	140	**180**	220	270	270/330	300/350	**11,2**
Brot, Getreide (-flocken)	g/Tag	80	120	**170**	200	250	250/300	280/350	**8,1**
									∑ 77,8
Mäßig									
Milch, -produkte[3]	ml (g)/Tag	300	330	**350**	400	420	425/450	450/500	**13,7**
Fleisch, Wurst	g/Tag	30	35	**40**	50	60	65/75	75/85	**1,9**
Eier	Stck./Woche	1–2	1–2	**2**	2	2–3	2–3/2–3	2–3/2–3	**0,8**
Fisch	g/Woche	25	35	**50**	75	90	100/100	100/100	**0,4**
									∑ 16,8
Sparsam									
Öl, Margarine, Butter	g/Tag	15	20	**25**	30	35	35/40	40/45	**1,2**
Geduldete Lebensmittel[4]						**≤ 10 % der Gesamtenergie**			
	max. kcal/Tag	100	110	**150**	180	220	220/270	250/310	**3,5**
									∑ 4,7

[1] Rest: 0,7 % (Würzmittel, z. B. Essig, Knoblauch, Senf, Soßenpulver)
[2] oder Nudeln, Reis u. a. Getreide
[3] 100 ml Milch entsprechen ca. 15 g Schnittkäse oder 30 g Weichkäse
[4] je 100 kcal = 1 Kugel Eiscreme oder 45 g Obstkuchen oder 4 Butterkekse oder 4 EL Flakes oder 4 TL Zucker oder 2 EL Marmelade oder 30 g Fruchtgummi oder 20 g Schokolade oder 10 Stck. Chips oder 1 Glas (200 ml) Limonade, Fruchtsaftgetränk oder -nektar

Tab. 2.11 Altersabhängige Ernährungsempfehlungen nach FKE (2008)

ZUM WEITERDENKEN **Die Lebensmittelampel**

Vor wenigen Jahren wurde darüber diskutiert, europaweit eine Kennzeichnung für Lebensmittel einzuführen. Diese sollte in Form einer Ampel gut sichtbar auf der Verpackung abgedruckt werden. Aus einer solchen Kennzeichnung kann jeder Kunde schnell und eindeutig ablesen, ob der Gehalt des Lebensmittels an Zucker, Fett, gesättigten Fettsäuren und Salz unbedenklich oder zu hoch ist. Eine verpflichtende europaweite Einführung wurde nicht erreicht. Aber es gibt z. B. kostenlose Apps, die den QR-Code scannen und so die Informationen übersetzen können.

Abb. 2.12 Lebensmittelauswahl im Supermarkt

2.1.5 Der Verdauungsvorgang

Eine noch so vollwertige Ernährung mit allen notwendigen Bestandteilen kann dem Körper nur nützen, wenn er diese Bestandteile auch aufnehmen kann. Ein gesunder Organismus zerlegt die Nahrung und die darin enthaltenen Nährstoffe so weit, dass die einzelnen Bausteine in den Körper gelangen können. Diesen Vorgang bezeichnet man als Verdauung.
Die Verdauung wiederum ist nur ein Teilbereich des menschlichen **Stoffwechsels**. Nachdem die Bausteine aus der Nahrung aufgenommen wurden, bildet der Körper daraus wieder Stoffe, die er für die alltäglichen Abläufe verwenden kann. Der Stoffwechsel umfasst also nicht nur den Abbau von Substanzen (Stoffen), sondern auch deren Um- und Aufbau.
Der menschliche **Magen-Darm-Trakt** erfüllt die Aufgabe der Verdauung. Dabei hat jeder Teilbereich seine speziellen Aufgaben.

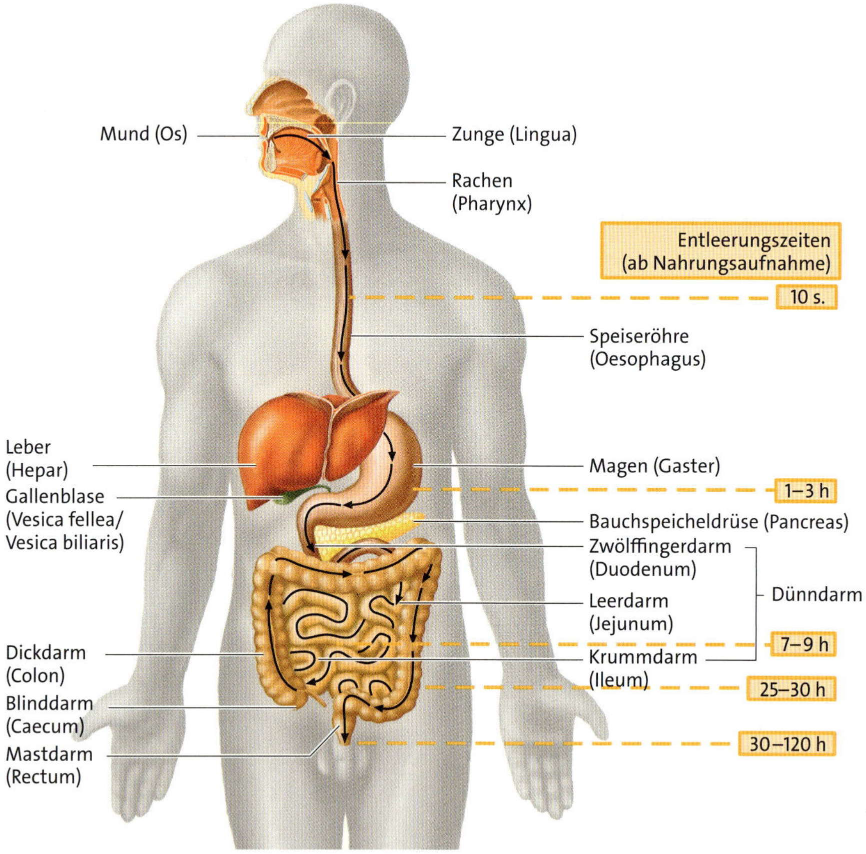

Abb. 2.13 Das menschliche Verdauungssystem

Nährstoffgruppen → S. 32

Die drei großen ›Nährstoffgruppen‹ Kohlenhydrate, Eiweiße und Fette müssen in ihre Bausteine zerlegt werden. Die Zerkleinerung der Nahrung beginnt mechanisch im Mund, wo diese mit den Zähnen zerkaut wird. Auf ihrem Weg von hier bis zu den ersten Abschnitten des Dünndarms wird die Nahrung immer weiter zerlegt, bis sie in Bausteinen vorliegt, die der Körper aufnehmen kann. Diese Aufgabe übernehmen verschiedene Verdauungsenzyme, die in den **Verdauungssäften** des Körpers, z. B. dem Speichel oder der Magensäure, enthalten sind.

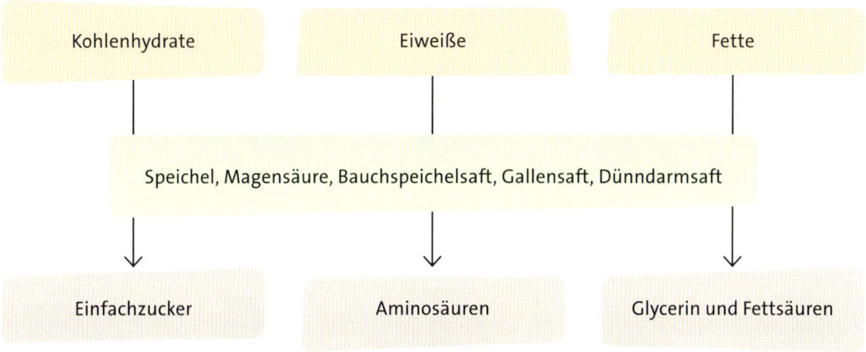

Abb. 2.14 Die Verdauung der drei großen Nährstoffgruppen

Im **Dünndarm** werden die Nährstoffe oder deren Bestandteile vom Verdauungssystem ins Blut aufgenommen. Die Dünndarmschleimhaut ist so aufgebaut, dass eine Aufnahme möglich ist. Mit dem Blut können die Bestandteile dann im Körper verteilt werden und gelangen so an die Orte, an denen sie benötigt werden.
Im **Dickdarm** wird dem Nahrungsbrei, der aus den unverdaulichen Bestandteilen der Nahrung und den Verdauungssäften besteht, das überschüssige Wasser entzogen. So verliert der Körper nicht zu viel Flüssigkeit.

2.2 Der Umgang mit der Ernährung

2.2.1 Ernährungsgewohnheiten

Die Art und Weise, wie Menschen Nahrung zu sich nehmen, ist ebenso verschieden wie die häufig verzehrten Lebensmittel in unterschiedlichen Ländern und Kulturkreisen. Auch innerhalb eines Landes können die Ernährungsgewohnheiten in verschiedenen Gruppierungen bereits sehr unterschiedlich sein.
Diese ›**kulturelle Vielfalt**‹ im Bereich der Ernährung sollte von Kinderpflegern gefördert und thematisiert werden. Kinder lernen dadurch andere Kulturkreise kennen und entwickeln von klein auf Interesse und Toleranz.

HW kulturelle Unterschiede in der Ernährung → S. 49

Abb. 2.15 Verschiedene Kulturen haben unterschiedliche Ernährungsgewohnheiten.

Ernährung von Kindern und Jugendlichen

Hinter Ernährungsgewohnheiten können sich natürlich auch „Ernährungssünden" verstecken. In Deutschland wird das Ernährungsverhalten regelmäßig in Studien ausgewertet.

FKE → S. 39

Die GRETA-Studie des ›FKE‹ liefert z. B. für das **Ernährungsverhalten von Kleinkindern** eindeutige Hinweise darauf, dass sie

- zu wenig Getreideprodukte und Gemüse essen.
- zu viele tierische Produkte wie Fleisch und Wurst verzehren.
- zu viele Süßigkeiten bekommen.

Daraus ergibt sich für die Ernährung eine Überversorgung mit Eiweiß, Zucker und ungünstigen Fettsäuren. Dagegen mangelt es den Kindern an wichtigen ungesättigten Fettsäuren und Mineralstoffen sowie Vitaminen. Ernährungswissenschaftler sehen in dieser Fehlversorgung eine Gefahr für die optimale Entwicklung im Kleinkindalter.

Details zur KIGGS-Studie finden Sie unter: www.kiggs-studie.de

Die KIGGS-Studie des Robert Koch-Instituts (RKI) beschäftigt sich als groß angelegte Untersuchung mit dem **Gesundheitsverhalten von Kindern und Jugendlichen**. Als wichtiger Einflussfaktor auf die Gesundheit wurde dazu auch das Ernährungsverhalten von Kindern und Jugendlichen im Alter von 6 bis 17 Jahren untersucht. Auch in dieser Altersgruppe geben die Ergebnisse Anlass zum Nachdenken.

Abb. 2.16 Kernaussagen der KIGGS-Studie zum Ernährungsverhalten von Kindern und Jugendlichen

> Pädagogische Fachkräfte haben die Möglichkeit, mithilfe dieser wissenschaftlichen Erkenntnisse eine an den aktuellen Bedarf angepasste Ernährungserziehung zu gestalten.

2.2.2 Was ist Ernährungserziehung?

Längst ist bekannt, dass Verhaltensmuster schon in früher Kindheit geprägt werden und sich dann durch das gesamte Leben ziehen können. Das gilt auch für das Ernährungsverhalten. Die Grundsteine für einen genussvollen, aber durchdachten Umgang mit Lebensmitteln werden in den ersten Jahren gelegt. Diese Tatsache – in Verbindung mit der in Deutschland häufig unpassenden Ernährung von Kindern – verleiht der Ernährungserziehung einen ganz besonderen Stellenwert in der pädagogischen Arbeit.

Bei der Ernährungserziehung geht es nicht darum, Kindern mit stets wiederholten Ermahnungen die Lust am Essen und Trinken zu verderben. Vielmehr soll von klein auf ein Ernährungsverhalten gefördert werden, das ein gesundes Ernährungsverhalten mit der Freude am Essen zusammenführt.

> Kinder müssen gesunde und vollwertige Ernährung erleben können, um ein positives Ernährungsverhalten zu entwickeln.

Wie genau aber können nun pädagogische Fachkräfte in der Kindertagesstätte eine sinnvolle Ernährungserziehung betreiben? Grundsätzlich sind dabei der Fantasie keine Grenzen gesetzt. Als Anhaltspunkte werden im Folgenden einige Kerngedanken der Ernährungserziehung zusammengefasst.

2.2.3 Unsere Lebensmittel: Die Vielfalt macht den Gewinn

Bereits die ›erste Regel der DGE‹ für eine vollwertige Ernährung lautet: „Die Lebensmittelvielfalt genießen!" Ein Speiseplan mit vielfältigen Produkten unterstützt die Versorgung des Kindes mit allen nötigen Nährstoffen. Für eine vollwertige Ernährung sind stets Lebensmittel aus den verschiedenen Gruppen des ›Ernährungskreises‹ notwendig. Je mehr Produkte als Bausteine infrage kommen, umso abwechslungsreicher kann vollwertige gesunde Ernährung sein.

10 Regeln der DGE → S. 36

Ernährungskreis → S. 36

ZUM WEITERDENKEN Kinderpfleger können Kindern beim Entdecken neuer Lebensmittel auch immer deren Herkunft und Bedeutung verständlich machen. So lassen sich Themen der Ernährungserziehung, wie z. B. Nährstoffgehalte oder regionale Nahrungsmittel, ebenso verdeutlichen wie allgemeinbildende Aspekte, etwa das Kennenlernen der Weltkarte.

BEISPIEL Die Kinderpflegerin Noeli Schell lässt ihre Gruppe von Kindergartenkindern verschiedene tropische und einheimische Früchte probieren. Die Kinder entdecken auf diese Weise neue Lebensmittel und werden darauf aufmerksam, dass manche von ihnen einen weiten Weg zurücklegen müssen, bis sie bei uns auf den Tisch kommen.

Kinderpfleger Markus Melchert hat in einer kleinen Versuchsreihe gemeinsam mit den von ihm betreuten Kindern Kresse gepflanzt. Die Kinder erleben so, wie die Kresse aus den Samen zu einer essbaren Pflanze wird. Das selbst erzeugte Lebensmittel lassen sich die Kinder als Garnitur auf Brot mit selbst gemachtem Gemüseaufstrich schmecken.

Die Erzieherin Gudrun Cahn will den Kindern verdeutlichen, dass gerade pflanzliche Lebensmittel nur zu bestimmten Zeiten des Jahres frisch geliefert werden können. In einem kleinen Gärtchen züchtet die Gruppe Salat, Tomaten und Kürbis. Die verschiedenen Gemüse reifen zu unterschiedlichen Zeiten und können dann entsprechend der „Saison" gemeinsam verkocht werden.

Abb. 2.17 Obst in seiner Vielfalt kennenlernen

2.2.4 Die Selbstständigkeit stärken

Kinder sollten lernen, was alles dazu gehört, sich zu ernähren: einkaufen, kochen, Tisch decken, abspülen. Tätigkeiten, die bei Erwachsenen ganz automatisch ablaufen, fordern von einem Kind viel Einsatz. Neben dem reinen Erwerb von hauswirtschaftlichen Fähigkeiten stärkt die Mithilfe auch den Bezug zum Essen.
Eine Mahlzeit, an deren Vorbereitung ein Kind sich selbst beteiligt hat, wird ihm in der Regel auch gut schmecken. Außerdem fördert es das Selbstbewusstsein, wenn es merkt, dass es bestimmte Tätigkeiten schon eigenständig übernehmen kann. Kinderpfleger sollten natürlich auch hier den Grundsatz beachten, dass Überforderung zu Frust führt. Deswegen sollen sie Kinder schrittweise und langsam an die Tätigkeiten heranführen.

BEISPIEL Die Kindergartengruppe „Sonnenblume" geht gemeinsam mit den zuständigen pädagogischen Fachkräften einkaufen. Die Kinder sollen die Produkte für das Mittagessen selbst in kleinen Gruppen in den Regalen finden. Kinderpflegerin Jutta Maschke erläutert, dass man auf den Preis und auf das Mindesthaltbarkeitsdatum achten muss. Zurück in der Einrichtung, dürfen die Kinder die Zucchini für die Gemüselasagne selbst schneiden und beim Einfüllen der Schichten in die Formen mithelfen. Gemeinsam wird der Tisch gedeckt und gegessen. Zum Abschluss helfen die Kinder beim Abräumen des Tisches.

Abb. 2.18 Verantwortung stärkt das Selbstvertrauen.

2.2.5 Gesundheitsbewusstsein entwickeln

vollwertige Ernährung → S. 35

Gesunde Lebensmittel von ungesunden zu unterscheiden ist für Kinder nicht leicht. Sie bewerten Lebensmittel eher nach dem Geschmack als nach ihrem Ernährungswert. Trotzdem sollten sie nach und nach ein Gefühl dafür bekommen, welche Lebensmittel für eine ›vollwertige Ernährung‹ geeignet sind und welche weniger.
Um dieses Ziel zu erreichen, gibt es viele Mittel und Wege. Pädagogische Fachkräfte haben wie immer als wichtige Bezugspersonen Vorbildcharakter. Neben dieser indirekten Einflussmöglichkeit können sie Wissen über **Angebote** vermitteln, durch **positive Rückmeldung** zu erwünschtem Verhalten beitragen oder einfach die Ausbildung von **Ritualen** fördern.

Werden Lebensmittel wie Süßigkeiten oder Pommes frites mit grundsätzlichen Verboten belegt, besteht die Gefahr, dass Kinder gerade das Verbotene reizvoll finden. Dagegen kann ein bewusster Umgang mit diesen Lebensmitteln gefördert werden, indem klare Vereinbarungen zu Menge und Häufigkeit des Verzehrs getroffen werden. Viele Lebensmittel, die als ungesund gelten, lassen sich auch in gesunder Form selbst herstellen.

BEISPIEL Erzieher Pirmin Backhaus bereitet mit den Kindern Burger und Pommes zu. Dazu verwendet er frisches Gemüse, fettarmes Rindfleisch und Vollkornbrötchen. Die Kinder belegen sich ihre Burger selbst und essen gemeinsam.

2.2.6 Essen als etwas Besonderes wahrnehmen

Essen sollte von den Kindern als eine eigenständige Handlung wahrgenommen werden. Nur so kann Ernährung bewusst und in einer ruhigen Atmosphäre erfolgen. Essen Kinder nebenbei, können sie dieses auch nicht richtig wahrnehmen. Sie schlingen das Essen hinunter und widmen sich schnell anderen Tätigkeiten.
Aus diesem Grund ist es wichtig, aus dem Essen ein **Ritual** zu machen, das in ruhiger und ablenkungsarmer Umgebung stattfindet. Dabei darf natürlich gesprochen werden und ein Austausch stattfinden. Ungünstig ist es, wenn nebenbei ein Fernseher läuft, gleichzeitig gelesen wird oder Ähnliches. Kinder sollen Mahlzeiten als gemeinsame Zeit mit der Familie kennenlernen und auch in der Kindertageseinrichtung sollen Mahlzeiten eigenständige Einheiten im Tagesablauf bilden.
Neben den vier beschriebenen Grundgedanken gibt es noch eine Vielzahl an Hinweisen für die Erziehung zu einem angemessenen Ernährungsverhalten. Hier eine Auswahl:

Abb. 2.19 Gemeinsames Ritual vor der Mahlzeit

- Lebensmittel nicht als Belohnung oder Bestrafung einsetzen → z. B. Süßigkeiten
- Abneigungen gegen bestimmte Lebensmittel sind nichts Schlimmes
- Sättigungsgefühl der Kinder akzeptieren
- Lebensmittel, gegen die Abneigungen bestehen, immer wieder in veränderter Form ohne Zwang probieren lassen
- Kinder essen gerne mit den Fingern, also auch immer wieder Fingerfood anbieten
- Kinder lieben bunte Farben im Essen

2.3 Gesundheitsgefährdende Stoffe in unserer Nahrung

Lebensmittel enthalten nicht nur Inhaltsstoffe, die für die menschliche Ernährung wichtig und gewünscht sind. Auch unerwünschte, gesundheitsgefährdende Stoffe können auf verschiedenen Wegen in unser Essen gelangen. Kinderpfleger müssen die vorhandenen Möglichkeiten nutzen, um die Belastung der Kinder mit diesen Stoffen so weit wie möglich zu reduzieren.

2.3.1 Lebensmittel mit giftigen Inhaltsstoffen

Abb. 2.20 Unreife Tomaten

Manche Lebensmittel enthalten von Natur aus Stoffe, die für den Menschen unverträglich sind. So besitzen viele Pflanzen **Giftstoffe**, mit denen sie sich vor Fressfeinden schützen und auf diese Weise ihre eigene Verbreitung unterstützen. Ein bekanntes Beispiel für Giftstoffe in Lebensmitteln ist Solanin in grünen, unreifen Tomaten. Der Verzehr von unreifen Tomaten führt zu Vergiftungserscheinungen mit Übelkeit und Erbrechen.
Es lassen sich aber noch viele weitere Beispiele anführen:

- Kartoffeln sollten am besten geschält oder gepellt gegessen werden. Ihre Austriebe, die sogenannten „Augen", sollten entfernt werden. Auch sie enthalten das Gift Solanin, das dem Giftstoff in der Tomate ähnlich ist.
- Grüne Bohnen enthalten roh einen starken Giftstoff, das Phasin. Legt man die Bohnen längere Zeit in Wasser ein und kocht sie dann ausreichend lang, geht der Giftstoff ins Wasser über.
- Der Aromastoff Cumarin in Zimt führt in größeren Mengen zu Vergiftungen mit Übelkeit.

> Wichtig ist es, über diese Giftstoffe Bescheid zu wissen und Wege zu kennen, diese bei der Zubereitung zu entfernen.

2.3.2 Lebensmittel mit Schadstoffen durch die Herstellung

Auch Lebensmittel, die von Natur aus keine Giftstoffe enthalten, können mit Schadstoffen belastet sein.
Durch zu starke **Düngung** in der Landwirtschaft reichern sich Düngemittel in Boden und Grundwasser an. In der Folge können sie vermehrt von wachsenden Pflanzen aufgenommen werden. Ein Beispiel hierfür ist das Nitrat, ein gängiges Düngemittel der Landwirtschaft. Sinnvoll eingesetzt, stellt es kein Problem dar. Doch wenn Pflanzen zu viel Nitrat enthalten, kann dieses, in chemisch veränderter Form als Nitrit, gerade bei Säuglingen zu einem gestörten Sauerstofftransport führen. Aus Nitrit können sich wiederum andere Stoffe bilden, die im Verdacht stehen, Krebs auszulösen.

Abb. 2.21 Düngung in der Landwirtschaft

Kinderpfleger haben die gesundheitsfördernde Aufgabe, Lebensmittel mit geringer Nitratbelastung auszuwählen. Hierzu sind folgende Hinweise zu beachten:

- Lebensmittel mit natürlich hohem Nitratgehalt (z. B. Spinat, Rucola, Feldsalat, Kohl) nicht zu häufig verwenden.
- Saisonale Produkte verwenden, diese müssen weniger gedüngt werden.
- Biologisch erzeugte Produkte bevorzugen.

Die beiden letzten Punkte gelten auch in Bezug auf alle anderen Düngemittel und Schädlingsbekämpfungsmittel. Saisonale, biologisch erzeugte Produkte werden allgemein unter strengeren Auflagen erzeugt.

Die Lebensmittelindustrie setzt in der Herstellung von Lebensmitteln eine Vielzahl von **Zusatzstoffen** ein. Diese mit den sogenannten „E-Nummern" bezeichneten Stoffe sollen das Produkt für den Kunden attraktiver machen und Kosten einsparen. Zusatzstoffe kommen beispielsweise als Süßungsmittel, zur Haltbarmachung, als Farbstoffe oder einfach nur als Füllmaterial zum Einsatz.

Abb. 2.22 Zusatzstoffe in der Nahrung

Aktuell sind in der EU gut 300 verschiedene Zusatzstoffe zugelassen. Doch auch bei diesen ist vielfach nicht sicher bestätigt, dass sie keine gesundheitlichen Auswirkungen haben.

Manche Zusatzstoffe müssen bei Verwendung sogar durch einen Warnhinweis gekennzeichnet werden. Bei mehreren Zusatzstoffen, darunter E 102, muss der Warnhinweis „Kann Aktivität und Aufmerksamkeit bei Kindern beeinträchtigen" vermerkt werden.

> Durch die gezielte Auswahl von Lebensmitteln, die biologisch hergestellt und mit möglichst wenigen Zusatzstoffen bearbeitet wurden, können gesundheitliche Risiken für Kinder eingegrenzt werden.

2.4 Gebiss und Zahngesundheit

vollwertige Ernährung → S. 35

Um sich ›vollwertig‹ und gesund ernähren zu können, müssen Kinder auch regelmäßig richtig zubeißen können. Kinderpfleger erziehen zu gesundheitsbewusstem Verhalten in Bezug auf die Zähne und tragen damit zum Erhalt der Zahngesundheit bei.

2.4.1 Das Gebiss in seiner Entwicklung

Ein Neugeborenes kommt ohne Zähne auf die Welt, die Anlagen für das Milchgebiss und sogar für das Dauergebiss werden aber bereits in der Zeit im Mutterleib entwickelt. Die Zahnentwicklung kann sehr unterschiedlich verlaufen. Meistens bricht mit etwa einem halben Jahr der erste Milchzahn durch und das **Milchgebiss** ist etwa mit zweieinhalb Jahren vollständig. Es besteht aus zwanzig Zähnen, die kleiner sind als die Zähne des Dauergebisses. Auch sind sie weniger stabil, da sie nur für einen relativ kurzen Zeitraum halten müssen.
Das Durchbrechen der Zähne ist für viele Kinder sehr unangenehm und kann Schmerzen bereiten. Manche Kinder dagegen scheinen kaum beeinträchtigt zu sein. Dass bald ein Zahn durchbricht, kann die pädagogische Fachkraft an geröteten Backen, starkem Speichelfluss und dem ständigen Bearbeiten der Zahnleiste mit Fingern und anderen Gegenständen durch das Kind erkennen. Es können sogar Symptome wie Fieber oder Durchfall durch das Zahnen entstehen.

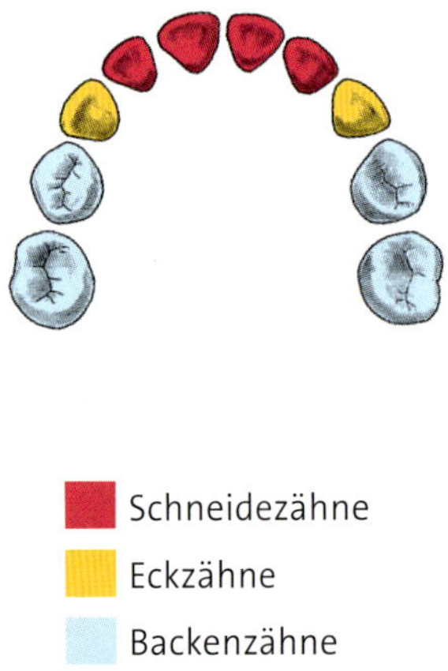

Abb. 2.27a Milchgebiss

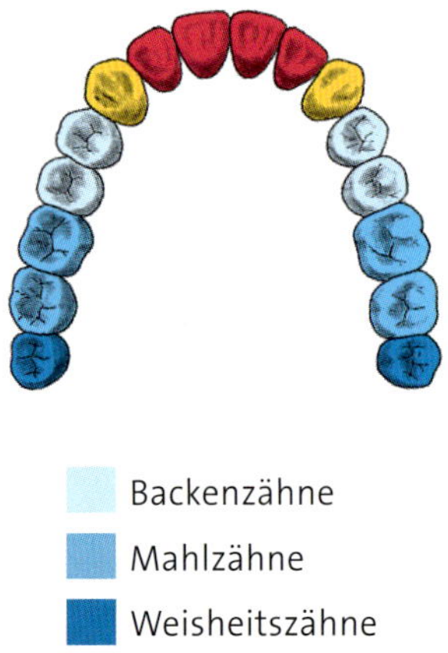

Abb. 2.23b Dauergebiss

Bei den meisten Kindern beginnt um den Schuleintritt, also mit sechs Jahren, das Dauergebiss damit, von unten gegen das Milchgebiss zu drücken. So entstehen die ersten Zahnlücken. Allerdings werden vorher schon die Strukturen, die den Zahn fest im Kiefer verankert haben, vom Körper aufgelöst. Dieser Mechanismus ermöglicht einen Zahnverlust ohne Schmerzen.

Durchschnittlich bis zum Alter von 14 Jahren ist das Dauergebiss dann vollständig entwickelt. Nur die hintersten Backenzähne, die Weisheitszähne, treten oft deutlich später oder auch gar nicht in Erscheinung. Das voll entwickelte Dauergebiss besteht aus 32 Zähnen.

2.4.2 Zahnhygiene – Wertvolles erhalten

Karies ist die häufigste ernährungsabhängige Erkrankung in Deutschland. Dabei wird der Zahn geschädigt und zerstört. Diese Tatsache an sich gibt der Erziehung zu einer guten Zahnhygiene und der Förderung der Zahngesundheit schon eine herausragende Stellung. Viele Zahnerkrankungen entstehen zwar erst im Erwachsenenalter, die Grundsteine dafür werden aber häufig bereits im Kindesalter gelegt.

Abb. 2.23 Tätigkeitsfelder von Kinderpflegern zur Förderung der Zahngesundheit

Der erste Baustein für gesunde Zähne liegt in der richtigen **Ernährung**. Dabei können eigentlich alle Empfehlungen zur vollwertigen Ernährung übernommen werden. Besonders wichtig für die Zähne ist es, dass Kinder

- ausreichend Kalzium und Fluor mit der Nahrung aufnehmen.
- nur eine begrenzte Menge an Süßigkeiten verzehren.
- regelmäßig härtere Lebensmittel wie Brot oder rohes Gemüse essen.

Die harten Lebensmittel entfernen den Belag auf den Zähnen. Säurehaltige Lebensmittel wie z. B. Zitrusfrüchte greifen den Zahnschmelz, also die harte Außenschicht des Zahnes, an.

Zahnhygiene muss mit dem ersten Zahn beginnen. Um Kinder bereits vorab an das Zähneputzen zu gewöhnen, gibt es Zahnbürsten ohne Borsten, mit denen die Kauleisten massiert werden können. Vom Durchbruch des ersten Zahnes an sollte das Kind das Zähneputzen als Ritual erlernen. Dabei muss natürlich für einen Zahn noch keine Putzdauer von drei Minuten erreicht werden.

Kinderzahnärzte empfehlen, die Zähne zweimal täglich, morgens und abends, zu putzen und zwischendurch bei Bedarf den Mund auszuspülen.

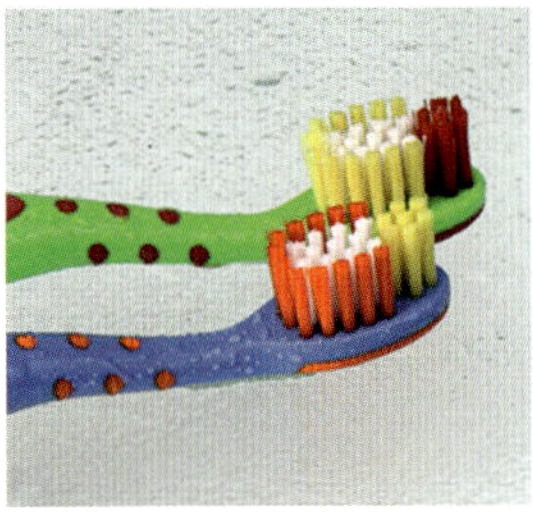

Abb. 2.24 Kinderzahnbürsten mit angepasstem Bürstenkopf und ansprechendem Design

Hat ein Kind säurehaltige Lebensmittel gegessen, ist es sinnvoll, eine halbe Stunde mit dem Putzen zu warten, damit der Zahnschmelz sich vorher wieder verfestigen kann.
Auf dem Markt gibt es spezielle Kinderzahnbürsten, die in der Größe des Bürstenkopfes auf den kindlichen Mundraum abgestimmt sind.
Ob man Säuglingen noch **Fluor** zur Förderung der Zahnentwicklung in Tablettenform geben soll, ist derzeit umstritten. Kinderzahnärzte empfehlen auf jeden Fall eine Zahnpasta mit einem an Kinder angepassten Gehalt von 500 ppm Fluorid. Kinder müssen das Zähneputzen erst erlernen. Die Grob- und Feinmotorik ist noch nicht so weit entwickelt, dass sie alle Bereiche des Gebisses selbst gut reinigen können. Deswegen sollten Eltern und auch die pädagogischen Fachkräfte in der Kindertageseinrichtung die Zähne der Kinder bis ins Grundschulalter nachputzen. Erst dann ist die Feinmotorik ausreichend für die eigenständige Zahnreinigung entwickelt.
Eine für Kinder gut erlernbare Methode zum Zähneputzen ist die **KAI-Methode**, bei der nacheinander die **K**auflächen, die **A**ußenflächen und die **I**nnenflächen geputzt werden.

Ein Beispiel für ein Zahnputzlied zur KAI-Methode finden Sie unter:
www.zahnhygiene.de/presse/kai-gibt-den-takt-vor.html

ZUM WEITERDENKEN Kinderpfleger können verschiedene pädagogische Hilfsmittel einsetzen, um Kinder an eine gute Zahnhygiene heranzuführen. Neben der Vorbildfunktion kann der Einsatz von Liedern, Gedichten oder Zahnputzpuppen sinnvoll sein.

Ab Kindergartenalter

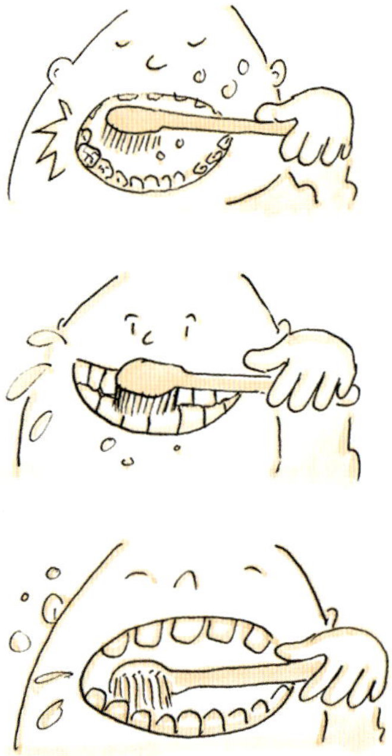

1 Zuerst auf den Kauflächen hin und her putzen. Auf der rechten Seite beginnen. Erst unten, dann oben putzen. Danach auf die linke Seite wechseln. Erst unten, dann oben putzen.

2 Als Nächstes werden die Außenflächen geputzt. Mit der Zahnbürste kreisen. Dann die Zähne wie beim Abbeißen schließen und die Schneidezähne kreisend bürsten.

3 Schließlich die Innenflächen unten und oben putzen. Von hinten nach vorne putzen und von Rot nach Weiß, also vom Zahnfleisch zum Zahn hin.

Abb. 2.25 Zähneputzen nach der KAI-Methode

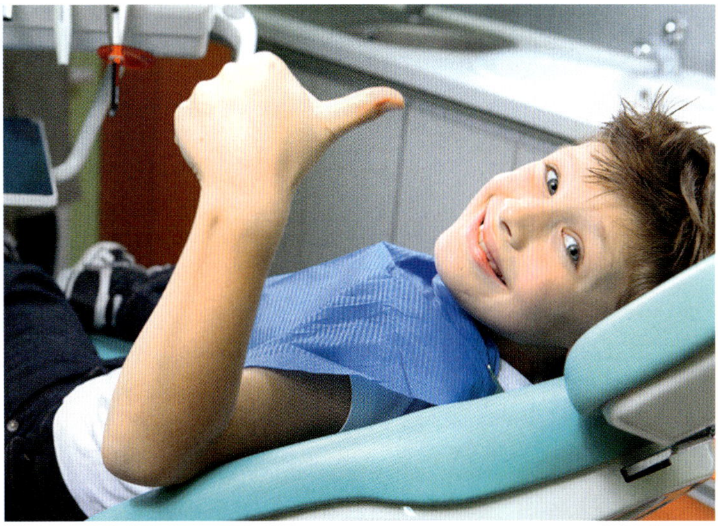

Abb. 2.26 Erste Zahnarztbesuche schaffen Gewöhnung.

Kinder können schon sehr früh an **regelmäßige Zahnarztbesuche** herangeführt werden. Da im Alter von drei Jahren bereits 15 % der Kinder Karies haben, sollten ab dem Durchbruch des ersten Zahns regelmäßige Kontrollen beim Kinderzahnarzt erfolgen. Kinder gewöhnen sich an die Besuche und erleben den Zahnarztbesuch nicht als negativ, da ja noch keine Beschwerden vorliegen.
Kinderzahnärzte können so das Kind kennenlernen und die Besuche zur Aufklärung über Zahngesundheit und Kontrolle, z. B. auf Zahnfehlstellungen, nutzen. Kindertagesstätten können gemeinsame Ausflüge in eine Zahnarztpraxis organisieren oder Zahnärzte in die Einrichtung eingeladen.
Letzter Baustein zur Förderung der Zahngesundheit ist die **Aufklärung** über die Entstehung von Zahnerkrankungen. Das können Kinderzahnärzte natürlich im Rahmen von Kontrollbesuchen anbieten, pädagogisch geschulte Fachkräfte können und sollten diese Aufgabe aber auch übernehmen. Zur Wissensvermittlung können Kinderpfleger auf eine Vielzahl an bereits vorhandenen Medien zurückgreifen. Der Klassiker sind zweifelsohne die Figuren „Karies und Baktus", die schon seit 1954 in Film- und Buchform zur Verbildlichung der Erkrankung Karies verwendet werden. Wichtig ist bei diesem Ansatz allerdings, den Kindern keine Angst zu machen. Es geht nicht um Abschreckung, sondern um Aufklärung.

Warum muss ich das für meinen Beruf wissen?

Kinderpfleger führen Kinder an eine vollwertige Ernährung heran, die alle notwendigen Nährstoffe für die körperliche und geistige Entwicklung bereitstellt. Sie leiten die Kinder bei der Zubereitung von Speisen an und haben dabei die Möglichkeit, Ernährungserziehung in vielfältigster Weise in den pädagogischen Alltag einzubauen. Dabei ist es wichtig, die Ernährung an das Alter der betreuten Kinder anzupassen und deren Bedürfnisse richtig einzuschätzen.
Kinderpfleger fördern den Aufbau kindlicher Toleranz, indem sie immer wieder die Vielfältigkeit der Menschen thematisieren. Die Ernährungsweisen in verschiedenen Kulturen bieten hier einen guten Ansatzpunkt.
Pädagogisches Fachpersonal in der Kindertageseinrichtung hat den Auftrag, die Zahngesundheit der betreuten Kinder zu unterstützen. Neben dem Zugewinn an Lebensqualität für die Kinder durch ein gesundes Gebiss beteiligen sich die Fachkräfte dadurch an einer Entlastung des Gesundheitssystems durch die enormen Kosten von Zahnbehandlungen. Kinder darin zu begleiten, die Zahnpflege mit Spaß und ohne Zwang durchzuführen, ist für Kinderpfleger dabei immer Leitgedanke.

3 SCHLAF UND RUHEPHASEN

3.1 Grundlagen

Kinder entdecken jeden Tag Neues in der Welt. Sie sind wissbegierig und vielseitig interessiert. Um den Wissensdrang zu stillen, müssen sie enorme körperliche und geistige Arbeit leisten. Aber nicht nur Bewegung macht Kinder müde. Auch wenn sie über die Welt nachdenken und versuchen, neue Erfahrungen mit den bisherigen zu verknüpfen, ist das sehr anstrengend.

Kinder benötigen regelmäßige Ruhephasen und auch eine ganze Menge Schlaf.

3.1.1 Der Schlafbedarf verändert sich

Neuere Forschungen belegen die positive Auswirkung von Schlaf auf das Gedächtnis:

www.scienceticker.info/2008/04/04/nickerchen-fuer-das-gedaechtnis/

Die Wissenschaft hat noch nicht restlos alle Vorgänge während des Schlafens erforschen können, aber es steht außer Frage, dass Schlaf viele positive Auswirkungen auf den menschlichen Körper hat. Eine Vielzahl an Experimenten und Studien haben das schon belegt. Ausreichend Schlaf stärkt das Immunsystem und kann so den Ausbruch ansteckender Krankheiten wie z. B. der Grippe verhindern.

Niederländische Forscher haben erst 2013 belegt, dass durch ein gesundes Maß an Schlaf auch die Gefahr für Herz-Kreislauf-Erkrankungen sinkt. Neben einer förderlichen Wirkung auf die körperliche Gesundheit ist auch die geistige Leistungsfähigkeit in ausgeschlafenem Zustand wesentlich höher. Wissenschaftler versuchen schon längere Zeit zu klären, warum kleine Kinder mehr Schlaf brauchen als Erwachsene. Eine Theorie ist, dass Kinder durch mehrere Schlafphasen an einem Tag das neu erworbene Wissen besser speichern und vernetzen können.

Kinder brauchen mehr Schlaf als Erwachsene. Während Neugeborene annähernd den ganzen Tag schlafen und nur zu den Mahlzeiten wach sind, schlafen Kindergartenkinder durchschnittlich nur noch zwölf Stunden. Ein erwachsener Mensch kommt mit etwa acht Stunden Schlaf aus. Eltern und auch Kinderpfleger können durch genaue Beobachtung des Schlafverhaltens den Bedarf von Kindern recht gut ermitteln. Abendliche Einschlafstörungen können ein Hinweis auf zu viel Schlaf während des Tages sein.

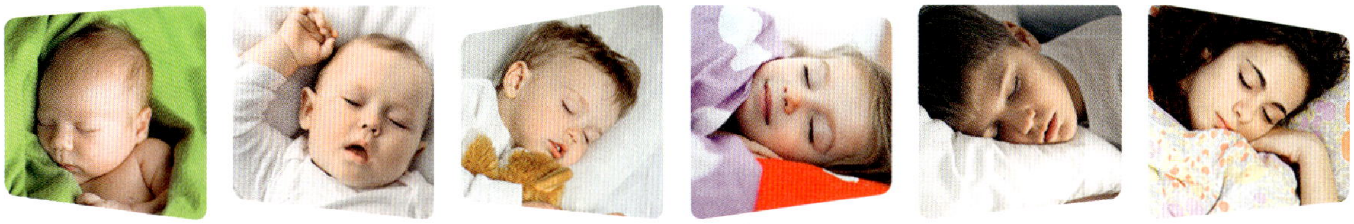

Neugeborene	1–12 Monate	1 Jahr	3–6 Jahre	7–12 Jahre	13–18 Jahre
15–18 Stunden über den Tag und die Nacht verteilt	12–14 Stunden; überwiegend nachts mit einer oder mehreren kleinen Schlafzeiten tagsüber	ca. 12 Stunden	10–12 Stunden	10–11 Stunden	8–9 Stunden

Tab. 3.1 Schlafbedarf von Kindern verschiedenen Alters

3.1.2 Leistungskurve eines Kindes

Wie viel Leistung ein Kind bringen kann, ist nicht den ganzen Tag über gleich. Es gibt Phasen, in denen die Leistungsfähigkeit sehr hoch, aber auch Zeiten, in denen diese niedrig ist. Mit der Leistungsfähigkeit verändern sich auch die Konzentration und die Aufmerksamkeit.

Dass im Tagesverlauf leistungsstarke und leistungsschwächere Phasen im Wechsel stehen, ist etwas ganz Natürliches. Diese Schwankungen bezeichnet man als **Biorhythmus** des Menschen. Gesteuert wird unsere innere Uhr über das ›Hormon‹ Melatonin. Der Biorhythmus ist zwar für die meisten Menschen ähnlich, jedoch hat jeder Mensch einen individuellen (eigenen) Tagesrhythmus. Gerade auch bei Kindern werden Sie hier eine große Bandbreite in Ihrer Arbeit als Kinderpfleger feststellen.

Hormone

Botenstoffe, die bestimmte körperliche Vorgänge steuern

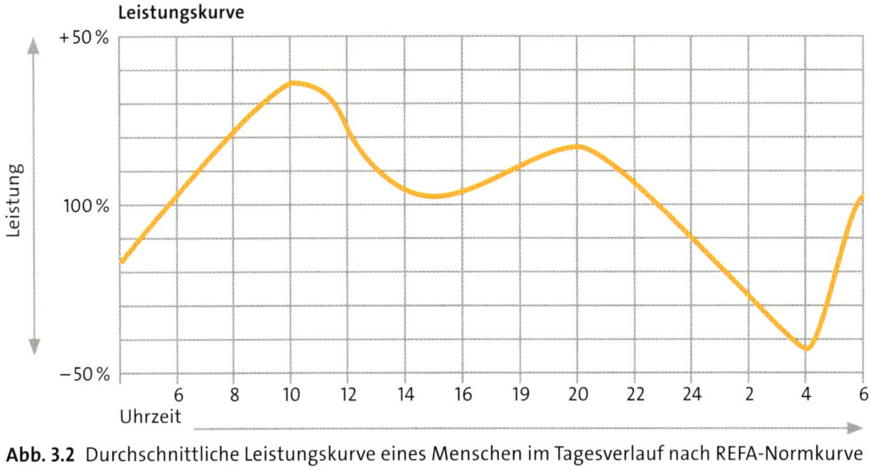

Abb. 3.2 Durchschnittliche Leistungskurve eines Menschen im Tagesverlauf nach REFA-Normkurve (REFA Bundesverband e. V.)

Kinderpfleger müssen, abgesehen von tageszeitlichen Unterschieden, auch die **altersabhängige Konzentrationsspanne** beachten. Sie nehmen also darauf Rücksicht, wie lange sich ein Kind überhaupt konzentrieren kann. Im Krippenalter kann sich ein Kind im Durchschnitt nur wenige Minuten auf eine Aufgabe konzentrieren, im Kindergarten- und Hortalter schafft es dagegen schon eine Phase von 15–30 Minuten. Kinderpfleger müssen bei pädagogischen Angeboten genau beobachten, wie lange sich die einzelnen Kinder der Gruppe konzentrieren können, und bei Bedarf eingreifen. Werden Kinder überfordert, verlieren sie schnell die Lust an neuen Erfahrungen.

Abb. 3.3 Kinder können konzentriert an einer Aufgabe arbeiten.

BEISPIEL **Laura (3;7)** hat größten Spaß daran, Mandala auszumalen. Sie schafft es tatsächlich, eine Viertelstunde am Stück ruhig zu sitzen und konzentriert zu malen.

Luca (4;2) fragt Kinderpflegerin Elisabeth ebenfalls täglich nach neuen Mandalas. Sie beobachtet aber, dass er bereits nach nicht einmal zehn Minuten auf seinem Stuhl herumrutscht und mit den Beinen zappelt.

Nazmiye (4;9), ein türkisches Mädchen, hat selten Lust auf das Ausmalen von Mandalas. Sie liebt es aber, aus den Bauklötzen Märchenschlösser zu bauen, und kann dabei fast eine halbe Stunde ruhig verharren.

Michelle (3;5) spielt normalerweise am liebsten mit **Hannah (3;9)**. Sie haben ähnliche Puppen und verbringen viel Zeit damit, diese zu versorgen. Als Hannah wegen einer Mittelohrentzündung nicht in den Kindergarten gehen konnte, hatte auch Michelle keinen Spaß an ihrer Puppe. Sie beschwerte sich ständig, ihr sei langweilig.

Konzentration kann geübt werden. 50 Übungen zum kostenlosen Download

www.zeitblueten.com/50-konzentrationsuebungen-fuer-kinder

Die Beispiele zeigen eindeutig, dass die Fähigkeit zur Konzentration von verschiedenen Seiten beeinflusst wird. Sie ist abhängig davon,

- wie interessant eine Sache für ein Kind ist.
- wie die Stimmung eines Kindes ist.
- wie gut ein Kind eine Sache kann.
- wie die Umgebung des Kindes gerade ist.

3.2 Förderung eines gesunden Schlafverhaltens

3.2.1 Schlaffördernde Maßnahmen

Die Tatsache, dass ein Kind die Schlafzeit und vor allem das Einschlafen als angenehm und wohltuend empfindet, können Eltern und auch pädagogische Fachkräfte durchaus fördern. Voraussetzungen für ein gesundes Schlafverhalten sind passende Umgebungsbedingungen und eine gewohnte Atmosphäre.

Abb. 3.4 Schlaffördernde Maßnahmen im Überblick

3.2.2 Der Mittagsschlaf in der Kita

Müssen Kinder in der Kindertageseinrichtung schlafen oder nicht? Diese Frage führt in der Praxis immer wieder zu Diskussionen. Beim Thema Mittagsschlaf treffen verschiedene Interessen und Sichtweisen aufeinander.

Abb. 3.5 Mögliche Positionen in der Frage nach einem Mittagsschlaf in der Kita

Alle Beteiligten müssen versuchen, die verschiedenen Interessen zu einem auf das Kind abgestimmten Konzept zu verarbeiten. Wissenschaftler sind sich heute weitgehend einig, dass Kinder die Möglichkeit zu einem Mittagsschlaf haben sollten, dieser aber nicht erzwungen werden soll.

Bei Kindern unter drei Jahren, also in der Kinderkrippe, ist es wünschenswert, dass der Mittagsschlaf seinen festen Platz im Tagesablauf hat. Pädagogische Fachkräfte in der Kita müssen mit den vorgegebenen räumlichen, personellen und organisatorischen Rahmenbedingungen, in Absprache mit den Kindern und deren Eltern, ein bestmögliches Konzept zum Thema Mittagsschlaf erarbeiten. Dabei dürfen sie nicht vergessen, dass das Schlafbedürfnis und der Schlaf-Wach-Rhythmus auch bei gleichaltrigen Kindern durchaus unterschiedlich sein können. Kinder, die keinen Mittagsschlaf halten, sollten aber auf jeden Fall auch eine Ruhephase zum entspannen nutzen.

Schlaffördernde Maßnahmen im Allgemeinen können natürlich auch hier zur Anwendung kommen. Für den Mittagsschlaf können aber eigene Rituale entstehen, die nicht unbedingt mit denen des abendlichen Einschlafens übereinstimmen müssen.

Kinderpfleger gestalten den Übergang in die Ruhephasen kreativ und nutzen entspannende pädagogische Möglichkeiten. Die Mittagsruhe kann mit einer Fantasiereise, einer kleinen Entspannungsübung oder einer mit ruhiger Musik untermalten Geschichte eingeleitet werden.

Das Schlafverhalten während des Mittagsschlafs ist ein anderes als das des nächtlichen Schlafes. Mittags schläft ein Kind weniger tief. Das hängt unter anderem mit den unterschiedlichen Schlafphasen zusammen.

3.2.3 Die Schlafphasen – Ein Kind schläft nicht immer tief

Schläft ein Mensch, so wechselt er mehrmals zwischen verschiedenen Schlafphasen. In den sogenannten ›NREM-Phasen‹ ist der Schlaf sehr tief und man ist nicht leicht erweckbar. In diesen Zeiten regeneriert der Körper und tankt neue Energie. Die NREM-Phasen werden regelmäßig von Zeitspannen unterbrochen, in denen der Schlafende die Augen sehr schnell hin und her bewegt (rapid eye movement).

NREM-Phasen

(non rapid eye movement) Schlafphasen, in denen kein Träumen stattfindet

Das Gehirn ist in den ›REM-Phasen‹ sehr aktiv, der Schlaf eher unruhig und man ist leicht erweckbar. In den REM-Phasen träumt der Mensch und verarbeitet dabei das Erlebte. Mit diesem Hintergrundwissen ist es nicht verwunderlich, dass ein Neugeborenes fast die Hälfte seines Schlafes in der REM-Phase verbringt. Es hat eine enorme Menge an neuen Erfahrungen und Erlebnissen zu verarbeiten. Zum Schuleintritt machen die REM-Phasen noch etwa 20 % der Schlafzeit aus. Eine weitere logische Konsequenz des Ganzen ist, dass ein Kind umso öfter aufwacht, je jünger es ist. In den REM-Phasen ist nämlich der Schlaf nicht so tief und es ist normal, dass man dabei regelmäßig in einen Halbschlaf eintritt. Wacht ein Kind dabei ganz auf und findet nicht in den Schlaf zurück, entstehen mitunter längere schlaflose Phasen während der Nacht.

REM-Phasen

(rapid eye movement) Schlafphasen, in denen man träumt

Warum muss ich das für meinen Beruf wissen?

Sie betreuen Kinder in verschiedenen Altersstufen. Als Kinderpfleger schätzen Sie den Schlafbedarf unter Berücksichtigung der alterstypischen Gewohnheiten und der individuellen Bedürfnisse des Kindes ein.

In Ihrer täglichen Arbeit als Kinderpfleger passen Sie die Beschäftigungs- und Förderangebote an die tageszeitlichen Schwankungen der Kinder an. So können Sie die Phasen mit hoher Leistungsfähigkeit gezielt nutzen und eine Überforderung in Phasen mit geringer Leistungsfähigkeit vermeiden. Neben den Hoch- und Tiefphasen eines Kindes berücksichtigen und beobachten Sie die Konzentrationsfähigkeit der Kinder.

Kinder halten in der Kindertageseinrichtung teilweise auch einen Mittagsschlaf. Als pädagogische Fachkraft sind Sie mit dafür verantwortlich, eine förderliche Schlafumgebung zu schaffen. Eltern können mit Fragen zum Schlafverhalten ihrer Kinder an Sie und die Erzieher herantreten.

4 KÖRPERPFLEGE

4.1 Die Haut – Ein vielseitiges Organ

Die Haut eines erwachsenen Menschen ist bis zu 2 m^2 groß und 3 bis 5 kg schwer. Somit ist sie das größte Organ des Menschen. Die Haut ist nicht nur eine schützende Hülle für die darunter liegenden Strukturen, sie hat eine Vielzahl von Aufgaben. Die verschiedenen Aufgaben kann sie durch ihren speziellen Bau erfüllen.

4.1.1 Aufbau der Haut

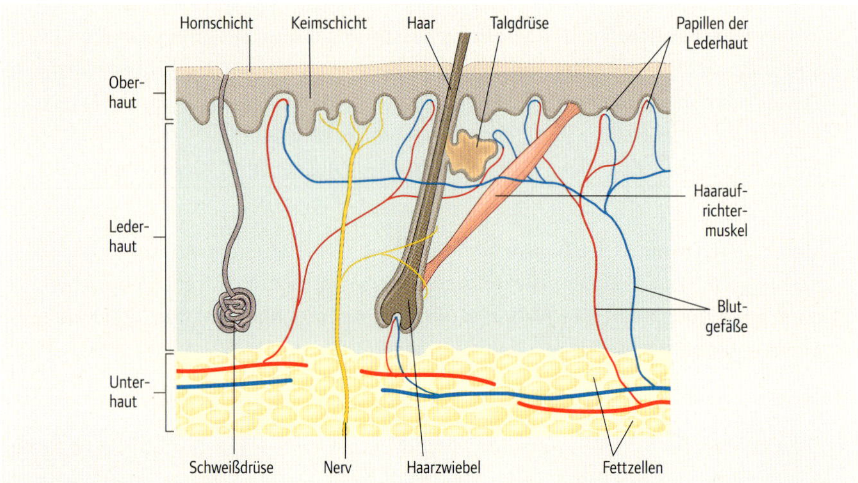

Abb. 4.1 Der Aufbau der Haut

Von außen betrachtet sieht man nur die äußerste Hautschicht, die **Oberhaut (Epidermis)**. Die Oberhaut grenzt als Hornhaut den Körper von der Außenwelt ab. Wenn wir über unsere Haut streifen, fallen winzige Hornschuppen von dieser ab. Damit die Hornhaut nicht in kurzer Zeit verbraucht ist, teilen sich die unteren Bereiche der Oberhaut regelmäßig und bilden somit neue Zellen nach.
In den tieferen Hautschichten, der **Lederhaut (Dermis)** und der **Unterhaut (Subkutis)**, befinden sich Blutgefäße, Nerven mit verschiedenen Sinneskörperchen, Haarwurzeln, Talg- und Schweißdrüsen sowie zu Polster angeordnete Fettzellen. Alle Bestandteile der Haut erfüllen dabei eine besondere Aufgabe.

4.1.2 Aufgaben der Haut

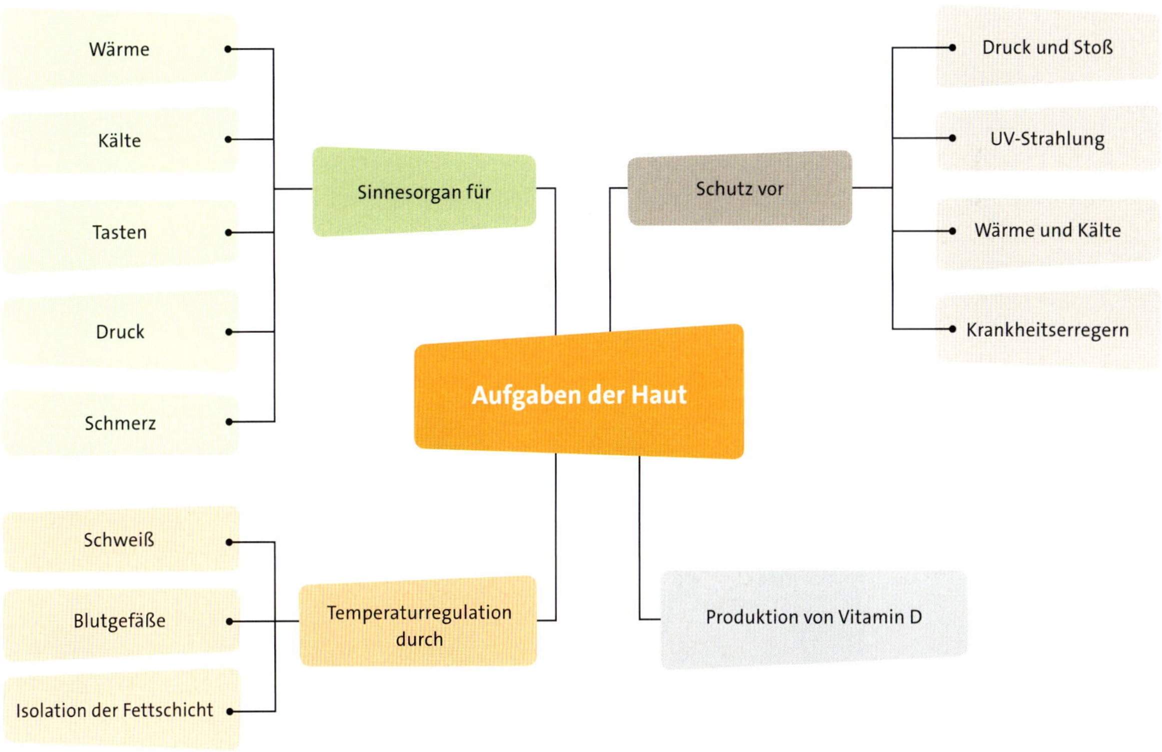

Abb. 4.2 Die Aufgaben der Haut im Überblick

Die Haut ist ein Organ, das vielfältige Aufgaben am menschlichen Körper übernimmt. Als Abgrenzung zur Außenwelt dient sie vor allem als **Schutz** vor Umwelteinflüssen wie Druck, Stößen, Wärme, Kälte oder Nässe. Ein Gemisch aus Talg und Schweiß bildet auf der Hornhaut eine Schicht, die Krankheitserreger an der Vermehrung hindert. Diese Schicht wird als **Säureschutzmantel** der Haut bezeichnet. Ist der Körper UV-Strahlung ausgesetzt, produzieren besondere Zellen in der Oberhaut den Hautfarbstoff Melanin. Dieser schützt die darunter liegenden Zellen wie ein Sonnenschirm vor den Gefahren der UV-Strahlung, z. B. dem ›Hautkrebs‹. Die Haut ist in der Lage, unter Lichteinfluss ›**Vitamin D**‹ zu produzieren, welches wiederum den Einbau von Kalzium in den Knochen fördert und sie so stabil und belastbar macht.
Die Haut ist weiterhin zuständig für die ›**Regulation der Körpertemperatur**‹ und nimmt über verschiedene Sinneskörperchen Druck, Kälte, Wärme und weitere Reize aus der Umwelt wahr. Die Haut ist somit ein wichtiges ›**Sinnesorgan**‹.

Hautkrebs → S. 184
SB Vitamin D → S. 51
Regulation der Körpertemperatur → S. 66
Haut als Sinnesorgan → S. 107

4.2 Körperpflege und Hygiene

Damit ein Kind gesund aufwachsen und sich entwickeln kann, müssen Eltern und pädagogische Fachkräfte in der Kita keineswegs eine keimfreie Umgebung schaffen. Ganz im Gegenteil, nur durch den Kontakt mit der Umwelt können Kinder ein funktionierendes Abwehrsystem aufbauen. Außerdem sollte die Neugier von Kindern beim Kennenlernen der Welt nicht durch ständiges Händewaschen oder Ähnliches unterbrochen werden. Kinder machen sich beim Spielen häufig dreckig und das ist auch nicht schlimm. Auf der anderen Seite müssen sie natürlich lernen, dass eine gewisse Körperpflege und Hygiene zum Alltag gehören.

Zahnhygiene → S. 49

Für den Bereich der Kindertageseinrichtung spielen vor allem die Hygiene der Hände und der ›Zähne‹ eine Rolle.

4.2.1 Händewaschen will gelernt sein

SB Infektionswege → S. 170

Mikroorganismen
kleinste, nur durch ein Mikroskop sichtbare Lebewesen

Mit unseren Händen berühren wir fast ununterbrochen Dinge aus unserer Umwelt. Türklinken, Spielzeug, Erde, Sand und die Hände anderer sind nur einige Beispiele. Kein Wunder, dass gerade mit den Händen viele ›Krankheitserreger‹ aufgenommen oder übertragen werden. Kinder nehmen ›Mikroorganismen‹ aber nicht wahr, da sie ja nicht sichtbar sind. Sie müssen in geeigneter Weise lernen, dass es nicht nur wichtig ist, den sichtbaren Schmutz an den Händen abzuwaschen. Kinderpfleger unterstützen sie dabei, das Händewaschen als Maßnahme zur eigenen Gesunderhaltung sinnvoll anzuwenden. Sinnvoll heißt einerseits, dass Kinder wissen müssen, wann die Hände zu waschen sind. Andererseits ist es Aufgabe der Eltern und pädagogischen Fachkräfte, die Kinder anzuleiten, die Hände gründlich zu waschen.

Abb. 4.3 Zeitpunkte für gründliches Händewaschen

Für die pädagogischen Fachkräfte in der Kita gelten natürlich dieselben Regeln. Zusätzlich sollten sie vor Dienstbeginn und nach Dienstende die Hände waschen.

Neben den notwendigen Zeitpunkten müssen Kinder an die richtige Technik beim Händewaschen herangeführt werden. Kinder können sehr früh beginnen, ihre Hände selbst zu waschen. Sie sollen bereits im frühen Krippenalter spielerisch an das Händewaschen herangeführt werden, die eigentliche Reinigung muss dabei allerdings noch unterstützt werden. In der Übergangszeit vom Krippen- zum Kindergartenalter können Kinder dann durch Vormachen und Erläuterung der einzelnen Schritte des Händewaschens angeleitet werden. Später reicht es, immer wieder die richtige Technik zu überprüfen. Kinder lernen gerne durch Beobachtung ihrer Vorbilder oder mit spielerischen Mitteln, z. B. einem Lied zum Händewaschen.

BEISPIEL Kinderpflegerin Ute Wallrab hat gemeinsam mit den Kindern ein Händewaschlied gedichtet. Vor jeder Mahlzeit singen die Kinder beim Händewasche zur Melodie von „Fuchs du hast die Gans gestohlen ..." folgende Zeilen: „Wir wollen uns zum Essen setzen, ne saubre Hand muss her, ne saubre Hand muss her. Drum gehen wir jetzt Hände waschen und der Dreck geht weg, drum gehen wir jetzt Hände waschen und der Dreck geht weg, weg, weg ..."

Abb. 4.4 Richtig Hände waschen – Plakat der BZgA für Kindertagesstätten

Die Bundeszentrale für gesundheitliche Aufklärung (BZgA) bietet eine Vielfalt an nützlichen Materialien für die Gesundheitserziehung an. Darunter findet sich auch solches zur Händehygiene, z. B. Poster oder Aufkleber.

Für den Handwaschplatz sind Seifenspender empfohlen, die über einen Hebel bedient werden. Was das Trocknen der Hände angeht, gibt es nur zwei hygienisch zu akzeptierende Möglichkeiten: Neben der Verwendung von Einmalpapierhandtüchern können Kinder auch Baumwollhandtücher verwenden, wenn sichergestellt wird, dass jedes Kind ein eigenes besitzt und nur dieses benutzt. Die Handtücher müssen dann regelmäßig gewechselt und gewaschen werden.

Homepage der Bundeszentrale für gesundheitliche Aufklärung: www.bzga.de

4.2.2 Windel, Töpfchen, Toilette ... Die Sauberkeitserziehung

SB Sauberkeitserziehung → S. 112

Bei der ›Sauberkeitserziehung‹ liegt mit Sicherheit die Hauptverantwortlichkeit bei den Eltern. Pädagogische Fachkräfte in der Kita unterstützen und begleiten den Prozess zusätzlich und stehen den Eltern notfalls beratend zur Seite.
Grundsätzlich gibt es keinen festen Zeitplan, wann ein Kind keine Windel mehr brauchen darf. Setzt man Kinder unter Druck, kann das zum Gegenteil des gewünschten Verhaltens führen. Das Entwicklungsfenster liegt dafür aber in etwa zwischen dem dritten und fünften Lebensjahr. Meist lernen Kinder zuerst, den Stuhl zu kontrollieren, und erst später das Wasserlassen. Außerdem werden Kinder in der Regel zuerst tagsüber „sauber" und „trocken" und danach in der Nacht.

Abb. 4.5 Erste Versuche auf der Toilette

Erste Hinweise darauf, dass ein Kind anfängt, seine Ausscheidungen zu steuern, sind das Andeuten einer vollen Windel durch das Kind oder der Rückzug des Kindes zur Stuhlausscheidung in eine ungestörte Ecke. Ab diesem Zeitpunkt macht es Sinn, Kinder regelmäßig auf das Töpfchen oder die Toilette mit Kinderaufsatz zu setzen und auf Signale der Kinder zu achten.

Um das anfangs häufige Ausziehen und Hinsetzen zu vereinfachen, ist einfach zu handhabende Kleidung ratsam. Das Kind sollte selbst den Rhythmus der Toilettengänge vorgeben und es ist ganz normal, dass anfangs auch immer wieder kleine „Missgeschicke" passieren.

Lernen Kinder selbstständig auf die Toilette zu gehen, müssen Kinderpfleger das Abputzen nach dem Toilettengang anfangs noch übernehmen und später das Kind dazu anleiten, dies selbst, aber richtig durchzuführen. Besonders zu beachten ist dabei die Wischrichtung, gerade bei Mädchen. Die Reinigung muss immer von der Vagina zum After hin erfolgen, da sonst Darmbakterien in den Intimbereich verschleppt werden und diese in den Harnwegen zu Infektionen führen könnten. Beim Kontakt mit Ausscheidungen ist es angebracht, Schutzhandschuhe zu tragen und nach der Tätigkeit eine ›hygienische Händedesinfektion‹ durchzuführen.

SB hygienische Händedesinfektion → S. 143

4.2.3 Hygiene in der Kindertageseinrichtung

Nicht nur Kinder müssen auf die Hygiene des eigenen Körpers achten, auch für Kinderpfleger ist Hygiene ein wichtiges Thema.
Pädagogische Fachkräfte in Kindertageseinrichtungen müssen aufgrund ihrer Vorbildfunktion, aber auch um Krankheitsübertragungen zu vermeiden, auf ein sauberes und gepflegtes Äußeres achten. Dazu gehört neben der regelmäßigen Körper- und Haarpflege auch saubere Kleidung.

Welche Maßnahmen zum Erhalt einer hygienischen Umgebung durchgeführt werden, muss in Kitas durch einen Hygieneplan geregelt werden. Dieser legt fest, wer, wann, was, womit und wie zu erledigen hat. Die rechtliche Grundlage für die Festlegung von Hygieneplänen ist das Infektionsschutzgesetz.

Das Infektionsschutzgesetz finden Sie im Internet unter: www.gesetze-im-internet.de/ifsg/index.html

Was	Wann	Wie	Womit	Wer
Hände-reinigung	vor Dienstbeginn vor und nach dem Essen vor der Zubereitung von Essen nach dem Toilettenbesuch nach Verschmutzung nach Tierkontakt	Händewaschen	Flüssigseife aus Spender Trocknung mit Einmal-papierhandtuch oder personen-gebundenen Handtüchern	alle
Hände-desinfektion	nach Kontakt mit Blut, Stuhl, Erbrochenem und anderen Körperausscheidungen (z. B. nach dem Windelwechsel oder Maßnahmen in Zusammenhang mit der Toiletten-/Töpfchenbenutzung durch Kinder)	3–5 ml in die trockenen Hände einreiben (mind. 30 Sekunden)	Händedesinfektionsmittel (mit nachgewiesener Wirksamkeit)	Personal Kind alle

Tab. 4.6 Auszug aus dem Merkblatt für Kindergärten des bayerischen Landesamts für Gesundheit und Lebensmittelsicherheit

Besonders die hygienische Händedesinfektion nach dem Kontakt mit Ausscheidungen von Kindern, auch wenn dabei Einmalhandschuhe getragen werden, müssen Kinderpfleger fachgerecht durchführen. Dazu bietet es sich an, nach einem festgelegten Schema vorzugehen, um keine Stellen der Hände zu vergessen. 3 ml Händedesinfektionslösung werden für mindestens 30 Sekunden auf der gesamten Haut verteilt, um die Keimbesiedelung der Hände zu reduzieren.

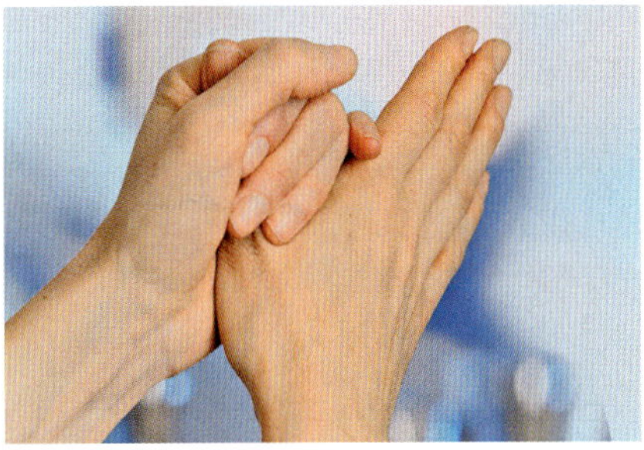

Abb. 4.7 Beim gründlichen Einreiben der Hände mit ausreichend Desinfektionsmittel wird beachtet, dass auch die Daumen genügend benetzt sind.

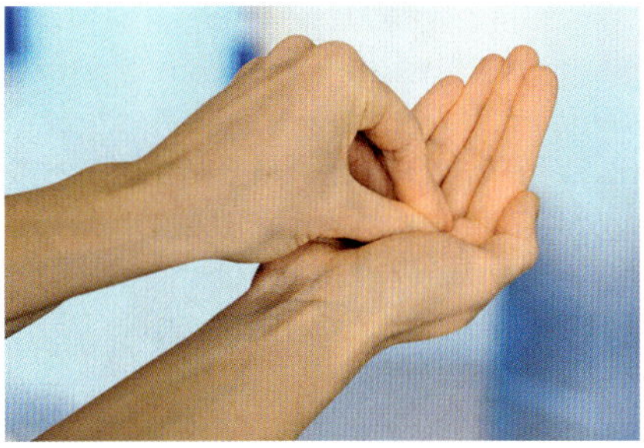

Abb. 4.8 Kreisendes Reiben der Fingerkuppen der rechten Hand in der linken Handfläche – und umgekehrt – sichert den Desinfektionseffekt der Fingerkuppen, der Nagelfalzen und der Handflächen.

Warum muss ich das für meinen Beruf wissen?

Pädagogische Fachkräfte in der Kita unterstützen Kinder beim Erlernen der täglichen Körperhygiene. Als Vorbilder und Bezugspersonen sind sie an der Ausbildung einer Beziehung zum eigenen Körper und dessen Hygiene, vor allem in Bezug auf Hände, Zähne und den Intimbereich, stark beteiligt.
Sie übernehmen in der Kindertagesstätte Maßnahmen zum Erhalt einer hygienischen und sauberen Umgebung. Der Umgang mit den Regeln des einrichtungsspezifischen Hygieneplans ist dafür Grundlage.

5 KÖRPERTEMPERATUR UND IMMUNSYSTEM

Jeder Mensch, der schon einmal richtig gefroren hat oder dem es in der Sauna zu heiß wurde, weiß, wie unangenehm falsche Umgebungstemperaturen sein können. Damit Kinder sich wohlfühlen und ihr Körper nicht unangemessen belastet wird, müssen mehrere Faktoren zusammenspielen. Die Umgebungstemperatur sollte für den kindlichen Organismus geeignet sein, angepasste Kleidung sorgt bei den Kindern für einen optimalen Temperaturhaushalt und auch der Körper selbst hat Mittel und Wege, die Körpertemperatur anzupassen.

5.1 Wie warm braucht es ein Kind?

Kinder reagieren, wie Erwachsene auch, ganz unterschiedlich auf Kälte oder Wärme. Während es dem einen Kind schon zu kalt ist, kann das andere sich noch im T-Shirt wohlfühlen. Grundsätzlich lassen sich aber die meisten Kinder nicht durch eine unpassende Umgebungstemperatur stören, wenn sie gerade beschäftigt sind. Eltern und pädagogische Fachkräfte müssen deshalb regelmäßig überprüfen, ob die Kinder angemessen temperiert sind. Dies ist möglich durch ›Beobachtung‹. Schwitzt das Kind oder hat es sehr rote Wangen, ist ihm wahrscheinlich eher zu warm. Zittert ein Kind, ist das ein deutlicher Hinweis auf Frieren. Im Zweifelsfall lässt sich einfach durch Berührung, z. B. am Nacken, testen, ob das Kind warm ist.

KP Beobachtung → S. 59

Abb. 5.1 Ein Kind schwitzt, wenn es ihm zu warm wird.

5.1.1 Raumtemperatur und Kleidung

Eine **angemessene Raumtemperatur** lässt sich nicht mit einer Temperaturangabe pauschal festlegen. Pädagogische Fachkräfte in der Kita sollten immer auf die ›Bedürfnisse‹ der Kinder reagieren, jedoch gibt es Hinweise für eine dem Raum entsprechende Temperatur. Dass es in einem Raum, in dem Kinder gewickelt werden, wärmer sein sollte als in den Räumlichkeiten für den ›Mittagsschlaf‹, versteht sich von selbst.

Bedürfnisse → S. 28

Mittagsschlaf → S. 56

ZUM WEITERDENKEN Die Deutsche Gesetzliche Unfallversicherung hat die wichtigsten gesetzlichen Bestimmungen für Kindertageseinrichtungen in einem Regelwerk zusammengestellt und konkretisiert (DGUV Regel 102-002). Dieses schlägt für Aufenthaltsräume eine Temperatur von 20 °C vor. In Räumen, in denen Kinder sich entkleiden, wie z. B. Wasch- oder Wickelräumen, sollte eine Temperatur von 24 °C nicht unterschritten werden. In Schlafräumen ist es sinnvoll, die Raumtemperatur etwas niedriger zu halten, empfohlen werden hier 16–18 °C. Neben der Temperatur sind für ein angenehmes Raumklima vor allem eine ausreichende Luftfeuchtigkeit und regelmäßige Frischluftzufuhr notwendig.

Abb. 5.2 Empfohlene Raumtemperaturen

Kinder in jeder Situation „richtig" anzuziehen ist fast noch schwieriger, als die Räumlichkeiten angemessen zu temperieren. Viele Faktoren haben darauf Einfluss, ob ein Kind gerade passend gekleidet ist oder nicht. Während ein Kind, das im Kinderwagen gefahren wird, eher wärmer gekleidet sein muss, sollte ein tobendes Kind eher leichter bekleidet sein, da es bei der Bewegung Wärme produziert. Außerdem muss beachtet werden, ob sich das Kind im Schatten oder in der Sonne aufhält, ob Wind geht, ob das Kind verschwitzt ist und vieles mehr. Der Ratschlag für eine passende Kleidung heißt: „Zwiebellook". Trägt ein Kind mehrere nicht zu dicke Kleidungsschichten übereinander, kann schnell auf wechselnde Bedürfnisse reagiert werden.

BEISPIEL **Lea (4;3)** ist an einem kalten Herbsttag mit einem Pulli und einer dicken Jacke bekleidet. Beim Freispiel im Garten beginnt sie sofort zu schwitzen, ohne Jacke besteht jedoch die Gefahr, dass es dem Mädchen zu kühl wird.
Jamie (4;5) dagegen ist im Zwiebellook gekleidet. Er trägt über einem Langarmshirt eine dünne Fleecejacke und darüber eine windabweisende Jacke. Nachdem er zehn Minuten im Freien gespielt hat, zieht Kinderpflegerin Jutta Hallweger ihm einfach die Windjacke aus. Der Junge ist nun bestens für den kühlen Herbsttag angezogen.

Grundsätzlich gibt es für jede Wetterlage ein paar Kleidungsstücke, die Kinder in der Einrichtung dabei haben sollten.

Abb. 5.3 Die richtige Kleidung für jede Wetterlage

5.1.2 Regulierung der Körpertemperatur

Nicht nur passende Kleidung und Umgebungstemperaturen sind für ein angenehmes Temperaturempfinden bei Kindern verantwortlich. Der Körper besitzt die Fähigkeit, auch selbst auf Wärme und Kälte zu reagieren und so die Körpertemperatur stabil zu halten. Bei extremen Temperaturen, egal ob Hitze oder Kälte, stößt jedoch auch der Körper an seine Grenzen. Drei Mechanismen sind besonders an der Regulierung der Körpertemperatur beteiligt:

- Über die Weite der Blutgefäße wird entweder Wärme abgegeben oder im Körper zurückgehalten.
- Schwitzen erzeugt Verdunstungskälte und kühlt den Körper.
- Muskelzittern produziert Wärme.

Abb. 5.4 Der Körper reguliert die eigene Temperatur.

BEISPIEL Lars Strübing möchte den Kindern in dieser Woche begreiflich machen, wie der Körper auf Hitze und Kälte reagiert. Heute lernen die Kinder die Wirkung des Schwitzens kennen. Die Kinder pusten sich gegenseitig auf ihre Unterarme und beschreiben das Gefühl. Nun werden die Unterarme mit einem feuchten Tuch benetzt. Die Kinder pusten erneut. Sofort rufen sie: „Das ist ja viel kälter als vorher, wieso denn das?“ Lars erläutert daraufhin, dass Wasser bei Wind verdunstet und es dabei kühl wird. Die Kinder suchen nach weiteren Beispielen und kommen darauf, dass sie schnell frieren, wenn sie geschwitzt haben, sich aber nicht mehr bewegen. Schweiß kühlt also unseren Körper, wenn es diesem zu heiß wird.

5.2 Die Körpertemperatur einschätzen

Die Körpertemperatur eines Kindes einzuschätzen ist vor allem wichtig, wenn der Verdacht besteht, dass ein Kind ›Fieber‹ entwickelt. Kinderpfleger können durch gute Beobachtung schon früh erste Hinweise auf eine Erhöhung der Körpertemperatur erhalten. Jedoch reagiert jedes Kind auf ein Ansteigen der Temperatur unterschiedlich und auch nicht zwingend jedes Mal gleich. Beobachtungen, die ein Hinweis sein können, sind:

Fieber → S. 56, 156

- Abgeschlagenheit, Müdigkeit, Nörgeln, Weinen
- Appetitlosigkeit
- Gliederschmerzen
- glasige Augen, die sogenannten „Fieberaugen“
- Frieren mit Zittern
- rote Gesichtsfarbe
- Schweißausbrüche

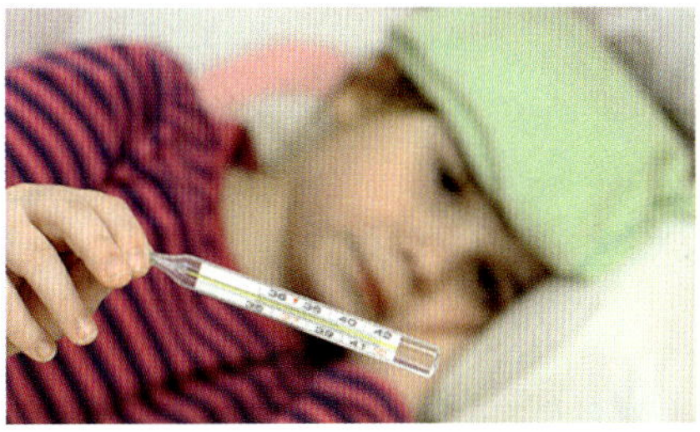

Abb. 5.5 Kind mit Fieber

5.2.1 Messung der Körpertemperatur beim Kind

Haben pädagogische Fachkräfte in der Kita den Verdacht, dass ein Kind fiebert, so müssen sie die Körpertemperatur des Kindes messen. Es gibt verschiedene Arten, die Körpertemperatur zu messen. Jede Variante hat ihre Vor-, aber auch Nachteile.

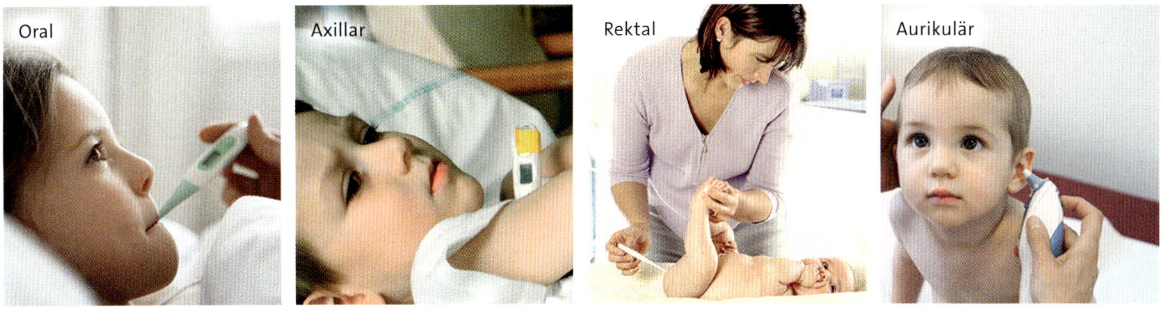

Abb. 5.6 Mögliche Messorte für die Körpertemperatur

Bei der Messung im Mund (oral) wird das Fieberthermometer unter der Zunge platziert und bei geschlossenem Mund das Messergebnis abgewartet. Die ermittelte Temperatur liegt in etwa ein halbes Grad unter der Körperkerntemperatur. Falsche Platzierung des Thermometers, Mundöffnen während der Messung oder kalte bzw. heiße Getränke und Speisen vor der Messung können diese verfälschen. Die Hygiene muss bei der oralen Messung streng beachtet werden.

Die Messung unter der Achsel (axillar) stellt eine weitere Möglichkeit dar. Das Thermometer wird in der Achsel mit Hautkontakt durch leichtes Anpressen des Armes festgehalten. Das Messergebnis liegt auch hier gut ein halbes Grad unter der Körperkerntemperatur. Fehlerquellen sind ein Verrutschen des Thermometers und Feuchtigkeit in der Achsel. Die Achsel sollte deswegen vor der Messung ausgetrocknet werden.

Die Messung im ›After‹ (rektal) ist die genaueste Messmethode. Bei richtigem Vorgehen erhält man annähernd den Wert der Körperkerntemperatur. Während Babys am besten auf dem Rücken liegen und die Beinchen hochgehalten werden, empfiehlt sich für größere Kinder die Messung in Seitenlage mit angewinkelten Beinen.

After
Austrittsöffnung des Darms

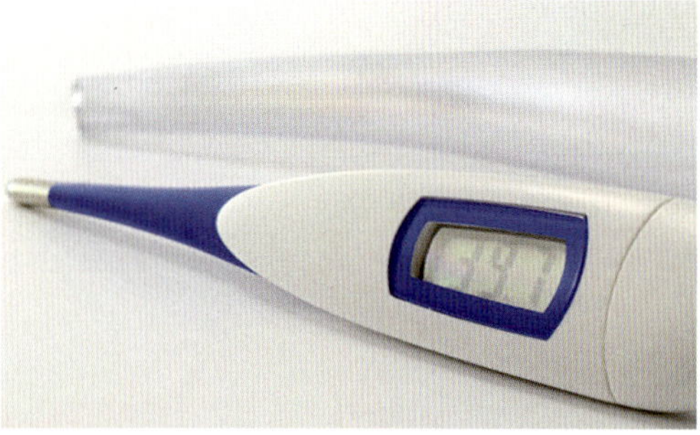

Abb. 5.7 Thermometer mit Plastikschutzhülle

Hygienisch vorteilhaft sind Plastikschutzhüllen für das **Thermometer**, die nach einer Messung einfach verworfen werden. Die Thermometerspitze wird leicht mit Creme oder Öl eingefettet, mit drehenden Bewegungen ca. 1,5 bis 2 cm in den After eingeführt und das Ergebnis abgewartet. Um Verletzungen zu vermeiden, müssen sowohl Kind als auch Thermometer leicht festgehalten werden.

Kinder während der Messung auf keinen Fall alleine lassen. Das Thermometer darf niemals gegen einen Widerstand eingeführt werden.

Bei richtiger Position des Thermometers gibt es wenige Fehlerquellen. Hat ein Kind ein Zäpfchen bekommen, sollte mit der der Messung etwa 20–30 Minuten gewartet werden. Die rektale Messung ist immer ein Eingriff in die Intimsphäre des Kindes. Außerdem müssen strikt hygienische Grundätze beachtet werden.
Das schnellste Messergebnis erhält man bei der Messung im Ohr (aurikulär). Gute Infrarotthermometer für diese Messart kosten zwar mehr als normale Digitalthermometer, liefern dann aber auch relativ zuverlässige Werte. Um ein aussagekräftiges Ergebnis zu bekommen, wird die Ohrmuschel während der Messung leicht nach oben und hinten gezogen. Dadurch gleicht man die Krümmung des Gehörgangs aus und kann die Temperatur des Trommelfells ermitteln, die sehr nahe an der Körperkerntemperatur liegt. Für Infrarotthermometer zur Messung im Ohr und auf der Stirn werden in Studien immer wieder große Fehlerbereiche ermittelt. In Tests finden sich jedoch auch gute Geräte.

Welche Messmethode ausgewählt wird, sollte immer in Absprache mit den Kindern und den Eltern erfolgen. Ob im konkreten Fall Genauigkeit oder eine schnelle grobe Einschätzung der Körpertemperatur im Vordergrund stehen, hat auch Auswirkungen auf die geeignete Temperaturmessmethode.

5.2.2 Bewertung der Messwerte

Der ermittelte Wert bei der Messung der Körpertemperatur ist eine Entscheidungshilfe für das weitere Vorgehen in der Kita.

Einteilung von Körpertemperaturen	
36,5–37,5 °C	normale Temperatur
37,5–38,0 °C	erhöhte Temperatur
38,0–39,0 °C	mäßiges Fieber
39,0–40,0 °C	hohes Fieber
> 40,0 °C	sehr hohes Fieber

Tab. 5.8 Einschätzung der Messwerte

Ergibt sich für ein Kind ein Wert von über 38 °C, hat es Fieber und sollte aus der Kindertageseinrichtung abgeholt werden. Kinder mit erhöhter Temperatur sollten bei beeinträchtigtem Wohlbefinden ebenfalls nicht in der Kita bleiben. Eine gute Absprache mit Eltern über Regelungen bei fiebernden Kindern vorab kann Meinungsverschiedenheiten über das Vorgehen im Einzelfall verhindern.

5.3 Das Immunsystem

Die körpereigene Abwehr des Menschen ist ein hochkompliziertes System. Es arbeitet Tag und Nacht, um krank machende Eindringlinge, wie Bakterien, Viren oder Pilze, zu bekämpfen. Des Weiteren erkennt das Immunsystem Zellen des eigenen Körpers, die entartet sind, also nicht mehr auf die Signale des Körpers hören. Durch das Abtöten dieser Zellen verhindert das Immunsystem, dass Krebserkrankungen entstehen. Das menschliche Immunsystem funktioniert aber nicht von Geburt an automatisch, es muss erst entwickelt werden. In etwa für die ersten drei Lebensmonate erhält ein Kind spezielle Abwehrstoffe, sogenannte ›Antikörper‹, von der Mutter. Das Kind wird bereits im Bauch über die Nabelschnur mit diesen Antikörpern versorgt, später über die ›Muttermilch‹. So ist das ›Neugeborene‹ für die erste Zeit geschützt. Man spricht dabei vom „Nestschutz". Ab dem Alter von drei Monaten beginnt dann das kindliche Immunsystem gezielt zu arbeiten und stellt eigene Antikörper her. Mit jedem Kontakt zu Krankheitserregern lernt also das Immunsystem dazu. Kinder sind deswegen so häufig krank, weil ihre Abwehr noch nicht voll entwickelt ist und erst nach und nach aufgebaut wird. Besuchen Kinder eine Kindertageseinrichtung, kommen sie anfangs vermehrt mit für den Körper unbekannten Krankheitserregern in Kontakt und sind deswegen auch häufiger krank. Mit zunehmendem Alter nimmt die Zahl der jährlichen ›Infekte‹ in der Regel ab.

Antikörper
Eiweißstoffe, die sich an einen bestimmten Erreger haften können und so das Abwehrsystem unterstützen

SB Muttermilch → S. 77

SB Neugeborene → S. 28

Infekte, Infektionen → S. 150

5.3.1 Mechanismen der Abwehr

Das Immunsystem ist, wie bereits erwähnt, ein sehr kompliziertes System. Vereinfacht dargestellt besitzt das Immunsystem drei hintereinander gelagerte „Verteidigungsmauern".

Abb. 5.9 Die drei Mechanismen der Abwehr

Wollen Krankheitserreger in den menschlichen Körper gelangen, müssen sie zunächst einige vom Körperbau vorgegebene Hindernisse überwinden. Zu diesen **anatomischen Barrieren** gehören z. B. intakte Haut und Schleimhäute, Härchen der Schleimhäute und die fast alle Keime abtötende Magensäure. Verletzungen der ersten Verteidigungslinie, wie z. B. verletzte Haut, erhöhen das Risiko für eine Infektion erheblich.

Spezifische und unspezifische Abwehr
Haben Erreger die anatomischen Barrieren überwunden, werden sie von Abwehrmechanismen bekämpft, die sich gegen alle (= unspezifisch) Eindringlinge richten. Zur **unspezifischen Abwehr** gehören bestimmte weiße Blutkörperchen, die Fresszellen. Sie erkennen körperfremde Strukturen und töten diese ab. Dazu umfließen sie die Erreger und zersetzen sie in ihrem Inneren. Jeder Krankheitserreger hat eine ganz spezielle Oberflächenstruktur. Hat eine Fresszelle einen Krankheitserreger aufgenommen, kann sie die Oberflächenstruktur an die nächste Verteidigungslinie weitergeben, damit diese schnell und effektiv arbeiten kann.

Die Zellen der **spezifische Abwehr** arbeiten nicht grundsätzlich gegen alle körperfremden Stoffe. Sie bildet sozusagen „Spezialkommandos“, die jeweils für eine bestimmte Erregerart zuständig sind. Eine weitere Gruppe von weißen Blutkörperchen, die Lymphozyten, produzieren Antikörper, die auf die spezielle Oberfläche des Erregers passen. Mit Antikörpern besetzte Erreger können leichter von den Fresszellen vernichtet werden. Da die spezifische Abwehr erst nach Erstkontakt mit einem Erreger aktiv werden kann, dauert es eine bestimmte Zeit, bis sie einsatzbereit und funktionsfähig ist. In dieser Zeit kann der Körper erkranken. Hatte der Körper jedoch einmal Kontakt mit einem Krankheitserreger, speichert er dessen Bauplan und den der passenden Antikörper in sogenannten Gedächtniszellen ab. Bei erneutem Kontakt kann die spezifische Abwehr also sofort aktiv werden.

5.3.2 Die körpereigene Abwehr stärken

Kinder müssen Kontakt zu Erregern haben, um ein funktionierendes Immunsystem aufzubauen. Aus diesem Grund ist es nicht sinnvoll, ein Kind in einer „keimfreien“ Umgebung aufwachsen zu lassen. Aber auch das bewusste Herbeiführen von Erkrankungen, wie etwa bei ›Masern-Partys‹, dürfte das andere nicht zielführende Extrem sein.

Masern-Partys
bewusste Zusammenführung gesunder, nicht gegen Masern geimpfter Kinder mit Kindern, die akut an Masern erkrankt sind

Eltern und pädagogische Fachkräfte haben viele Möglichkeiten, die Abwehr von Kindern zu stärken. Dazu reicht es weitgehend, eine gesundheitsförderliche Lebensweise zu beachten.

Abb. 5.10 Die Abwehr von Kindern mit gesunder Lebensweise fördern

5.4 Impfungen

Für viele Erkrankungen besteht heutzutage die Möglichkeit, ein spezifisches Abwehrsystem aufzubauen, ohne dabei zu erkranken. Die Rede ist von Impfungen, auch Immunisierung genannt.

5.4.1 Arten von Impfungen

Es gibt zwei Arten, mit denen ein Mensch in den Besitz von passenden Antikörpern für Erreger einer bestimmten Erkrankung kommen kann. Entweder führt man ihm fertige Antikörper zu und der Körper muss erst gar nicht dafür arbeiten (**passive Immunisierung**) oder man regt den Körper dazu an, selbst passende Antikörper herzustellen (**aktive Immunisierung**).

Die aktive Immunisierung

1. Mensch erhält mit der Impfung abgetötete oder abgeschwächte Erreger
2. Körper bildet passende Antikörper
3. Antikörper und deren Bauplan verbleiben im Menschen
4. Körper kann bei Kontakt mit dem „echten“ Erreger sofort reagieren

- Krankheitserreger
- Teil des Krankheitserregers bzw. abgetöteter/abgeschwächter Krankheitserreger/Toxoid
- Antikörper

Die passive Immunisierung

1. Fertig hergestellte Antikörper werden dem Menschen gespritzt
2. Der Körper hat einen sofortigen Schutz
3. Nach Abbau der Antikörper ist der Mensch wieder schutzlos, da er ihren Bauplan nicht gespeichert hat

- Krankheitserreger
- Fremde Antikörper

Abb. 5.11 Vorgang der aktiven und passiven Immunisierung

Beide Arten der Immunisierung haben ihre Vor- und Nachteile. Bei der aktiven Immunisierung muss der Körper selbst die Antikörper produzieren. Das ist für den Körper belastender und Nebenwirkungen treten häufiger auf. Dafür ist der Schutz nach aktiver Immunisierung oft lebenslang vorhanden, bei der passiven Immunisierung nur für eine Dauer im Bereich von Wochen. Während der Körper bei der aktiven Immunisierung für den Aufbau eines ausreichenden Schutzes einige Zeit benötigt, ist der Schutz bei der passiven Impfung sofort vorhanden und kann so auch noch bei bereits erfolgter Ansteckung wirken.

5.4.2 Impfung – Pro und Kontra

Regelmäßig diskutieren Befürworter von Impfungen mit Impfgegnern über Sinn und Gefahren der Immunisierung. Pädagogische Fachkräfte sollten die Argumente beider Seiten kennen und kritisch hinterfragen. Eines der Hauptargumente der Impfgegner sind die sogenannten Impfschäden, also Gesundheitsbeeinträchtigungen, die durch eine Impfung verursacht werden. Diese sind laut aktuellen Statistiken sehr selten, reichen aber von einfachen Impfreaktionen mit grippeähnlichen Symptomen bis zu schweren bleibenden Behinderungen, z. B. durch ausgelöste Entzündungen des Gehirns und der Gehirnhäute.

Impfung schützt den Menschen vor Schäden durch schwere Krankheitsverläufe!

Das Immunsystem muss sich von selbst aufbauen, auch durch den Kontakt mit Krankheitserregern!

Sind sehr viele Menschen geimpft, sind auch die Leute in der direkten Umgebung besser geschützt. Dies betrifft auch Menschen, die sich vielleicht nicht impfen lassen können, z. B. Schwangere!

Impfschäden kommen viel häufiger vor, als in den Statistiken dargestellt. Pharmafirmen wollen keine aussagekräftigen Studien!

Kinderkrankheiten sind keine gefährlichen Infektionskrankheiten!

Impfschäden sind wesentlich seltener als Schäden durch die Erkrankung selbst!

Impfung ist ein Eingriff in den Körper!

Durch gut angelegte Impfprogramme konnten schon Erkrankungen ausgerottet werden!

Abb. 5.12 Häufige Argumente von Impfbefürwortern und Impfgegnern

5.4.3 Der Impfkalender des Robert Koch-Instituts

Robert Koch-Institut:
www.rki.de

Das öffentliche Gesundheitssystem ist daran interessiert, die Gesundheit der Bevölkerung so weit wie möglich zu fördern. Dazu gehören auch die Beratung und Aufklärung in Bezug auf Impfungen. Die STIKO (Ständige Impfkommission), als Einrichtung des Robert Koch-Instituts, ist eine Expertengruppe, die jährlich eine Stellungnahme dazu abgibt, welche Impfungen empfehlenswert sind.

Die derzeitigen Empfehlungen sind auf der Homepage des Robert Koch-Instituts jederzeit zum Download verfügbar. Dort finden Sie auch weitere Informationen zu den einzelnen Erkrankungen und Impfstoffen. Pädagogische Fachkräfte in der Kita sollten in der Lage sein, den Impfkalender richtig zu lesen. So können auch Fragen der Eltern zu den aktuellen Empfehlungen beantwortet werden.

Impfung	Alter in Monaten					Alter in Jahren	
	2	3	4	11–14	15–23	5–6	9–17
Tetanus	**G1**	**G2**	**G3**	**G4**		**A1**	**A2**
Diphtherie	**G1**	**G2**	**G3**	**G4**		**A1**	**A2**
Pertussis	**G1**	**G2**	**G3**	**G4**		**A1**	**A2**
Hib	**G1**	**G2**	**G3**	**G4**			

Tab. 5.13 Auszug aus dem Impfkalender 2014 des Robert Koch-Instituts

Tetanus, oder auch der Wundstarrkrampf, ist eine durch überall vorkommende Bakterien ausgelöste Erkrankung, die vor allem mit Lähmungen und Krämpfen einhergeht. Die Impfung ist von der STIKO empfohlen und sollte nach folgendem Impfschema erfolgen. Nach vier Teilimpfungen (G1–G4) ist mit der Grundimmunisierung ein erster Schutz aufgebaut. Die Impfungen sollten im Alter von 2–14 Monaten stattfinden. Um den Immunschutz aufzufrischen, empfiehlt der Impfkalender im Alter von 5–6 Jahren eine erste und im Alter von 9–17 Jahren eine zweite Auffrischimpfung (A1; A2). Danach ist die Impfung in einem Rhythmus von 10 Jahren aufzufrischen. Die Zeiträume für die Nachholimpfung (N) können genutzt werden, um die Grundimmunisierung nachzuholen, sollte diese nicht erfolgt sein. Der Impfkalender gibt zwar Empfehlungen ab, sollte aber immer durch ein Beratungsgespräch mit einem Arzt des Vertrauens ergänzt werden.

ZUM WEITERDENKEN **Bundesgesundheitsminister Hermann Gröhe:** „Der Masernausbruch in Berlin zeigt, wie wichtig ein guter Impfschutz ist. (...) Wir brauchen jetzt einen Kraftakt, um die Impfbereitschaft zu steigern. Deshalb werden wir mit dem Präventionsgesetz gesetzlich festschreiben, dass bei der Aufnahme in die Kita ein Nachweis über eine ärztliche Impfberatung vorgelegt werden muss. Außerdem muss bei Gesundheitsuntersuchungen von Kindern, Jugendlichen und Erwachsenen künftig der Impfstatus überprüft werden und eine Impfberatung erfolgen. Wir müssen die Eltern davon überzeugen, wie gefährlich diese Krankheit ist. Wenn all diese Maßnahmen nicht helfen, kann eine Impfpflicht kein Tabu sein."

Bundesministerium für Gesundheit (Februar 2015): „Impfung schützt vor Masern";
www.bmg.bund.de/ministerium/meldungen/ 2015/ masern-impfung.html (Abruf 5.7.2015)

Die gesamte Rede von Gesundheitsminister Hermann Gröhe als Video finden Sie hier:

www.youtube.com/watch?v=xbEycyRAWAg&feature=youtu.be

Warum muss ich das für meinen Beruf wissen?

Pädagogische Fachkräfte in der Kita sorgen durch eine angemessene Raumtemperatur und Anpassen der kindlichen Kleidung für ein angenehmes Wärmeempfinden der Kinder. Sie reagieren auf Hinweise einer steigenden Körpertemperatur mit fachlich korrekten Maßnahmen.

Sie haben im Kontakt mit Eltern die Möglichkeit, Einfluss auf das präventive Verhalten in Bezug auf Impfungen zu nehmen und bei Fragen als kompetenter Ansprechpartner zu agieren.

6 BEWEGUNG – WER RASTET, DER ROSTET!

Bewegung ist eine der wichtigsten Grundlagen für die kindliche Entwicklung. Kinder treten durch Bewegung in Austausch mit ihrer Umgebung und können diese wahrnehmen. In der Pädagogik versinnbildlichen Sätze wie „Begreifen durch Greifen" oder „Verstehen durch Stehen" diese Tatsache. Darüber hinaus dient Bewegung aber auch dazu, den menschlichen Körper ›gesund‹ zu erhalten. In aktuellen Studien, z. B. der groß angelegten KiGGS-Studie des Robert Koch-Instituts, sind die Ergebnisse immer wieder gegensätzlich. Zwar gibt die Mehrheit der Kinder und Jugendlichen an, regelmäßig Sport zu treiben, jedoch weisen die untersuchten ›motorischen Fähigkeiten‹ bei Kindern und Jugendlichen auf ein starkes Defizit in der ›motorischen Entwicklung‹ hin.

Gesundheit → S. 15

Details zur KIGGS-Studie finden Sie unter: www.kiggs-studie.de

motorisch
die Bewegung betreffend

KP motorische Entwicklung → S. 154

KP Entwicklungsbereiche → S. 151

6.1 Die Bedeutung der Bewegung

6.1.1 Bewegung und die kindlichen Entwicklungsbereiche

Bewegung spielt also eine ganzheitliche Rolle in der Entwicklung des Kindes, d. h., sie hat Einfluss auf alle ›Bereiche der Entwicklung‹. Bei der **motorischen Entwicklung** ist der Zusammenhang offensichtlich. Nur durch Bewegung kann ein Kind sein Bewegungsverhalten entwickeln. Die motorische Entwicklung wird in zwei Bereiche unterteilt:

- **Grobmotorik:** Ausführung größerer Körperbewegungen, z. B. Laufen oder Springen; beteiligt sind vor allem Beine, Arme und Rumpf
- **Feinmotorik:** Ausführung feiner Bewegungsabläufe, z. B. Malen oder Basteln; beteiligt sind vor allem Muskeln von Hand, Fuß und Gesicht

Prinzipiell sind aber beide Teilbereiche der Motorik notwendig um die Tätigkeiten des Alltags meistern zu können.

›Denken‹, ›Wahrnehmen‹ oder das Lösen von Problemen sind Beispiele für **kognitive Leistungen** des Menschen. Kinder haben von ›Geburt‹ an einen natürlichen Bewegungsdrang, durch den sie angetrieben werden, ihre Umgebung zu erkunden. Sie ertasten durch Bewegung die Grenzen des eigenen Körpers, suchen nach Geräuschquellen in verschiedenen Richtungen und greifen nach Gegenständen, um diese genauer zu untersuchen. Alle diese Wahrnehmungsprozesse basieren auf Bewegung. So ist es nicht verwunderlich, dass Bewegung einen positiven Einfluss auf die Entwicklung der Gehirnfunktionen ausübt.

KP Denken → S. 88
KP Wahrnehmung → S. 56
SB Geburt → S. 23

ZUM WEITERDENKEN Studien belegen, dass Kinder, die viel krabbeln, später besser rechnen können. Heutzutage empfehlen Experten Eltern, deren Kinder das Krabbelstadium ausgelassen haben, dieses zu einem späteren Zeitpunkt nachzuholen.

Diverse Studien belegen auch, dass sogar die ›**sprachliche Entwicklung**‹ durch Bewegung gefördert wird. Nicht nur die Aussprache, die aus einem Zusammenspiel vieler Gesichtsmuskeln und der Atmung besteht, lässt sich durch Bewegung fördern. Auch der kognitive Bereich der Sprachentwicklung profitiert von Bewegung. Renate Zimmer, eine Sportpädagogin und Buchautorin, stellt z. B. Möglichkeiten vor, wie sich im pädagogischen Alltag die Bewegungsförderung mit der Sprachförderung verknüpfen lässt.

KP sprachliche Entwicklung → S. 161

Interview mit Renate Zimmer:
www.kulturinstitut.org/fileadmin/user_upload/SPRACHSTELLE/Nachlese/Interview_Renate_Zimmer.pdf

Nicht zuletzt ermöglicht es Bewegung, mit anderen Menschen in Kontakt zu treten. Dazu ist es auch immer wieder erforderlich, auf die eigenen Gefühle und auf die der Kontaktpersonen einzugehen. Diese **sozial-emotionale Entwicklung** wird in bestimmten Bereichen ebenfalls durch Bewegung erst ermöglicht.

6.1.2 Auswirkungen von Bewegung auf den Körper

Die Bundesministerien für Gesundheit sowie für Ernährung, Landwirtschaft und Verbraucherschutz haben mit dem groß angelegten Projekt „IN FORM" einen Aktionsplan zur Vermeidung von Fehlernährung, Bewegungsmangel, Übergewicht und damit zusammenhängenden Krankheiten entwickelt. Dass das Thema Bewegung in die deutschlandweite Aktion mit aufgenommen wurde, zeigt bereits den starken Zusammenhang zwischen Aktivität und Gesundheit. Bewegung wirkt sich positiv auf die verschiedensten Bereiche des Körpers und der Seele aus.

Weitere Infos zu IN FORM unter:
www.in-form.de/buergerportal/start.html

Für die pädagogische Arbeit in der Kita ist das **Anhalten zu mehr Bewegung** einer der wichtigsten Bausteine, schon früh die Gesundheit der Kinder zu erhalten und zu fördern.

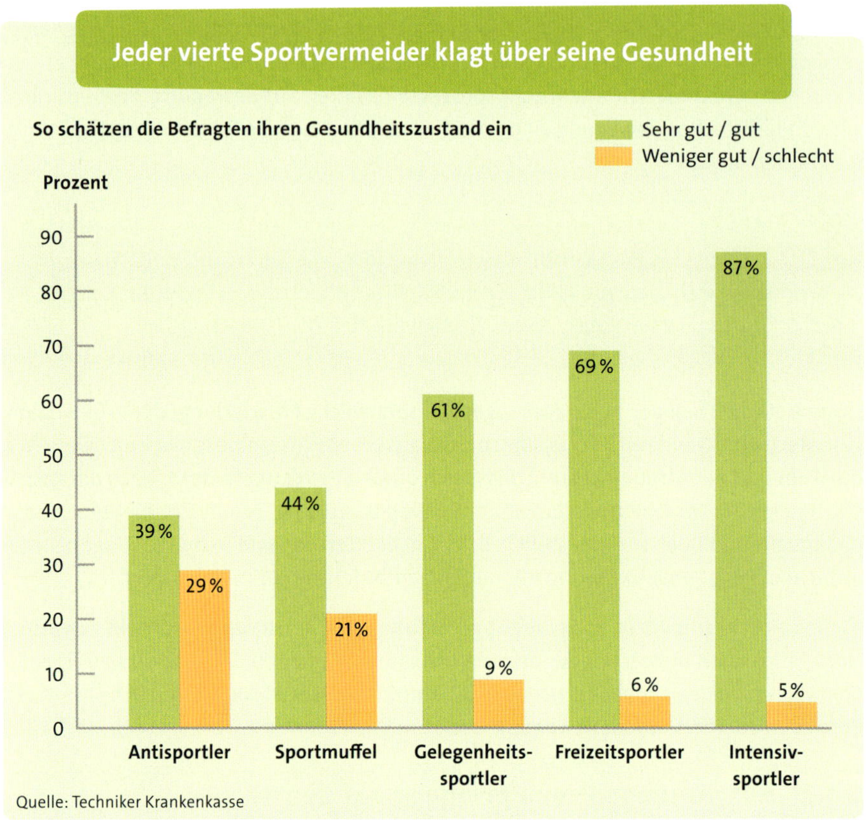

Abb. 6.1 Zusammenhang zwischen Bewegung und Gesundheit

Da Bewegung den Menschen auf unterschiedliche Weise gesund erhalten kann, ergeben sich ganz natürlicherweise gesundheitliche Risiken bei Bewegungsmangel. Die Belastung des Skelettes bei Bewegung regt den Körper beispielsweise dazu an, Knochenmasse aufzubauen. Durch den Einbau von Calcium in den Knochen wird dieser stabil und belastbar. Bewegt sich ein Mensch zu wenig, fehlt für den Körper der Anreiz, den Knochen zu stärken. Die Gefahr für Knochenbrüche steigt dann. Mit diesem Denkansatz lassen sich viele weitere Risiken von Bewegungsmangel einleuchtend erklären.

Positive Aspekte	Folgen von Bewegungsmangel
Stärkung der Muskulatur und des Skeletts	Haltungsschäden
Anregung des Stoffwechsels	Erkrankungen wie Übergewicht oder Diabetes
Aufbau eines starken Immunsystems	häufige Infektionserkrankungen
Förderung des Wohlbefindens	Unzufriedenheit
Ankurbelung der Gehirnfunktion	Konzentrationsstörungen
Unterstützung der geistigen Entwicklung durch die Vernetzung beider Gehirnhälften	Koordinationsstörungen
Voraussetzung für soziale Kontakte	Ausgrenzung aus der Gruppe

Tab. 6.2 Bedeutung der Bewegung und Folgen bei Bewegungsmangel

6.2 Bewegung will gelernt sein

6.2.1 Motorische Entwicklung bis zum Grundschulalter

Vergleicht man die Bewegungsmöglichkeiten eines Neugeborenen mit denen eines Grundschulkindes, wird sofort klar, dass in dieser Zeit die Entwicklung der Bewegungsfähigkeit enorm schnell voranschreitet. Selbst ein ungeborenes Kind im Mutterleib ist bereits zu Bewegung fähig.

Neugeborenes	Das Kind kann sich der Schwerkraft nur wenig entgegenstellen, es liegt hauptsächlich stark gebeugt. Der Kopf kann bereits auf die andere Seite gedreht werden, Arme und Beine bewegen sich, der Körperstamm kann noch nicht bewegt werden. Berührungen oder Lageveränderungen lösen frühkindliche Reflexe aus, die im Laufe der ersten sechs bis zwölf Monate durch differenzierte, willkürliche (erlernte) Bewegungen abgelöst werden.
Bis drei Monate	Kopf und Schultern können gehoben und gehalten werden, Aufstützen auf die Unterarme. In Rückenlage Führung der Hände zur Körpermitte. Gegenstände werden angeschaut und in den Mund gesteckt. Kopf kann ohne Mitbewegung des Rumpfes gedreht werden, das Kind kann sich in der Umgebung umschauen, Objekte verfolgen. Die ersten Greifversuche erfolgen, gezieltes Loslassen ist noch nicht möglich.
Bis sechs Monate	Volle Kopfkontrolle, Drehen von Bauch- in Rückenlage. Greifen zwischen Fingern und Handfläche, Wechsel von Gegenständen von einer Hand in die andere. Sitzen mit Unterstützung, Rollen um die eigene Achse, Schlängeln, Robben, Kriechen. Das Kind hilft mit beim Hochziehen aus der Rückenlage an den Händen. Die verbesserte abwechselnde Rechts-links-Bewegung sowie die statische und dynamische Gleichgewichtskontrolle sind Voraussetzungen für die weitere Körperbeherrschung.
Bis neun Monate	Das Kind setzt sich aus der Bauchlage heraus hin, steht mit Festhalten, beginnt auf Knien und Händen zu krabbeln. Gegenstände werden aneinandergehalten oder -geschlagen. Das Kind beherrscht den Pinzettengriff (Gegenstände werden zwischen Daumen und Zeigefinger festgehalten und aktiv losgelassen), isst Zwieback o. Ä. aus der Hand, umfasst Tasse beidhändig und trinkt.
Bis zwölf Monate	Das Kleinkind krabbelt viel, macht die „ersten Schritte" an der Hand von Erwachsenen, an Möbeln bereits selbstständig. Der Vierfüßlergang auf Händen und Füßen kann Krabbeln ablösen, Wechsel von Fortbewegung und Sitzen sind frei möglich. Das Kind führt beim Essen einen Löffel selbstständig zum Mund.
Bis 15 Monate	Guter Langsitz mit gestrecktem Rücken. Aus dem Stand kann das Kind in jede andere Position kommen. Freies Laufen mit Gegenstand in den Händen.
Ab 18 Monate	Freies Gehen mit sicherer Gleichgewichtskontrolle ist möglich. Tragen von Gegenständen in jeder Hand beim Laufen. Aufstehen aus dem Sitzen mit einer Hand. Anstoßen eines Balls mit dem Fuß, Werfen aus dem Stand. Treppensteigen mit Hilfe und nachgezogenem Bein.
Zwei Jahre	Rennen und Hindernisse umsteuern, Drehen um sich selbst, Rückwärtsgehen, auf Zehenspitzen stehen. Buchseiten umblättern oder Bonbons auspacken.
Drei Jahre	Hüpfen von der untersten Treppenstufe, die Treppe alternierend nutzen (Voraussetzung für Klettern), Stehen auf einem Bein, Balancieren auf einem Balken. Tretbewegungen für das Dreiradfahren. Öffnen großer Knöpfe, Bedienen von Wasserhähnen, Schneiden mit der Schere.
Vier Jahre	Koordiniertes Steuern und Treten auf dem Dreirad oder Roller möglich. Kinder können hüpfen sowie schneller und sicherer rennen. Halten eines Malstifts mit drei Fingern, Knoten binden, alleine anziehen und Knöpfe schließen. Mit kleinen Bausteinen anspruchsvolle Konstruktionen bilden.
Fünf Jahre	Springen, Kraft, Schnelligkeit und Großräumigkeit der Bewegungen nehmen zu. Genaueres Malen, Zeichnen, Schreiben sind möglich, Vorlagen können entlang der Begrenzung ausgemalt werden, großflächiges Malen ist aber deutlich früher möglich. Kann Buchstaben zeichnen.
Sechs Jahre	Beidhändiges sicheres Fangen, Binden von Schleifen. Radfahren gelingt immer besser.
Kindheit und Jugend	Vielfältige Bewegungsspezialisierungen und -verbesserungen, Kraft, Ausdauer, Schnelligkeit, Genauigkeit, Koordination verschiedener Bewegungen und deren Kombination. Mit Sportarten werden hochdifferenzierte motorische Leistungen erlernt. Gebrauch von Werkzeug wird erlernt.

Tab. 6.3 Schritte der motorischen Entwicklung bis ins Grundschulalter

6.2.2 Entwicklungspläne sind bei jedem Kind unterschiedlich

BEISPIEL Die Praktikantin Lea Sossau wendet sich besorgt an Erzieherin Nora Hauser. Ihr ist aufgefallen, dass manche Kinder der Krippengruppe „Gänseblümchen“ bereits mit 12 Monaten laufen können. Die kleine Fiona allerdings ist bereits 16 Monate und bewegt sich immer noch krabbelnd fort.

Jedes Kind hat seinen ganz individuellen Entwicklungsplan, auch die Motorik betreffend. Dieser wird von verschiedensten Faktoren beeinflusst. Die genetischen Anlagen, der körperliche Zustand oder der Anreiz zu Bewegung durch Eltern und Bezugspersonen sind nur einzelne Beispiele. Pädagogische Fachkräfte in der Kindertageseinrichtung sollten mit der Zeit ein Gespür für den Ablauf der motorischen Entwicklung bekommen. Ihre Aufgabe ist es dabei, Entwicklungsverzögerungen zu erkennen und diese den Eltern weiterzugeben. Die letztendliche Einschätzung sollte jedoch durch einen Kinderarzt erfolgen.
Ein Hilfsmittel, mit dem pädagogische Fachkräfte einschätzen können, ob ein Entwicklungsstand stark vom gängigen Entwicklungsschema abweicht, sind die sogenannten Grenzsteine. Das Modell der Grenzsteine wurde von Richard Michaelis, einem der führenden Experten zum Thema kindliche Entwicklung, erarbeitet. Hat ein Kind bis zu einem bestimmten Zeitpunkt eine motorische Fähigkeit noch nicht erlernt, sollte eine genauere Abklärung erfolgen.

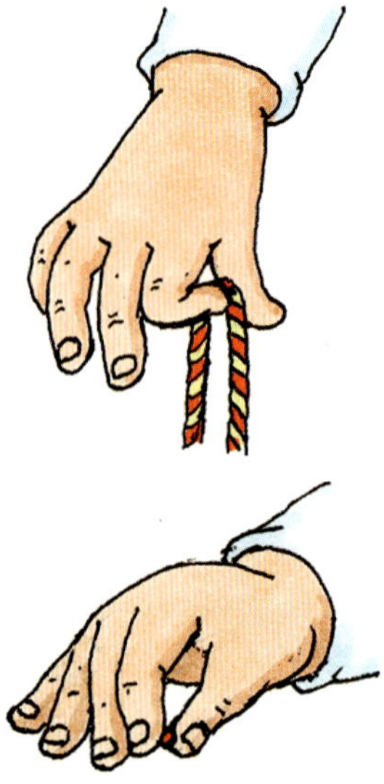

Abb. 6.4 Entwicklung des Greifens: Scherengriff und Pinzettengriff

Grenzstein	Fähigkeiten
9. Monat	Sichere Fortbewegung auf dem Boden (Krabbeln) Scherengriff
12. Monat	Freies Sitzen mit geradem Rücken Unvollständiger Pinzettengriff
18. Monat	Freies Gehen Pinzettengriff
24. Monat	Gegenstände ohne Verlust des Gleichgewichtes aufheben Auspacken kleinerer eingewickelter Gegenstände
36. Monat	Beidbeiniges Abhüpfen an kleiner Stufe Sorgfältiges Umblättern einzelner dünner Buchseiten
48. Monat	Sicheres Dreiradfahren Korrekte Stifthaltung mit drei Fingern
60. Monat	Sicheres Fangen größerer Bälle Schneiden mit einer Schere entlang gerader Linie
72. Monat	Hüpfen auf einem Bein Bastelarbeiten wie Falten oder Ausschneiden

Abb. 6.5 Wichtige Grenzsteine der motorischen Entwicklung nach R. Michaelis

Die kindliche Entwicklung der Bewegung kann sehr unterschiedlich verlaufen. Bei Verdacht auf eine Entwicklungsstörung sollten pädagogische Fachkräfte ihre Beobachtungen an die Eltern weitergeben, ohne diese unnötig zu beunruhigen.

6.3 Der menschliche Bewegungsapparat

Bewegung wird erst durch das Zusammenspiel vieler Strukturen des Körpers ermöglicht. Gemeinsam werden diese als der menschliche Bewegungsapparat bezeichnet. Der Bewegungsapparat besteht aus einem aktiven und einem passiven Teil. Streng genommen ist eigentlich nur unsere Muskulatur aktiv. Sie kann sich verkürzen und anschließend wieder entspannen. Zum passiven Teil der Körperstrukturen, die Bewegung ermöglichen, gehören Knochen, Knorpel und Bänder. Das menschliche Skelett besteht aus etwas mehr als 200 Knochen. Knorpel ist immer an den Gelenken zu finden und sorgt dort dafür, dass bei Bewegung nicht zu viel Reibung auftritt. Unsere Bänder stabilisieren die Gelenke. Im Gegensatz zur Stabilisierungsfunktion der Bänder sind die Sehnen dazu da, die Verkürzung der Muskulatur auf das Skelett zu übertragen. Spannt sich z. B. der Bizeps im Oberarm an, überträgt die Bizepssehne diese Verkürzung auf den Unterarm und im Ellenbogen entsteht eine Beugung. Die Sehnen werden bei unterschiedlichen Definitionen manchmal dem aktiven, teils aber auch dem passiven Bewegungsapparat zugeordnet.

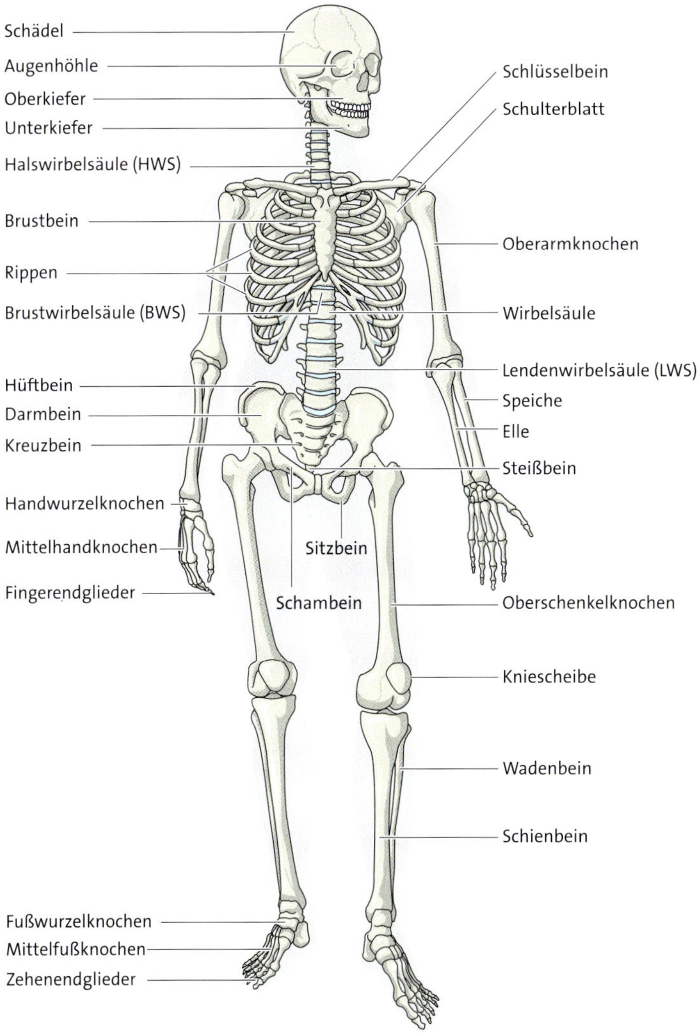

Abb. 6.6 Das menschliche Skelett

6.4 Bewegungsangebote im pädagogischen Alltag

Bildungspläne → S. 383

Links zu allen deutschen Bildungsplänen finden Sie hier:
www.bildungsserver.de/Bildungsplaene-der-Bundeslaender-fuer-die-fruehe-Bildung-in-Kindertageseinrichtungen-2027.html

Bewegung muss in Kindertagesstätten ihren festen Platz haben. Die ›Bildungspläne‹ der Bundesländer greifen allesamt Bewegung als zentralen Punkt für die Gesamtentwicklung des Kindes auf.
Pädagogische Fachkräfte in der Kita können einerseits Entwicklung und Gesundheit von Kindern durch Bewegungsangebote gezielt fördern. Andererseits haben Kinder meist einen eigenen Bewegungsdrang, der nicht zwingend in eine Richtung gelenkt werden muss. Bewegung sollte in Kitas also am besten zwei Ziele verfolgen oder diese im Idealfall vereinen:

- Kinder sollten ihren Bewegungsdrang ausleben dürfen und so Spaß an Bewegung entwickeln. Dazu muss ihnen genug Freiraum gegeben werden.
- Kinder brauchen aber auch immer wieder Anreize, um verschiedene Bewegungsmuster zu erlernen. Pädagogische Fachkräfte haben hier die Aufgabe, am beobachteten Stand der ›motorischen Entwicklung‹ anzuknüpfen und diese zu unterstützen.

motorische Entwicklung → S. 77

BEISPIEL Kinderpfleger Hannes Reichelt gestaltet für die Kinder seiner Gruppe täglich kleine Bewegungseinheiten, die er in das Freispiel integriert. Im Garten können die Kinder heute in der Freispielzeit bei schönem Wetter ihrer Fantasie freien Lauf lassen.
Nach einiger Zeit holt Hannes seine Gruppe zu sich und stellt ihnen ein kleines Spiel mit Wettbewerbscharakter vor. Die Kinder werden in zwei Gruppen eingeteilt, wobei er darauf achtet, etwa gleichstarke Gruppen zu bilden. Die Gruppen stellen sich in einer Reihe auf und müssen von zwei verschiedenen Seiten auf das Klettergerüst steigen. Dort hat Hannes kleine Säckchen mit Puzzleteilen befestigt. Die Gruppe, in der zuerst jedes Kind ein Säckchen geholt und das Puzzle zusammengesetzt hat, ist das Siegerteam. Anschließend gehen die Kinder wieder ins Freispiel über.

Im Idealfall gestalten pädagogische Fachkräfte Situationen, in denen Kinder Bewegungsanreize erhalten, die sie mit Spaß und Freude annehmen.

6.4.1 Bewegungsqualitäten

Der Begriff Bewegungsqualitäten ist auf den ersten Blick nicht besonders geläufig. Dahinter versteckt sich aber nichts anderes als der Versuch, Bewegungen in bestimmte Gruppen zu unterteilen.

BEISPIEL Beim Fangenspielen müssen Kinder vor allem schnell sein und eventuell auch lange mit dem Laufen durchhalten können. Balanciert ein Kind auf einem Balken, so sind vor allem Gleichgewicht und Koordination nötig.

An diesen einfachen Beispielen wird sofort deutlich, dass Bewegung nicht gleich Bewegung ist. Verschiedene Tätigkeiten des Alltags fordern auch verschiedene Arten von Bewegung. Eine Kiste mit Spielzeug zu heben verlangt ein anderes Bewegungsmuster als das Fangen eines Balls. Nichts anderes verbirgt sich hinter dem Begriff „Bewegungsqualitäten“.

In unterschiedlichen fachlichen Quellen finden sich immer wieder verschiedenste Auflistungen der Bewegungsqualitäten. Pädagogische Fachkräfte sollten diese aber ohnehin nicht nur getrennt voneinander betrachten. Viele Bewegungsqualitäten bedingen sich gegenseitig und ein motorisch begabtes Kind ist in der Regel in allen Bereichen gut entwickelt.

Abb. 6.7 Verschiedene Bewegungsqualitäten

Damit Kinder sich im motorischen Bereich möglichst vielseitig entwickeln können, sollten pädagogische Fachkräfte in der Kita regelmäßig die verschiedenen Bewegungsqualitäten von den Kindern einfordern. Bewegungsangebote sollten täglich in den Ablauf eingebaut werden.

> Sollen sich Kinder bewegen, ist es wichtig, sie zu fordern, aber auf keinen Fall zu überfordern. Bietet ein Bewegungsangebot keine Herausforderung, langweilen sich Kinder. Überforderung hingegen führt zu Frustration und Verweigerungshaltung.

Abb. 6.8 Was dem einen Kind Spaß macht, kann für ein anderes die reine Überforderung sein.

Eine Sporteinheit in der Woche ist hier nicht ausreichend. Über die Bewegungsangebote hinaus muss der gesamte Kindergartenbetrieb dazu einladen, sich zu bewegen. Dies beginnt bereits bei der Gestaltung der Einrichtung.

6.4.2 Gestaltung von Bewegungsangeboten

Ideen zu Bewegungsangeboten finden sich unter anderem auf:
www.kindergaerten-in-aktion.de/praxis-alltag-in-kindertageseinrichtungen/bewegung

Bei der Gestaltung von Bewegungsangeboten können pädagogische Fachkräfte in der Kita ihre eigene Kreativität nutzen und passende Bausteine zur motorischen Förderung entwickeln. Des Weiteren gibt es bereits eine Vielzahl an ausgearbeiteten Bewegungsangeboten, die nach Anpassung an die Gegebenheiten in der eigenen Kita durchgeführt werden oder zumindest als Basis für eigene Überlegungen dienen können.

Koordination kann durch Spiele wie „Himmel und Hölle" gefördert werden. Das Hüpfen muss schnell auf die wahrgenommenen Kästchen abgestimmt werden.

Gleichgewicht fordert Balancieren jeder Art. Dabei kann die Schwierigkeitsstufe natürlich an die Fähigkeiten der Kinder angepasst werden. Vom dicken Holzbrett am Boden bis zur ›Slackline‹ ist alles möglich.

Slackline
straff gespanntes Schlauchband, auf dem balanciert wird

Fangspiele sind unter anderem sehr gut dazu geeignet, die **Ausdauer** der Kinder zu trainieren. Als Anreiz eignen sich Geschichten, die zum gegenseitigen Fangen anregen, wie z. B. Katzen jagen Mäuse.

Gymnastikübungen eignen sich bestens, um bestimmte Muskelgruppen in ihrer **Kraft** zu stärken. Fantasievoll angelegte Einheiten, wie etwa das Nachahmen von Tieren, motivieren die Kinder für die Übungen.

Entspannung darf im Rahmen von Bewegungsangeboten nicht vergessen werden. Yoga in Kitas z. B. führt Kinder sehr früh an ein bewusstes Erleben des eigenen Körpers mit regelmäßigen Ruhephasen heran.

Abb. 6.9 Beispiele für Bewegungsangebote

6.4.3 Bewegungsfördernde Gestaltung des Innen- und Außenbereiches in der Kita

Grundsätzlich werden die wenigsten Kindertagesstätten gerade neu gebaut und ein Einfluss auf die grundsätzliche Architektur ist wohl selten möglich. Die bereits vorhandenen Einrichtungen müssen also mit den bestehenden Räumlichkeiten zurechtkommen. Dennoch können häufig kleinere ›Veränderungen‹ an Räumen dazu führen, dass Bewegungsanreize geschaffen werden. In einer Kindertageseinrichtung sollten sowohl Räume für Bewegung, als auch Räume für Entspannung vorhanden sein. Kennen Kinder die Abgrenzung, so fällt der Übergang von aktiven zu ruhigen Phasen leichter.

KP Raumgestaltung → S. 434

Die Grundanforderung an einen Raum, der zu Bewegung anregt, ist eine **ausreichende Größe**. Für Kreisspiele ist mindestens eine Fläche von 5 × 5 Metern sinnvoll. Für geplante Bewegungsangebote und Sporteinheiten wird meist weit mehr Platz benötigt. Beengte Räume unterdrücken nicht nur den Bewegungsreiz, durch die unzureichende Fläche steigt die Unfallgefahr, z. B. durch Stolpern über Möbel oder das Ineinanderlaufen. Kitas mit beengten Räumlichkeiten können z. B. versuchen, durch bewegliche Möbel einen schnellen Wechsel zu Bewegungsräumen zu ermöglichen.

Abb. 6.10 und 6.11 Gelungen gestaltete Bewegungsräume mit ausreichend Platz und Struktur

Bewegungsqualitäten → S. 80

Abgesehen von der Größe ist es in Räumen, die zu Bewegung anregen sollen, wichtig, **Raumstrukturen** vorzugeben. Raumstrukturen können z. B. verschiedene Ebenen sein, die über Stufen, Leitern, Rutschen oder Ähnliches miteinander verbunden sind. Die unterschiedlichen Ebenen lassen die Kinder den Raum aus abwechselnden Perspektiven betrachten und fördern verschiedene ›Bewegungsqualitäten‹.
Klettern, Krabbeln und Rutschen stellen ganz unterschiedliche Ansprüche an die Motorik. Auch Linien in einem Raum können als Strukturen genutzt werden. Eine angebrachte Trennlinie in der Mitte des Raumes kann den Raum in zwei verschiedene Bereiche eines Spiels verwandeln. Die Linien von weichen Bodenfliesen können ebenfalls als gedachte Trennlinien in ein Spiel integriert werden.

Abb. 6.12 Bodenstrukturen bieten Bewegungsmöglichkeiten

Neben den **Räumen und der Raumeinteilung** an sich werden Kinder vor allem durch ansprechendes und gezielt **ausgewähltes Material** zu Bewegung angeregt.

Abb. 6.13 Ansprüche an Spielmaterialien zur Bewegungsförderung

Material, das Kinder zu Bewegung anregt, muss in den seltensten Fällen für teures Geld gekauft werden. Gerade Alltagsgegenstände, die mit Fantasie eingesetzt werden, bieten ein enormes Potenzial.

BEISPIEL Kinderpflegerin Marija Novak hat Kugeln aus Zeitungspapier, Kronkorken, leere Rollen von Wischtüchern, Wäscheklammern und vieles mehr mit ihrer Gruppe gesammelt. Einen Teil der Gegenstände haben sie gemeinsam mit bunten Farben verziert. Die Materialien sind in einer Box gelagert und werden regelmäßig für kleine Spiele verwendet. Heute hat Marija ein Reaktionsspiel geplant. Die Gegenstände werden in der Mitte des Gruppenraumes auf dem Boden ausgebreitet. Immer zwei Kinder müssen auf Kommando loslaufen und bestimmte Gegenstände heraussuchen. Sie müssen z. B. schnellstmöglich eine Wäscheklammer holen, einen Gegenstand aus Plastik heraussuchen oder ein Teil mit einer bestimmten Farbe suchen. Die Kinder kommen so in Bewegung, lernen Alltagsmaterialen kennen und erkennen, dass viele Dinge des Lebens nicht nur für den Müll geeignet sind.

Weitere Anregungen zu Bewegungsspielen mit Alltagsgegenständen:
www.mobilesport.ch/wp-content/uploads/2012/07/07_12_Spiele_mit_Alltagsgegenstaenden_d.pdf

Neben den Alltagsgegenständen gibt es aber auch spezialisierte Anbieter von Bewegungsmaterialen für Kinder. Ein Grundsortiment an Material wäre für jede Kita wünschenswert.

Abb. 6.14, 6.15, 6.16 Schwungtuch, Bank und Sprossenwand für die Bewegungsförderung

Eine besonders vielseitige Art der motorischen Förderung bietet die sogenannte **Bewegungsbaustelle**. Aus Grundbausteinen wie Kisten und Brettern können Kinder selbst immer wieder unterschiedliche „Bauwerke" erstellen, die dann Raum für verschiedenste Bewegungsarten bieten. Die Bewegungsbaustelle ist besonders dafür geeignet, die Kinder in der Ausprägung sozialer, kognitiver und motorischer Fähigkeiten zu unterstützen. Sie müssen Kreativität, Teamgeist und körperliches Geschick zeigen, um neue Konstruktionen zu entwickeln.

Abb. 6.17 Die Bewegungsbaustelle fördert nicht nur Bewegung.

Interessante Broschüre zur Bewegungsbaustelle zum kostenlosen Download unter:
www.lags-saarland.de/wp-content/uploads/2013/05/UK-B_Bewegungsbaustelle_Druck-180313.pdf

ZUM WEITERDENKEN Bewegung ist einer der Basisbausteine für Gesundheits- und Entwicklungsförderung. Die Bundesländer unterstützten diesen Aspekt in Kindertageseinrichtungen durch die Vergabe von Gütesiegeln, wenn die Einrichtung bestimmte Kriterien erfüllt. Für alle Bundesländer einheitlich sind dazu folgende Vorgaben:
- Prinzip „Bewegungserziehung" ist im pädagogischen Konzept verankert
- geeignete Räumlichkeiten sind vorhanden
- regelmäßige Fortbildungen des Personals finden statt
- Elterninformationen zum Thema werden ausgelegt
- Zusammenarbeit mit regionalem Sportvereinen wird angestrebt

6.4.4 Gefahrenquellen und Verhaltensregeln bei Bewegungseinheiten

Bei Bewegungseinheiten sollten natürlich immer die Sicherheit und Verletzungsgefahr mit bedacht werden. Trotzdem müssen Kinder ihre motorischen Fähigkeiten erproben und entwickeln. Durch den in der heutigen Gesellschaft häufig anzutreffenden ›Überprotektionismus‹ werden Kinder aber genau davon abgehalten. Darf ein Kind nicht auf Bäume klettern, weil die Gefahr besteht, dass es herunterfällt, entgeht dem Kind dabei eine Möglichkeit, Kraft, Gleichgewicht und Koordination zu schulen.
Des Weiteren erfahren Kinder über das Austesten ihrer Grenzen Selbstwirksamkeit. Die Entwicklung wird dabei nicht nur im motorischen Bereich gefördert. Ein weiteres Argument dafür, Kinder nicht aus Angst vor eventuellen Zwischenfällen von Bewegung abzuhalten, findet sich in den Auswirkungen von ›Bewegungsmangel‹. Kinder, die sich zu wenig bewegen, haben laut vielen Studien nämlich ein größeres Risiko für Verletzungen. Der ›Bewegungsapparat‹ ist vor allem durch schwache Muskulatur weniger robust, außerdem fehlt es den Kindern durch Bewegungsarmut an Koordination und Gleichgewicht.

Überprotektionismus
übertriebene Behütung

Bewegungsmangel → S. 76

Bewegungsapparat → S. 79

Kinder sollten die Möglichkeit haben, ihre motorischen Fähigkeiten zu entwickeln. Dazu brauchen sie einen gewissen Freiraum, der jedoch keine unnötige Gefahrenquellen beinhalten sollte. Kinder haben ihren eigenen Entwicklungsplan, auch in Bezug auf die Motorik. Bewegungsangebote sollten daher immer an den Entwicklungsstand angepasst werden. Über-, aber auch Unterforderung steigern das Verletzungsrisiko.

Unfälle → S. 104

Unfälle mit Verletzungen werden vor allem von Kindertageseinrichtungen in der Mehrzahl gemeldet und sind aus diesem Grund sehr gut nachvollziehbar. Die meisten ›Unfälle‹ passieren laut den aktuellen Daten im Außenbereich der Kita, gefolgt vom Gruppenraum und den anderen Räumen im Innenbereich. Verhältnismäßig wenige Unfälle passieren in Sporthallen und bei Ausflügen.

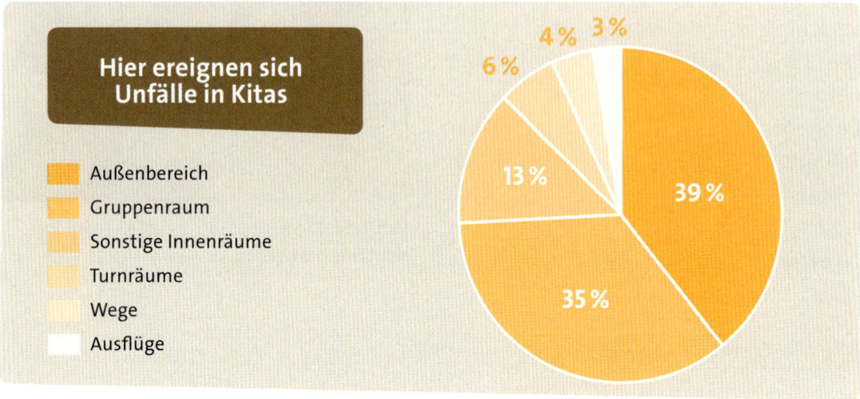

Abb. 6.18 Wo passieren Unfälle in der Kita?

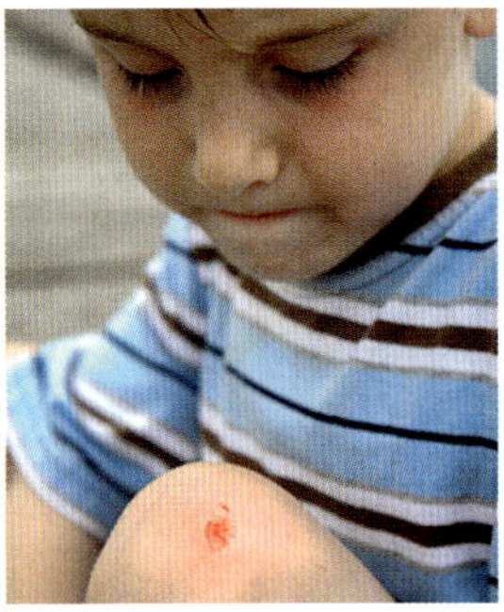

Abb. 6.19 Stürze passieren häufig, wenn Kinder sich bewegen und sich ausprobieren.

Aufsichtspflicht → S. 104

Während wahrscheinlich die Zahlen für den Außenbereich niemanden verwundern, dürften die Unfallzahlen im Gruppenraum und in der Turnhalle umso fraglicher erscheinen. Bei der Interpretation der Daten muss allerdings noch der Faktor Zeit einbezogen werden. Die Kinder verbringen wesentlich mehr Zeit im Gruppenraum, als in den Turnräumen. Unter dieser Sichtweise sind die Unfälle im Gruppenraum gar nicht mehr so viele und die in der Turnhalle, bezogen auf die kurze Anwesenheitszeit, doch recht zahlreich.

Unfälle im Zusammenhang mit Bewegung sind fast ausschließlich **Stürze** und **Stöße**. Stürze können auf jedem Gelände passieren, beim Spiel auf mehreren Ebenen können Kinder auch abstürzen. Verletzungen durch Stöße ereignen sich, wenn Kinder ineinanderlaufen, mit Gegenständen zusammenstoßen oder durch fliegende Gegenstände getroffen werden.

Pädagogische Fachkräfte übernehmen für die Sicherheit der Kinder im Rahmen der ›Aufsichtspflicht‹ Verantwortung. Dies heißt aber nicht, dass jeder Unfall mit einer Verletzung der Aufsichtspflicht gleichzusetzen ist. Bei noch so guter Fürsorge können Unfälle jederzeit passieren. In der Literatur werden Maßnahmen zum Unfallschutz häufig als „die drei E" bezeichnet:

- Education = erzieherische Maßnahmen (z. B. Aufklärung der Kinder)
- Engineering = technische Sicherheit (z. B. weiche Fußbodenbeläge)
- Enforcement = gesetzliche Bestimmungen (z. B. Standards für Spielplätze)

SB Unfallvermeidung auf dem Spielplatz → S. 153

Durch Beachtung aller drei Bereiche lassen sich Unfälle in Kitas gezielt verhindern, es muss jedoch klar sein, dass sich niemals alle Unfälle vermeiden lassen, wenn Kinder noch Raum zum Entwickeln haben sollen. Bestimmte Gefahrenbereiche müssen von pädagogischen Fachkräften regelmäßig bedacht werden. ›Unfälle‹ passieren z. B. immer wieder im Schaukelbereich, weil Kinder beim Spielen in schaukelnde Kinder laufen. Jede Kita sollte außerdem ihre baulichen Schwachstellen, wie Stolperfallen oder Gegenstände in Kopfhöhe, erkennen. Auf nassen Böden rutschen Kinder leicht aus und stürzen.

Viele Unfälle in der Kita gehen glücklicherweise glimpflich aus. Auch die meisten Unfälle, die eine ärztliche Behandlung notwendig machen, haben keine gravierenden Folgen für das Kind. Am häufigsten kommt es bei Unfällen zu Schürf- oder Platzwunden. Selten sind schwere Auswirkungen wie etwa Knochenbrüche.

Interessant ist die statistische Verteilung der Unfälle über den Tagesverlauf. Während in den Daten der Unfallversicherungen für den Vormittag wenige Unfälle aufgezeichnet sind, nehmen diese am späten Vormittag bis Mittag zu. Der frühe Nachmittag ist wieder unfallarm, die Zahlen steigen jedoch ab ca. 15 Uhr wieder leicht an. Betrachtet man die ›Leistungskurve‹ eines Kindes, fällt auf, dass Phasen geringer Leistungsbereitschaft mit hohen Unfallzahlen einhergehen. Pädagogische Fachkräfte können versuchen, durch eine **an die Leistung angepasste Tagesstruktur** Unfälle zu verhindern.

Leistungskurve → S. 53

Es ist außerdem zwingend notwendig, dass Kinder für Bewegungseinheiten gewisse **Regeln und Rituale** kennen. So können bereits im Vorfeld Risikosituationen verhindert werden oder es kann zumindest auf diese vorbereitet werden.

Abb. 6.20 Tipps und Regeln für Bewegungseinheiten

Warum muss ich das für meinen Beruf wissen?

Der gegenwärtige Lebensstil führt zu einem Mangel an Bewegungserfahrungen mit all seinen negativen Auswirkungen. Pädagogische Fachkräfte gestalten Bewegungsanreize in Form geplanter Angebote, aber auch im Freispiel. Sie beobachten das motorische Verhalten der Kinder und schätzen den Entwicklungsstand ein.

Gemeinsam mit der verantwortlichen Einrichtungsleitung gestalten sie die Innen- und Außenbereiche der Einrichtung so, dass Kinder zu Bewegung angeregt werden. Sie kennen die typischen Unfallmuster und Gefahrenquellen der Kita und handeln in ihren Möglichkeiten im Sinne der Unfallverhütung.

Pädagogische Fachkräfte führen die Kinder an ein gesundheitsbewusstes Verhalten heran, wozu ausreichend Bewegung unerlässlich ist.

7 DAS KINDLICHE WOHLBEFINDEN

Der Begriff „Kindheit" löst bei vielen Menschen Vorstellungen von Unbeschwertheit, Lebensfreude und Unkompliziertheit aus. Für die Mehrzahl der Kinder mögen diese Bilder zutreffen, doch selbst in Industrienationen wie Deutschland kann man nicht davon ausgehen, dass alle Kinder glücklich sind und sich wohlfühlen.

Gesundheit → S. 15

Ebenso wie beim Thema ›Gesundheit‹ hat jeder Mensch auch in Bezug auf die Aspekte Wohlbefinden und Glück andere Vorstellungen – je nach Persönlichkeit und Umwelt.

7.1 Seelische Gesundheit und Widerstandsfähigkeit

7.1.1 Was ist seelische Gesundheit?

Abb. 7.1 Auch „negative" Gefühle sind erst einmal normal und haben ihre Berechtigung.

Die Weltgesundheitsorganisation WHO definiert **Gesundheit** als einen „Zustand des vollkommenen körperlichen, geistigen und sozialen Wohlbefindens". Doch der Bereich, der mit dem Ausdruck „seelische Gesundheit" beschrieben wird, ist nicht so einfach zu verstehen und begrifflich festzulegen wie die körperliche Gesundheit. Ein gebrochenes Bein ist für Außenstehende leichter nachvollziehbar als z. B. ein anhaltender Zustand tiefer Traurigkeit. Zudem werden für alles Nichtkörperliche viele unterschiedliche Begrifflichkeiten verwendet. So wird in der heutigen Gesellschaft auch immer wieder von der **„psychischen Gesundheit"** gesprochen.

Je nach wissenschaftlicher Ausrichtung werden die Begriffe „seelisch", „geistig" und „psychisch" unterschiedlich aufgefasst und verwendet. Für den pädagogischen Alltag aber kann man diese Begriffe ohne Bedenken als sinnverwandt ansehen. Sie bezeichnen

alle ganz allgemein gesehen Vorgänge des Denkens und der Gefühle. Denken und Fühlen sind nur schwer voneinander zu trennen und für das pädagogische Handeln ist eine solche Trennung nicht zwingend erforderlich.
Jeder Mensch kennt Zeiten, in denen er traurig oder unglücklich ist. Hat man solche negativen Gefühle, liegt noch lange keine psychische Erkrankung vor. Im Laufe des Lebens wechseln sich immer wieder Phasen, in denen sich ein Mensch wohlfühlt, mit Phasen ab, in denen es ihm schlecht geht.
Gerade Kinder kommen häufiger in Situationen, die für sie unbekannt sind und dadurch Ängste auslösen können. Fühlen sie sich dabei überfordert und bekommen von den Bezugspersonen keine passenden Hilfsangebote, so besteht die Gefahr, dass sie einen seelischen Schaden erleiden. Dieser zeigt sich bei Kindern häufig in Form von **Verhaltensauffälligkeiten**.
Mittlerweile wird davon ausgegangen, dass bei der Entstehung psychischer Erkrankungen verschiedene Faktoren eine Rolle spielen. Diese Auffassung verdeutlicht das sogenannte **Vulnerabilitäts-Stress-Modell**.

Abb. 7.2 Das Vulnerabilitäts-Stress-Modell

Der Ausdruck „Vulnerabilität" beschreibt die Anfälligkeit einer Person für ein bestimmtes Krankheitsgeschehen. Diese Anfälligkeit kann unterschiedliche Ursachen haben, beispielsweise ›genetische‹ Veranlagung, eine körperliche Erkrankung oder bisher Erlebtes, wie z. B. die Trennung der Eltern. Aufgrund der unterschiedlichen Vulnerabilität hat jeder Mensch ein individuelles „Fassungsvermögen" für Belastungen (›Stress‹), bevor diese ihn krank machen.

genetisch
erblich bedingt

Stress → *S. 168*

Belastungsfaktoren für Kinder sind z. B.:

- Leistungsdruck
- familiäre Streitigkeiten
- Geldprobleme der Eltern
- körperliche Krankheiten
- Ausgrenzung
- Lärm
- ›Übergänge‹
- übertriebener Medienkonsum

KP Übergänge → *S. 139*

7.1.2 Resilienz: Die Anforderungen des Lebens meistern

Welche Anforderungen des Lebens ein Mensch als Belastung erlebt, hängt damit zusammen, ob er sich in der Lage fühlt, die Anforderungen zu meistern. Bereits in der Kindheit erwirbt der Mensch viele grundlegende Fähigkeiten (Kompetenzen), die er zum Umgang mit Anforderungen verwenden kann. Er stellt sich sozusagen eine Werkzeugkiste zusammen, die er im Bedarfsfall einsetzen kann.
Hat ein Mensch vielfältige Lösungsmöglichkeiten für Anforderungen und kann diese auch situationsgerecht auswählen und einsetzen, so wird er auftretende Anforderungen in der Regel nicht als belastend empfinden. Er kann mit schwierigen Situationen umgehen und entwickelt sich weiter, indem er sie löst. Ein Mensch mit diesen Fähigkeiten hat eine hohe Resilienz oder **Widerstandsfähigkeit**.

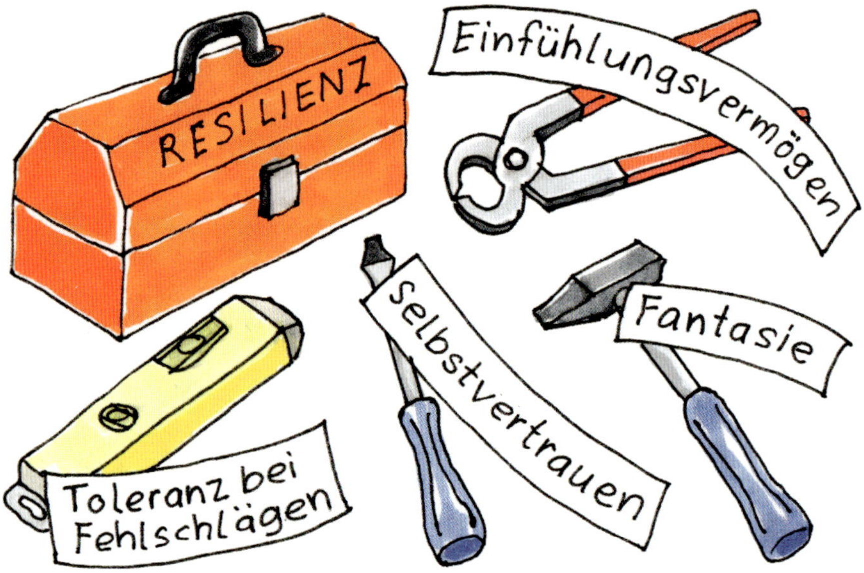

Abb. 7.3 Werkzeuge für das Bewältigen verschiedener Anforderungen

Wie entsteht Widerstandsfähigkeit?

Pädagogische Fachkräfte in der Kindertageseinrichtung haben verschiedene Möglichkeiten, positiv auf das kindliche Wohlbefinden einzuwirken. Sie können

- **Vulnerabilität erkennen** und gemeinsam mit den Eltern nach Möglichkeiten zur Stärkung des Kindes suchen.
- **entwicklungsgerechte Anforderungen** stellen und Überforderung vermeiden.
- die **Resilienz** der Kinder gezielt **ausbauen**.

Die Resilienz von Kindern zu fördern heißt, sie bestmöglich auf anstehende Anforderungen vorzubereiten. Die Resilienzförderung zeigt große Ähnlichkeit zur Förderung der ›Widerstandsressourcen‹ im Konzept der Salutogenese. Auch dort geht es darum, Kindern Möglichkeiten aufzuzeigen, mit Schwierigkeiten umzugehen.
Es gibt einen Schutzfaktor, der besondere Bedeutung für das kindliche Wohlbefinden hat: die stabile Beziehung (›**Bindung**‹) zu einer Bezugsperson. In vielen Fällen handelt es sich bei diesen Bezugspersonen um die Eltern.

Widerstandsressourcen und Salutogenese → S. 19

KP Bindung → S. 128

> Ist die Beziehung zu den Eltern oder zu nahen Verwandten nicht von Wertschätzung, Vertrauen und Sicherheit geprägt, können pädagogische Fachkräfte in der Rolle der Bezugsperson ausgleichend wirksam werden.

Resilienzfaktoren

In der Resilienzforschung wurden bestimmte Fähigkeiten erkannt, die Kindern Widerstandskraft verleihen. Eine Forschergruppe um den Psychologen Klaus Fröhlich-Gildhoff beschreibt sechs Faktoren als besonders bedeutsam für die Entwicklung der Widerstandsfähigkeit. Viele davon sind pädagogische „Klassiker":

Selbst- und Fremdwahrnehmung	die eigenen Fähigkeiten einschätzen können
Selbststeuerungsfähigkeit	die eigenen Gefühle und Motivationen kennen und steuern können
Selbstwirksamkeitsüberzeugung	auf die eigene Handlungsfähigkeit vertrauen
Soziale Kompetenzen	mit anderen umgehen und gemeinsam handeln können
Angemessenen Umgang mit Stress	Anforderungen aushalten und sich entspannen können
Problemlösekompetenzen	verschiedene Wege kennen, um Probleme zu bewältigen

Pädagogische Fachkräfte in der Kita können diese Faktoren unter Berücksichtigung der Gegebenheiten vor Ort fördern. Dabei haben sie eine große Freiheit in der Umsetzung, da es viele verschiedene Möglichkeiten gibt, die Ausprägung der unterschiedlichen Resilienzfaktoren zu unterstützen.

BEISPIEL Kinderpflegerin Carina Schwarz hat an einer Fortbildungsveranstaltung zur Förderung der Resilienz in Kindertagesstätten teilgenommen. Seit der Fortbildung hat sie bereits einige Bausteine zur Förderung der Widerstandsfähigkeit bei den Kindern in ihr pädagogisches Handeln eingeflochten. Bei den wöchentlichen Bewegungsangeboten z. B. dürfen die Kinder selbst aus mehreren Varianten mit verschiedenen Schwierigkeitsstufen auswählen. Im Anschluss an den ersten Durchgang führt Carina Schwarz eine Reflexion durch. Sie lässt die Kinder dazu Stellung nehmen, ob ihnen die Übung leicht- oder schwergefallen ist. Kindern, die sich regelmäßig überschätzen, gibt sie den Tipp, lieber etwas leichter anzufangen und sich dann zu steigern. Trauen sich Kinder nicht an ihre Leistungsgrenze heran, motiviert sie diese, sich auch etwas mehr zuzutrauen. Den Abschluss jeder Bewegungseinheit bildet immer eine Teamphase, in der nur die Gruppe als Ganzes eine Chance auf Erfolg hat.

Abb. 7.4 Teamspiel fördert die Resilienz.

Alleine mit der wöchentlichen Bewegungseinheit fördert die Kinderpflegerin unterschiedliche Resilienzfaktoren. Die Kinder erfahren Selbstwirksamkeit: Sie treffen eigene Entscheidungen und können häufig die selbst gewählten Herausforderungen lösen. Bereitet es Kindern noch Probleme, sich selbst richtig wahrzunehmen und einzuschätzen, lernen sie dies durch die Reflexion. In den Teamspielen zum Abschluss müssen die Kinder zusammenarbeiten, um ans Ziel zu kommen. Kinder, denen die jeweilige Aufgabe leichter fällt, müssen dabei die Schwächen anderer Kinder erkennen und einen Ausgleich suchen. Kinder mit Defiziten (Schwächen) lernen, Hilfe anzunehmen.

Die Widerstandsfähigkeit fördern

Pädagogische Fachkräfte haben für Kinder immer **Vorbildcharakter**. Aus diesem Grund sollten sie sich selbst immer wieder in Bezug auf die Resilienzfaktoren überprüfen. Dies hilft Ihnen auch, mit Belastungen bestmöglich umzugehen. Resilienz ist keine Eigenschaft, die – einmal erworben – für immer bleibt. Auch Erwachsene müssen stets an ihrer Widerstandskraft arbeiten.

> Resilienzförderung findet in den meisten Kindertageseinrichtungen bereits täglich statt. Als pädagogische Fachkraft ist es wichtig, sich ihrer Bedeutung bewusst zu sein und sie geplant einzusetzen.

KP Kooperationen → S. 52

In ein erfolgreiches Konzept zur Förderung der kindlichen Widerstandfähigkeit müssen möglichst viele Beteiligte eingebunden sein. Erst durch eine umfassende **Vernetzung** (›Kooperation‹) wird es möglich, Kindern nicht nur einzelne Bausteine, sondern eine gezielte Förderung anzubieten. Bestandteile eines umfassenden Konzepts können die Kinder selbst, die Eltern und die pädagogischen Fachkräfte sein, aber auch viele andere Einrichtungen, wie Erziehungsberatungsstellen oder Sportvereine.

„Wie fördert man Resilienz bei Vorschulkindern in Kitas?

Man muss zwei Ebenen unterscheiden. Zum einen muss man versuchen, im pädagogischen Alltag, im Kontakt mit dem Kind diese Faktoren zu stärken, indem man das Kind auf seine eigenen Erfolge hinweist, auf die Ressourcen des Kindes achtet und versucht, keine defizitorientierte Sichtweise oder Bewertungskultur zu etablieren. Auf einer zweiten Ebene setzen wir Programme um, die wir zur Resilienzförderung in Kindertageseinrichtungen (…) entwickelt haben. Hier werden die Resilienzfaktoren auf eine spielerische Art und Weise mit Liedern, Spielen und entsprechender Reflexion gestärkt. Um ein Beispiel zu nennen: Wenn es darum geht, die eigenen Gefühle kennenzulernen, dann wird über die Gefühle gesprochen. Dafür gibt es eine Gefühlsuhr, auf der unterschiedliche Gesichtsausdrücke mit unterschiedlichen Gefühlen abgebildet sind. Das Kind kann zeigen, was es empfindet, und man kann sich darüber unterhalten. Oder man entwickelt mit jedem Kind zusammen ein so genanntes Stärkenbuch, in das das Kind selber malt oder schreibt, was es gut kann, in dem aber auch andere – die Oma, die Erzieherin, der Freund – festhalten, was die Stärken des Kindes ausmachen. Wir qualifizieren die pädagogischen Kräfte, in dieser Weise mit den Kindern umzugehen und die Programme umzusetzen (…).“

Deutsches Institut für Internationale Pädagogische Forschung (DIPF) (Hrsg.) (2013): „Wir entwickeln Kitas und Schulen zu resilienzförderlichen Institutionen, Interview mit Klaus Fröhlich-Gildhoff; www.bildungsserver.de/innovationsportal/bildungplus.html?artid=863 (Abruf: 14.8.2015)

Abb. 7.5 Eine Gefühlsuhr

7.2 Suchtprävention

Im Rahmen der ›Gesundheitsförderung‹ stellt die Suchtprävention eines der vier Haupttätigkeitsfelder in Kindertageseinrichtungen dar. Auf den ersten Blick mag es vielleicht unsinnig erscheinen, das Thema Sucht bereits im frühen Kindesalter zu thematisieren. Dies ist auch richtig, wenn man unter Suchtprävention nur die Aufklärung über Drogen und deren Gefahren versteht. Doch Abhängigkeiten kann bereits in der Kita vorgebeugt werden. Hierfür ist allerdings eine erweiterte Sichtweise notwendig.

Gesundheitsförderung → S. 18

7.2.1 Sucht und Abhängigkeit

In Fachkreisen wird heute der Begriff „Sucht" weitgehend durch „Abhängigkeit" ersetzt. Dennoch sind beide Bezeichnungen nach wie vor gebräuchlich, der Ausdruck „Sucht" wird vor allem in der Umgangssprache verwendet. Für Abhängigkeit gibt es eine Vielzahl an Definitionen (Begriffsbestimmungen). Die ›Weltgesundheitsorganisation‹ WHO definiert sie folgendermaßen.

WHO → S. 15

> Abhängigkeit ist ein seelischer, eventuell auch körperlicher Zustand, bei dem ein Mensch ein so großes Verlangen nach einem bestimmten Stoff oder Verhalten hat, dass er dafür sogar seine Gesundheit und das soziale Umfeld aufs Spiel setzt.

Hier wird deutlich, dass Menschen sowohl von Stoffen als auch von bestimmten Verhaltensweisen abhängig werden können. Man spricht dabei von der stoffgebundenen oder stoffungebundenen Abhängigkeit.

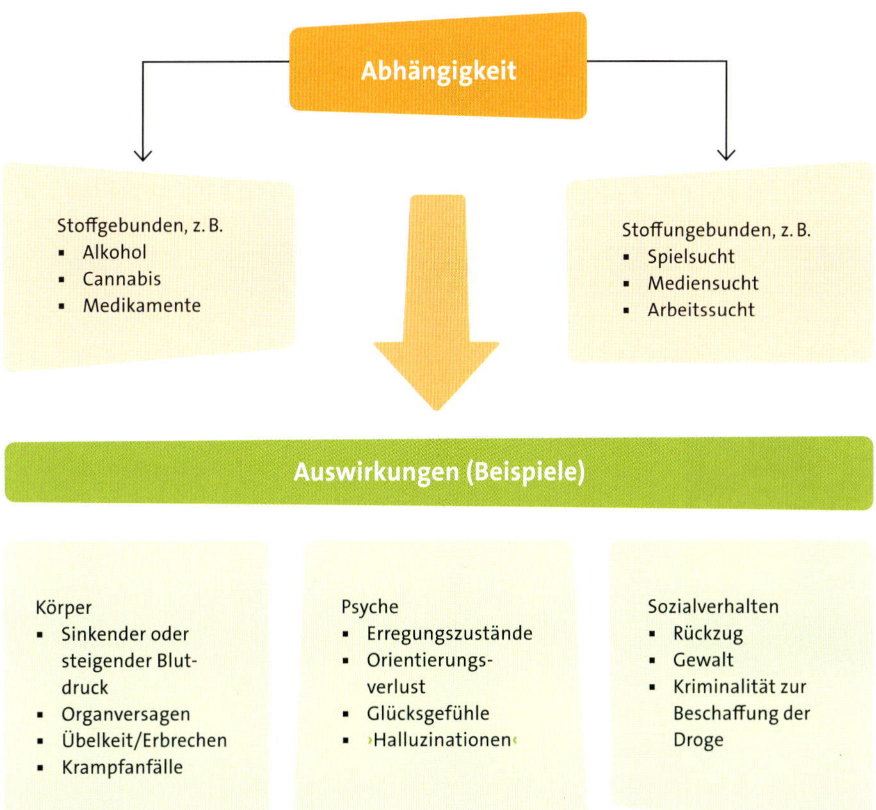

Abb. 7.6 Unterschiedliche Arten von Abhängigkeit und ihre Auswirkungen

Halluzination
Wahrnehmung von etwas, das real nicht vorhanden ist, „Einbildung"

Die **Auswirkungen** einer Abhängigkeit betreffen sowohl den Körper des Menschen als auch seine Psyche und das Sozialverhalten. Es werden also alle Bereiche des menschlichen Lebens durch die Abhängigkeit beeinflusst, was den Alltag enorm beeinträchtigt.

7.2.2 Felder der Suchtprävention in der Kindertagesstätte

Suchtprävention in der Kindertagesbetreuung kann nur wirksam sein, wenn sie an den jeweiligen Entwicklungsstand der Kinder angepasst ist. Dazu bieten sich die folgenden vier Felder an, die pädagogische Fachkräfte aufgreifen können.

Erwachsene als Vorbilder

Kinder lernen, indem sie das Verhalten anderer Menschen beobachten. Gerade die nahen Bezugspersonen wie Eltern, aber auch die pädagogischen Fachkräfte müssen immer wieder überdenken, wie ihr Verhalten von den Kindern wahrgenommen wird.

BEISPIEL **Lea (5;2)** fragt ihre Eltern, warum sie nicht mit dem Handy spielen darf. Sie erzählt, dass auch ihre Kinderpflegerin, Dorothea Matschke, bei jeder Gelegenheit zum Handy greift, um ihre Nachrichten zu überprüfen. Das ist doch ganz normal, meint Lea.

Abb. 7.7 Bezugspersonen sind Vorbilder.

Weiterführende Informationen zur kindlichen Medienwahrnehmung mit vielen Hinweisen finden Sie auf den Seiten der Bundeszentrale für gesundheitliche Aufklärung BZgA:
www.kindergesundheit-info.de/themen/medien/medienwahrnehmung/

Kindliches Suchtverhalten thematisieren

Abhängigkeit ist durchaus bereits im frühen Kindesalter ein Thema. Zwar spielen in dieser Phase stoffgebundene Abhängigkeiten wie Alkohol- oder Zigarettensucht in der Regel noch keine Rolle. Doch ist z. B. ein übersteigerter **Medienkonsum** bereits weitverbreitet. Häufig können sich Kinder ohne moderne Medien nicht mehr beschäftigen und zeigen bereits Anzeichen einer Abhängigkeit. Studien belegen, dass der Medienkonsum von Kleinkindern häufig über der empfohlenen Dauer liegt. Auch negative Auswirkungen wie Schlafprobleme oder Konzentrationsschwächen wurden bereits belegt.
In erster Linie sind Eltern für einen entwicklungsgerechten Umgang mit Medien verantwortlich. Pädagogische Fachkräfte können jedoch informierend zur Seite stehen.

Abb. 7.8 Den Medienkonsum thematisieren

BEISPIEL **Phillip (4;3)** erzählt täglich in der Gruppe, welche Sendungen er gestern im Fernsehen schauen durfte. Demnach sitzt er täglich mindestens zwei bis drei Stunden vor dem Fernseher. Nach Rücksprache mit der Einrichtungsleitung beschließt Kinderpflegerin Fiona Hönigesz, einen Informationsabend für die Eltern zu diesem Thema anzubieten. Dabei soll es um kindgerechte Medien und Gefahren des Medienkonsums gehen.

Prävention durch Willensstärke

Resilienz → S. 90

Willensstarke Kinder sind besser darauf vorbereitet, auch im späteren Leben einmal „Nein" zu sagen. Dabei spielen vor allem Fähigkeiten eine Rolle, die auch als ›**Resilienzfaktoren**‹ bezeichnet werden.

- Trauen sich Kinder bei Problemen nach Hilfe zu fragen?
- Haben sie gelernt, wie man Konflikte austragen kann?
- Können sie ihre Gefühle äußern?
- Haben sie Selbstvertrauen?

Abb. 7.9 Willensstarke Kinder sind widerstandsfähiger.

Werden diese Faktoren erfüllt, ist das Risiko, später in irgendeiner Form abhängig zu werden, geringer. Kinder, die sich bei Problemen zurückziehen und ihr schlechtes Befinden unterdrücken, haben dagegen ein höheres Abhängigkeitsrisiko. Daher sollte es im Rahmen der Suchtprävention das Kernanliegen pädagogischer Fachkräfte sein, Kinder dabei zu unterstützen, eine starke Persönlichkeit zu entwickeln.

BEISPIEL In der Kindertageseinrichtung „Purzelbaum" wird seit zwei Jahren an einem Konzept zur Resilienzförderung im frühen Kindesalter gearbeitet. Neben Angeboten und Schulungen für die Mitarbeiter gibt es auch immer wieder Kooperationen mit externen Partnern. Für diesen Monat ist ein Angebot der Stiftung Freunde geplant. Diese bietet ein Kompetenztraining für Kindergartenkinder an, um Sucht- und Gewaltverhalten frühzeitig vorzubeugen.

Mehr zur Kompetenzschulung der Stiftung Freunde finden Sie unter: www.stiftung-freunde.eu/Freunde/Index.aspx

Sucht bei Bezugspersonen erkennen

Pädagogische Fachkräfte in Kindertagesstätten müssen sich noch aus einem anderen Grund gut mit dem Thema Sucht auskennen. Sie haben regelmäßigen Kontakt zu den Eltern und so kann der Verdacht entstehen, dass im Elternhaus eine Abhängigkeit besteht. Das Bundesministerium für Gesundheit geht z. B. davon aus, dass mehr als zwei Millionen Kinder direkt von einer Alkoholsucht in der Familie betroffen sind. Nimmt eine pädagogische Fachkraft Anzeichen für eine Suchterkrankung eines Elternteils wahr, ist es wichtig, nicht vorschnell zu reagieren.

> Bei Verdacht auf eine vorliegende Suchterkrankung im Elternhaus eines betreuten Kindes ist ein überlegtes Vorgehen unter Absprache mit der Einrichtungsleitung notwendig.

BEISPIEL Die Kinderpflegerin Natascha Jurski hatte bereits wiederholt den Eindruck, dass **Konrads (4;5)** Vater beim Abholen nach Alkohol roch. Da Konrad immer wieder anderen Kindern gegenüber aggressiv ist, sucht sie erneut das Gespräch mit seinem Vater. Beim Gespräch zeigt sich dieser wenig interessiert und hat eine Alkoholfahne. Mit einem unguten Gefühl geht Natascha zur Einrichtungsleitung und berichtet von ihren Beobachtungen. Gemeinsam beschließt das Team, das Verhalten des Kindes und des Vaters für zwei Wochen genau zu beobachten und zu dokumentieren. Danach soll ein erstes Elterngespräch vereinbart werden, zu dem beide Elternteile eingeladen werden.

Abb. 7.10 Abhängigkeiten im Umfeld wirken sich auf Kinder aus.

Im Gespräch sollen keine Vorwürfe oder Anschuldigungen fallen. Vielmehr sollte gemeinsam mit den Eltern ein Konzept entwickelt werden, mit dem auf das auffällige Verhalten des Kindes eingegangen wird. Zeigen sich die Eltern völlig uneinsichtig, so muss die Einrichtungsleitung abwägen, ob eine Gefährdung des Kindes vorliegt, und eventuell externe Stellen wie das Jugendamt einschalten.

7.3 Sexualität und Familienplanung thematisieren

Suchtprävention → S. 93

Auch bei den Themen Sexualität und Familienplanung kann man sich auf den ersten Blick fragen, ob dies wirklich Themen für die Kindertagesstätte sind. Viele Menschen sind der Meinung, dass diese Dinge Kinder bis zum Schulalter noch nicht interessieren und betreffen. Doch genauso wie beim Thema ›Sucht‹ lohnt sich ein genaueres Hinsehen und Hinterfragen, was sich hinter den Begriffen verbirgt.

7.3.1 Sexualität – Was ist das eigentlich?

Sexualität wird im Alltagsverständnis häufig auf den Akt des Geschlechtsverkehrs reduziert. Auch Kinder kommen häufig mit dieser Vorstellung in Kontakt, sei es in der Familie oder durch Medien. Doch tatsächlich beinhaltet der Begriff „Sexualität" weit mehr. Es geht dabei darum, einen Bezug zu sich selbst und zu anderen Menschen zu finden. **Kindliche Sexualität** zeigt sich im pädagogischen Alltag in unterschiedlichsten Ausdrucksformen:

- Suche nach Nähe und Zuwendung
- Erforschen des eigenen Körpers
- „Doktorspielchen"
- Verwenden und Hinterfragen sexueller Begriffe
- Rollenspiele zu Heirat, Ehe, Familie

Kindliche Sexualität hat eine andere Qualität als die Sexualität der Erwachsenen. Sie entsteht spontan aus der Neugier heraus und ist unbefangen. Kindern geht es darum, den Körper mit allen Sinnen zu erleben. Sie genießen z. B. körperlichen Kontakt beim Kuscheln und fühlen sich dadurch geborgen.

> Das Verhalten in Bezug auf die Sexualität ist bei Kindern sehr unterschiedlich ausgeprägt. Pädagogische Fachkräfte sollten das Verhalten der Kinder aufgreifen, um zielgerichtet sexualpädagogisch zu handeln.

Die Sexualentwicklung beginnt bereits im Mutterleib. Das Ungeborene ertastet den eigenen Körper und nimmt die eigenen Berührungen und Bewegungen wahr. Beim Säugling erfolgt die körperliche Kontaktaufnahme bei jedem Stillen. Kleinkinder erforschen gerne ihre Genitalien. Pädagogische Fachkräfte unterstützen die Kinder ihrem Entwicklungsstand entsprechend dabei, einen Bezug zum eigenen Körper und zu anderen Menschen herzustellen.
Welches kindliche sexuelle Verhalten noch im Rahmen der normalen Entwicklung liegt und wo Grenzen überschritten werden, kann im Allgemeinen nicht klar festgelegt werden.

Abb. 7.11 Kuscheln als Ausdrucksform kindlicher Sexualität

Sexuelle Identitätsentwicklung hat da ihre Grenze, wo das Selbstbestimmungsrecht anderer eingeschränkt wird. Führen Kinder oder Erwachsene Handlungen gegen den Willen eines anderen Kindes durch, so spricht man von einem sexuellen Übergriff.

7.3.2 Sexualpädagogik in der Kindertagesstätte

In der Kindertagesstätte zielt Sexualpädagogik nicht allein auf die Aufklärung über biologische Vorgänge der Sexualität. Sexuelle Identität kann auf unterschiedlichste Weise gefördert werden – oft denken Außenstehende dabei nicht einmal an Sexualerziehung. So stärkt beispielsweise jede Art von Sinneserfahrung das Bewusstsein für den eigenen Körper. Auch ein offener Umgang mit den eigenen Gefühlen ist ein Baustein für einen guten Bezug zu sich selbst.

Für den Bereich der Sexualpädagogik haben sich verschiedene Grundsätze bewährt:

- Sie kann nur mit dem **Willen der Eltern** erfolgen, nicht gegen ihn. Kindertagesstätten sollten ein Konzept zur Vermittlung sexueller Identität erarbeiten und dabei die Eltern eng einbeziehen. Bei Bedarf können auch externe Experten hinzugezogen werden.
- Kinder brauchen einen **Wortschatz,** um über Sexualität reden zu können. Pädagogische Fachkräfte achten darauf, Begriffe zu verwenden, die nicht aus der Umgangssprache kommen. Die Kinder sollten z. B. Geschlechtsteile korrekt benennen können (Penis, Scheide) und dafür keine vulgären Begrifflichkeiten verwenden. Schimpfwörter mit sexuellem Hintergrund sind konsequent zu unterbinden und gegebenenfalls kindsgerecht aufzuarbeiten.
- Kindern sollte die Möglichkeit gegeben werden, verschiedene **Sinneserfahrungen** zu machen. So können sie den eigenen Körper bewusster erspüren. Beispielsweise können im Rahmen einer Igelballmassage die Themen „Berührung als Genuss" oder „Nähe und Distanz" aufgegriffen werden.
- Pädagogische Fachkräfte nehmen **kindliche Fragen zur Sexualität** ernst und gehen entwicklungsgerecht darauf ein.

Abb. 7.12 Sinneserfahrungen können vielfältig eingesetzt werden.

Warum muss ich das für meinen Beruf wissen?

Pädagogische Fachkräfte fördern Kinder dabei, Fähigkeiten auszuprägen, die sie für die Bewältigung alltäglicher Anforderungen brauchen. Sie sind somit stark am Erhalt des kindlichen Wohlbefindens beteiligt. Wenn sie die wichtigen Resilienzfaktoren kennen, können sie gezielte Angebote gestalten.

In der Kindertagesbetreuung gibt es vielfältige Möglichkeiten, suchtpräventiv tätig zu werden. Pädagogische Fachkräfte stärken die Kinder in ihrer Widerstandskraft und beugen so Abhängigkeiten vor. Zeichnet sich im Familienkreis der betreuten Kinder Suchtverhalten ab, so sollten pädagogische Fachkräfte sensibel und unterstützend handeln.

Ein gesundes Verhältnis zum eigenen Körper ist die Grundvoraussetzung für den Aufbau stabiler sozialer Beziehungen. In der Kindertagesstätte unterstützen pädagogische Fachkräfte durch entwicklungsgerechtes sexualpädagogisches Wirken, dass Kinder einen Bezug zu sich selbst und anderen Menschen entwickeln können.

Zu bei Kindern beliebten Themen wie Ehe oder Schwangerschaft gibt es vielfältiges Material, z. B. die Musik-CD „Nase, Bauch und Po" der Bundeszentrale für gesundheitliche Aufklärung: **www.bzga-avmedien.de/bot_thema_sid-sexualaufklaerung_idx-58.html.**

8 VERANTWORTUNG FÜR DIE GESUNDHEIT ÜBERNEHMEN

Gesundheit ist nicht selbstverständlich und kein zwingend anhaltender Zustand. Auch Kinder sollten schon dazu angeregt werden, auf die Gesundheit zu achten und sie zu erhalten. Im Kindesalter zeigt ein ungesunder Lebensstil häufig noch keine gravierenden (schwerwiegenden) Folgen. Doch das kindliche Verhalten prägt stark die eigene Haltung gegenüber der Gesundheit im Erwachsenenalter. Des Weiteren bilden „Gesundheitssünden" in der Kindheit und Jugend die Basis für Erkrankungen, die oft erst im Erwachsenenalter auftreten. Aus diesen Gründen ist es unerlässlich, Kindern bewusst zu machen, was für ein teures Gut die Gesundheit ist. Das Thema Gesundheitsbewusstsein ist ein wesentlicher Bereich von ›**Prävention** und **Gesundheitsförderung**‹.

Prävention und Gesundheitsförderung → S. 18

8.1 Das Gesundheitsbewusstsein stärken

Die Förderung des Gesundheitsbewusstseins im Kindesalter ist ein Prozess, der am besten funktioniert, wenn sich möglichst viele Bezugspersonen der Kinder vernetzen. Die gezielte ›**Kooperation**‹ von Eltern, Kitas und externen Partnern wie Gesundheitsämtern, Ärzten oder Sportvereinen gewährleistet ein umfassendes Einwirken auf die Kinder.

KP Kooperationen → S. 52

Abb. 8.1 Viele Partner sind an der Förderung des Gesundheitsbewusstseins beteiligt.

Für alle Felder der Gesundheitsförderung gilt, dass reine Belehrungen nicht sinnvoll sind, da sie kaum gefestigte Verhaltensweisen erzeugen. Kindern muss vielmehr ein ihrem Entwicklungsstand angepasster Zugang zum Thema Gesundheit ermöglicht werden.

> Pädagogische Fachkräfte können die kindliche Neugier nutzen und gezielt auf das Thema Gesundheit lenken.

Gesundheitsförderung beinhaltet immer auch das Bewusstsein für die eigene Gesundheit. Aktuell wird in diesem Zusammenhang immer wieder auf die Bedeutung von drei Kriterien hingewiesen: ›Empowerment‹, ›Partizipation‹ und ›Niedrigschwelligkeit‹. Diese Begriffe, so kompliziert sie auch klingen mögen, sind für die pädagogische Arbeit in der Kindertagesbetreuung von zentraler Bedeutung.

Empowerment
die Fähigkeiten erlangen, um etwas Bestimmtes zu tun

Partizipation
aktive Teilnahme an einem Prozess

Niedrigschwelligkeit
ein Niveau, das nicht überfordert

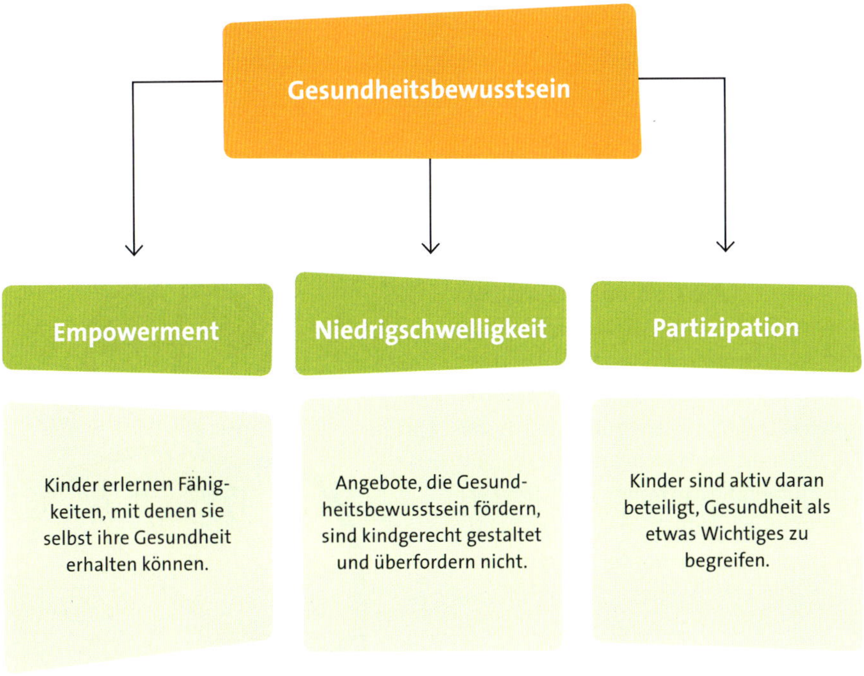

Abb. 8.2 Kriterien für erfolgreiche Gesundheitsförderung in der Kindertagesbetreuung

Was aber bedeutet es, Verantwortung für die eigene Gesundheit zu übernehmen? Im Einzelnen gehört hierzu,
- den eigenen Körper zu kennen und Vorgänge zu bemerken, bei denen sich dieser verändert.
- zu wissen, was die Gesundheit des Körpers unterstützt und welche Risiken die heutige Welt birgt.
- den eigenen Lebenswandel immer wieder darauf zu überprüfen, ob er gesundheitsförderlich gestaltet ist, und notfalls Veränderungen anzugehen.
- Möglichkeiten der Vorsorge zu kennen und sinnvoll wahrzunehmen.

Kinder sind natürlich nicht in der Lage, diese Kriterien allein zu erfüllen. Bis ins Erwachsenenalter müssen sie stets dabei begleitet werden, Verantwortung für ihre Gesundheit zu übernehmen. Auch Erwachsene achten nicht immer auf ihre Gesundheit. Umso wichtiger sind nahe Bezugspersonen als ›Vorbilder‹.

KP Vorbild sein → S. 238

8.2 Das Herz-Kreislauf-System

Zum Herz-Kreislauf-System gehören das **Herz** als Motor des Menschen und alle **Blutgefäße**. Erkrankungen dieses Systems wie z. B. **Bluthochdruck** sind in Deutschland sehr weit verbreitet. Mögliche Folgen des Bluthochdrucks sind etwa der Herzinfarkt oder der Schlaganfall. Diese Folgen sind deutschlandweit die häufigste Todesursache. Auch wenn Bluthochdruck unter Kindern nur bei ein bis drei Prozent vorkommt, sollte von früher Kindheit an darauf geachtet werden, Herz und Gefäße gesund zu erhalten. Auf diese Weise wird späteren Erkrankungen vorgebeugt.

8.2.1 Wie funktioniert das Herz-Kreislauf-System?

Jede einzelne Zelle des menschlichen Körpers kann nur funktionieren, wenn sie mit den notwendigen Stoffen versorgt wird. Zugleich müssen auch Stoffe abtransportiert werden, die beim Stoffwechsel übrig bleiben. Diese Aufgabe übernimmt das **Blut**. Die Blutgefäße sind sozusagen die Leitungsbahnen, in denen dieses zum jeweils benötigten Ort transportiert wird. Der eigentliche „Motor", unser Herz, sorgt dafür, dass das Blut in Bewegung bleibt.

Der menschliche Blutkreislauf besteht aus zwei miteinander verbundenen Teilkreisläufen. Der **Körperkreislauf** versorgt alle Zellen mit Sauerstoff und Nährstoffen. Außerdem werden Abbauprodukte aus den Zellen entfernt und abtransportiert. Der Körperkreislauf beginnt in der linken Herzhälfte, von wo aus sauerstoffreiches Blut über die ›**Aorta**‹ und die nachfolgenden Blutgefäße (›Arterien‹) im Körper verteilt wird, bis jede Zelle versorgt ist. Die Zellen verbrauchen bei der Energiegewinnung den angelieferten Sauerstoff und produzieren verschiedene Abbaustoffe, unter anderem Kohlenstoffdioxid. Die Abbauprodukte werden gemeinsam mit dem nun sauerstoffarmen Blut über die ›Venen‹ zurück in Richtung der rechten Herzhälfte transportiert. Doch wohin mit den Abbaustoffen und woher neuen Sauerstoff bekommen? Hier kommt der **Lungenkreislauf** ins Spiel. Nur in der Lunge kann das Blut von einem Teil der Abbauprodukte befreit und mit neuem Sauerstoff aufgetankt werden. Dazu wird das sauerstoffarme Blut aus der rechten Herzhälfte bis in die feinen Blutgefäße der Lunge gedrückt, wo der sogenannte **Gasaustausch** stattfindet. Anschließend fließt das nun wieder mit Sauerstoff angereicherte Blut zurück in die linke Herzhälfte. Der Kreislauf ist geschlossen und das Blut kann erneut in den Körperkreislauf fließen.

Aorta
Hauptschlagader, größte Arterie des menschlichen Körpers

Arterien
Blutgefäße, die vom Herzen wegführen

Venen
Blutgefäße, die zum Herzen hinführen

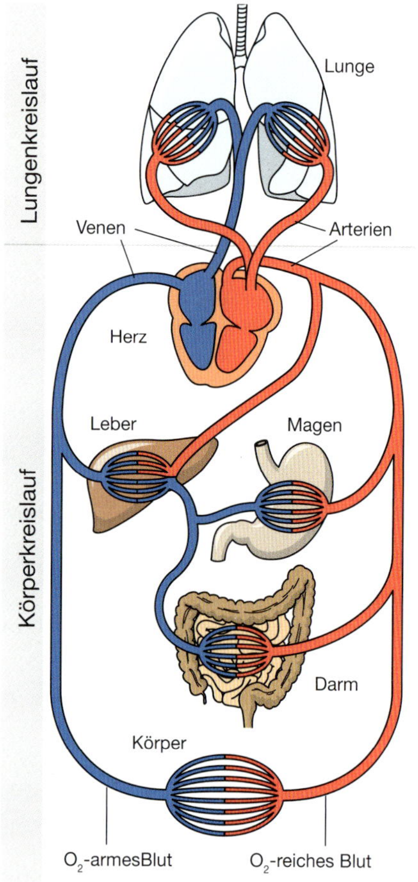

Abb. 8.3 Das Herz-Kreislauf-System

8.2.2 Herz und Kreislauf gesund erhalten

Das Herz-Kreislauf-System kann durch eine ungesunde Lebensweise Schaden nehmen. Besonders häufig kommt es dabei zu Bluthochdruck und einer Verkalkung der Gefäße, der sogenannten **Arteriosklerose**.

Die großen Bausteine der Gesundheitsförderung – nicht nur in Bezug auf das Herz-Kreislauf-System – sind: ausgewogene ›Ernährung‹, ausreichend ›Bewegung‹, ›Entspannung‹ und › Suchtprävention‹.

Ernährung → S. 30
Bewegung → S. 74
Schlaf und Ruhe → S. 52
Suchtprävention → S. 93

Lernen Kinder, in diesen Bereichen auf ihre Gesundheit zu achten und bekommen sie dabei Unterstützung durch ihr Umfeld, so kann die Mehrzahl der häufig auftretenden Volkskrankheiten verhindert werden. Zusätzlich gibt es noch spezielle **Risikofaktoren** für einzelne Krankheitsbereiche, die es ebenfalls zu vermeiden gilt.

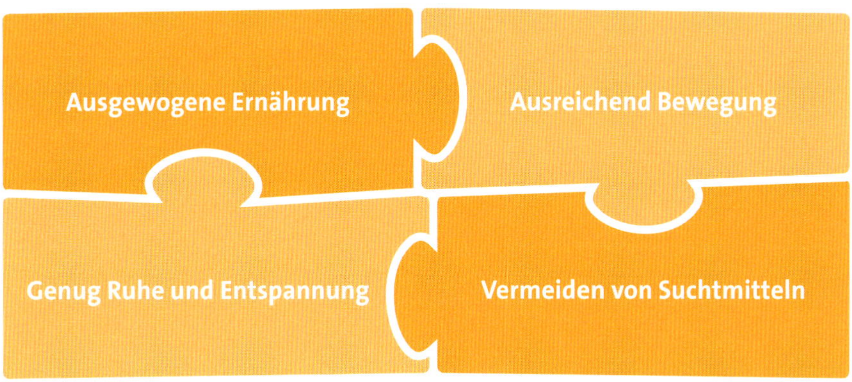

Abb. 8.4 Bausteine für ein gesundes Herz-Kreislauf-System

Pädagogische Fachkräfte führen Kinder an eine **ausgewogene Ernährung** heran. Diese sollte alle ›Nährstoffe‹ in der richtigen Zusammensetzung und Menge enthalten. In Bezug auf Herz-Kreislauf-Erkrankungen sollten bei der Ernährung einige Aspekte besonders beachtet werden. So kann Nahrung mit zu hohem Fettanteil auf Dauer zu erhöhten Blutfettwerten führen. Diese Fettbestandteile im Blut wiederum können sich gemeinsam mit Kalk an den Gefäßwänden ablagern und so zu Arteriosklerose führen. Übermäßiger Verzehr von Salz kann den Blutdruck steigern. In Deutschland liegt der durchschnittliche Salzkonsum weit über den Empfehlungen. Für eine gesundheitsbewusste Ernährung kann zum Würzen z. B. auf Kräuter anstatt Salz zurückgegriffen werden.

Nährstoffe → S. 32

Ausreichende Bewegung beugt nicht nur Herz-Kreislauf-Erkrankungen vor, sondern ist eine allgemeine Voraussetzung für Gesundheit und ›Wohlbefinden‹. Der heutige Lebenswandel führt häufig schon im Kindesalter zu Bewegungsmangel. Um Herz und Gefäße gesund zu erhalten, ist vor allem die ›Bewegungsqualität‹ Ausdauer geeignet. Kinder sollten eine Stunde täglich aktiv sein – das kann z. B. das Fangenspiel oder das Toben auf dem Spielplatz sein. Dabei ist zu beachten, dass der Herzschlag deutlich steigt, das Kind aber nicht völlig aus der Puste kommt.

kindliches Wohlbefinden → S. 88
Bewegungsqualitäten → S. 80

Auch dauerhafter Stress und psychische Belastungen schaden dem Herz-Kreislauf-System. Kinder können schon früh lernen, **regelmäßige Ruhephasen** einzuhalten. Darüber hinaus können sie auf den Umgang mit Stress vorbereitet werden, indem ihre ›Resilienz‹ (Widerstandsfähigkeit) gefördert wird.

Resilienz → S. 90

Suchtmittel wirken meist belastend auf Herz und Gefäße. Besonders relevant ist hier das Zigarettenrauchen. **Suchtprävention** in der Kita bedeutet also gleichzeitig Herz-Kreislauf-Erkrankungen vorzubeugen.

8.3 Die menschliche Atmung

Asthma bronchiale → S. 179

chronisch
dauerhaft, hier: nicht heilbar

Herz-Kreislauf-System → S. 100

Chronische Atemwegserkrankungen, allen voran das ›**Asthma bronchiale**‹, sind hierzulande die häufigsten ›chronischen‹ Erkrankungen im Kindesalter. Die Atmung ist im Zusammenspiel mit dem ›Herz-Kreislauf-System‹ in hohem Maße für die körperliche Belastbarkeit verantwortlich.

8.3.1 Die menschlichen Atemwege

Die menschlichen Atemwege sind im Wesentlichen ein Röhrensystem, das sich immer weiter verzweigt und im **Lungengewebe** schließlich wie in einer Sackgasse endet. Dort sind die Wände der Atemwege so fein, dass Sauerstoff in die Blutgefäße übergehen kann. Im Gegenzug wird das in den Zellen anfallende Kohlenstoffdioxid in die Atemwege aufgenommen, damit der Mensch dieses ausatmen kann.

anatomisch
den Körperbau betreffend

›Anatomisch‹ unterscheidet man zwischen den **oberen** und den **unteren Atemwegen**. Die Grenze zwischen den beiden Bereichen bildet der **Kehlkopfdeckel**.

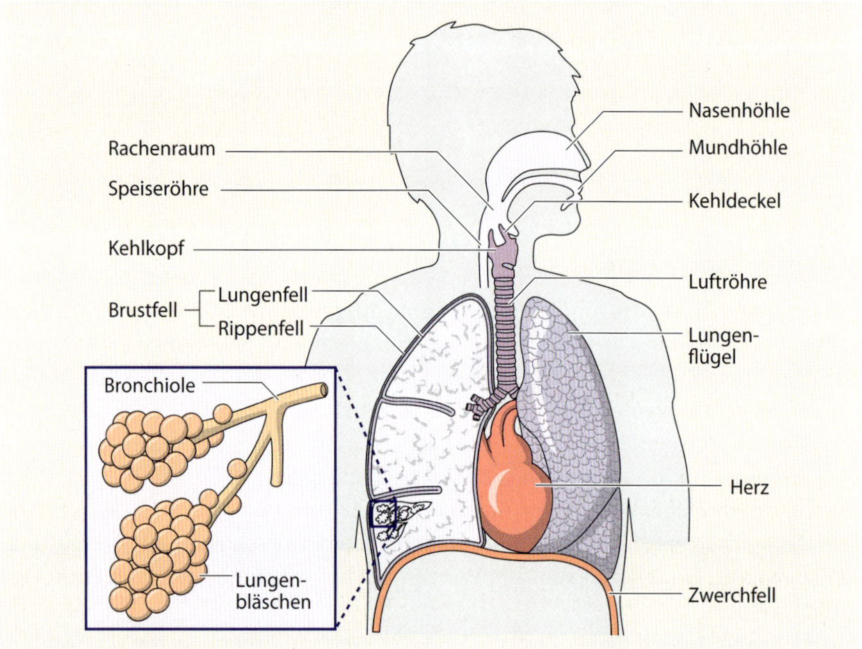

Abb. 8.5 Die Atemwege des Menschen

Ein Erwachsener atmet im Ruhezustand pro Minute etwa 12- bis 18-mal ein und aus. Für ein Kleinkind sind dagegen bis zu 30 Atemzüge in der Minute normal. Während die **Einatmung** durch die Muskulatur des Brustraums und das Zwerchfell ein aktiver Prozess ist, passiert die **Ausatmung** automatisch durch Erschlaffung der Atemmuskulatur. Durch die Anspannung der Atemmuskulatur wird die Lunge ausgedehnt. Der dabei entstehende Unterdruck lässt Atemluft in die Atemwege einströmen. Entspannt die Muskulatur, verkleinert sich das Lungenvolumen. Es entsteht ein Überdruck, der die Atemluft wieder nach außen drückt.

> Kinder sollten möglichst durch die Nase einatmen. Die Luft muss so einen längeren Weg an den Schleimhäuten vorbei zurücklegen und wird dabei erwärmt, angefeuchtet und gereinigt. Die unteren Atemwege werden auf diese Weise weniger gereizt.

8.3.2 Atemwegserkrankungen vorbeugen

Die Ursachen für Atemwegserkrankungen sind vielfältig und z. T. noch nicht endgültig geklärt, so z. B. für das Asthma bronchiale. Aus diesem Grund ist es schwierig, allgemeine Maßnahmen zur Verhütung von Atemwegserkrankungen festzulegen. Grundsätzlich empfehlenswert sind Maßnahmen zur ›Stärkung des Immunsystems‹.
Um häufige Entzündungen der oberen Atemwege wie Schnupfen oder Rachenentzündungen zu vermeiden, müssen Kinder gewisse ›**Hygieneregeln**‹ erlernen und diese beachten.

Stärkung des Immunsystems → *S. 68*

Hygiene → *S. 60*

BEISPIEL **Vincenz (3;9)** hat einen Schnupfen, seine Mutter bringt ihn aber trotzdem in die Kita. Nachdem der Junge bereits zweimal seinem Freund **Hannes (4;3)** ins Gesicht geniest hat, bespricht Kinderpflegerin Gertraud Fiegl mit ihm sein Verhalten. Vincenz verspricht, in Zukunft zum Wohl der anderen Kinder in seine Ellenbeuge zu niesen oder ein Einmaltaschentuch zu verwenden.

Beachten Kinder die Hygieneregeln, so sinkt die Ansteckungsgefahr für sich selbst und die anderen. Bei einer ›**Infektionskrankheit**‹ muss immer abgewogen werden, inwieweit ein Kind die anderen Kinder gefährdet. Auch genesen Kinder in häuslicher Ruhe meist schneller. Neben dem richtigen Schnäuzen und Niesen kann einer Ansteckung der Atemwege durch regelmäßiges Lüften entgegengewirkt werden. Auch die ›**Händehygiene**‹ verhindert eine Weitergabe der Keime, z. B. nach dem Naseputzen. Je nach Erkrankung können noch weitere vorbeugende Maßnahmen sinnvoll sein:

Infektionskrankheiten → *S. 148*

Händewaschen → *S. 60*

Zigarettenrauch schadet den Atemwegen und steigert das Risiko für dauerhafte Krankheiten stark. Auch das Passivrauchen ist ein Risikofaktor. Die Aufklärung Erwachsener hilft auch Kindern.

Für bestimmte Atemwegserkrankungen empfiehlt das Robert Koch-Institut (RKI) Impfungen, z. B. gegen eine Pneumokokkeninfektion.

Regelmäßige Bewegung und Ausdauersportarten trainieren das Atemsystem.

In manchen Großstädten liegt die Feinstaub- und Abgasbelastung bereits regelmäßig über den Grenzwerten. Schäden der Atemwege können nicht ausgeschlossen werden. Umweltfreundliches Handeln hätte hier direkte Auswirkung auf die menschliche Gesundheit.

Abb. 8.7 Weitere Maßnahmen zum Vermeiden von Atemwegserkrankungen

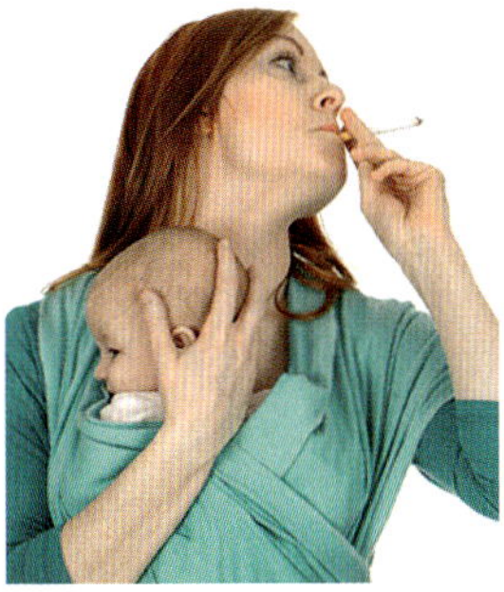

Abb. 8.6 Auch Passivrauchen ist schädlich.

ZUM WEITERDENKEN Gut angeleitete Atemübungen helfen Kindern, ihren Körper wahrzunehmen. So können z. B. Atemübungen aus dem Yoga Entspannungsphasen einleiten. Ein gutes Beispiel ist die Wechselatmung: Dabei wird erst das rechte Nasenloch geschlossen und durch das linke Nasenloch langsam eingeatmet. Dann wird die Luft für kurze Zeit angehalten. Anschließend wird das linke Nasenloch zugehalten und durch das rechte Nasenloch ausgeatmet. Bei jedem Durchgang wird die Nasenlochseite für Ein- und Ausatmung gewechselt.

8.4 Unfälle in der Kita verhüten

Der Träger einer Einrichtung übernimmt für die Zeit der Betreuung Verantwortung für das Wohlergehen und die **Sicherheit** der Kinder. Als Vertretung des Trägers ist in erster Linie die Einrichtungsleitung verantwortlich. Aber auch pädagogische Fachkräfte sind an dieser Aufgabe beteiligt, das ist sogar im Arbeitsvertrag verankert. Kindertagesstätten setzen die Anforderung der Sicherheit für die betreuten Kinder in verschiedenen Bereichen um.

Aufsichtspflicht	Bauliche Maßnahmen
Gefahrenbewusstsein der Kinder fördern	Erste-Hilfe-Maßnahmen im Ernstfall

Abb. 8.8 Bereiche der Unfallprävention

8.4.1 Unfallprävention umsetzen

KP Aufsichtspflicht → S. 47

Der rechtliche Gedanke der ›**Aufsichtspflicht**‹ bedeutet nicht, dass pädagogische Fachkräfte sich keine Sekunde von den betreuten Kindern entfernen dürfen und jegliche Gefahrenquelle von ihnen fernhalten müssen. Letzten Endes müssen pädagogische Fachkräfte sich immer an zwei Zielen ausrichten:

Entwicklung → S. 78

- Sie fördern einerseits die ›Entwicklung‹ der betreuten Kinder. Dabei brauchen die Kinder Freiräume, in denen sie sich ausprobieren, aber beim Scheitern auch einmal verletzen können.
- Andererseits dürfen die Kinder natürlich keinen unnötigen Gefahren ausgesetzt werden.

> Pädagogische Fachkräfte passen im Rahmen ihrer Aufsichtspflicht die Vorsichtsmaßnahmen an den Entwicklungsstand der Kinder an. Nehmen Alter und Reife zu, brauchen Kinder auch einen größeren Freiraum zur Entwicklung.

Die Vorschriften und Regeln der DGUV finden Sie auf der Webseite der Versicherung unter Themen – Kindertageseinrichtungen: www.dguv.de

Bauliche Maßnahmen der Unfallverhütung sind in der Unfallverhütungsvorschrift der Deutschen Gesetzlichen Unfallversicherung (DGUV) geregelt. Behandelt werden Themen wie Raumgröße, Absturzsicherungen, Bodenbeläge oder die sichere Gestaltung der Außenspielbereiche. Die Regelungen sind meist so offen formuliert, dass die Einrichtung durchaus Möglichkeiten hat, je nach den Bedingungen vor Ort und dem pädagogischem Konzept ihr Profil zu erhalten. Im weiteren Sinne gehören zu den baulichen Maßnahmen auch eine regelmäßige Überprüfung und Wartung des Baus und der Ausstattung. Die DGUV formuliert auch hierzu konkrete Vorgaben an die Sicherheit in Kindertagesstätten.

Abb. 8.9 Spielgeräte müssen regelmäßig überprüft werden.

Eine Hauptaufgabe der pädagogischen Fachkräfte in Kindertagesstätten dürfte es sein, das **Gefahrenbewusstsein der Kinder** zu fördern. Kinder müssen lernen, Situationen richtig zu beurteilen und Gefahren selbstständig zu erkennen.
Um das zu können, müssen sie Situationen mit einem gewissen Gefahrenpotenzial durchlaufen – immer angepasst an ihren Entwicklungsstand. Werden Kindern immer alle „Stolpersteine" aus dem Weg geräumt, entwickeln sie nicht die Fähigkeit, Situationen in Bezug auf mögliche Gefahren einzuschätzen.

BEISPIEL Beim Freispiel im Garten läuft **Konstantin (4;9)** direkt in die Flugbahn des schaukelnden **Leo (4;5)**. Leo hat Konstantin an der Schulter erwischt und diesen zu Boden gestoßen. Außer einer kleinen Schürfwunde an der Hand ist ihm glücklicherweise nichts passiert. Kinderpflegerin Abigail Herder greift die Situation in der Gruppe auf und bespricht mit den Kindern, was im Außengelände alles passieren kann.

Die pädagogische Fachkraft in diesem Fallbeispiel greift ein aktuelles Geschehnis auf. Kinder können Belehrungen zu Gefahrensituationen besser aufnehmen, wenn sie diese Situation selbst schon erlebt haben. Indem Sie Fälle aus dem Alltag sammeln und besprechen, bieten Sie den Kindern lebensnahes Lernen. Werden von klein auf Regeln und Grenzen für bestimmte Situationen gesetzt, fällt es Kindern leichter, diese zu übernehmen. Bezugspersonen werden zudem als Vorbilder wahrgenommen. Aus diesem Grund müssen Erwachsene regelmäßig ihr Verhalten reflektieren (kritisch überdenken) und auch selbst konsequent sein. Tragen beispielsweise die Eltern beim Radfahren stets einen Helm, nehmen Kinder dieses Verhalten leichter an.
Unfälle lassen sich trotz aller Vorsicht nicht immer verhindern. Für die Sicherheit der betreuten Kinder zu sorgen heißt auch, im Ernstfall ›**Erste-Hilfe-Maßnahmen**‹ einleiten zu können. Dazu ist ein regelmäßiges Training vonnöten. Die Unfallversicherungsträger übernehmen die Kosten für eine sachgerechte Schulung der pädagogischen Fachkräfte. Um als pädagogische Fachkraft Unfällen vorbeugen zu können, ist es sinnvoll, die ›**typischen Unfallsituationen**‹ zu kennen. Auswertungen von Unfalldaten haben ergeben, dass in Kindertageseinrichtungen hauptsächlich Stolper- und Sturzunfälle passieren. Die dabei entstehenden Verletzungen sind glücklicherweise meist gering

Erste Hilfe → S. 186

typische Unfälle in Kindertageseinrichtungen → S. 86

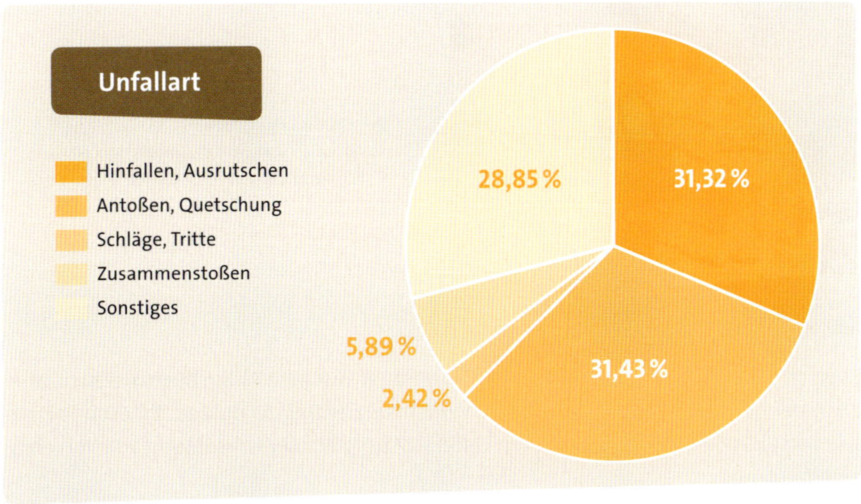

Abb. 8.10 Arten und Häufigkeiten von Unfällen in Kindertagesstätten

8.4.2 Verkehrserziehung

Auch wenn sich Kinder bis zur Einschulung in der Regel noch in Begleitung von Erwachsenen bewegen, muss eine erfolgreiche Verkehrserziehung bereits im Kindergartenalter beginnen.

Die Deutsche Verkehrswacht sieht als Hauptaufgabe der pädagogischen Fachkräfte im Rahmen der Verkehrserziehung drei Aspekte, die bei Kindern besonders gefördert werden müssen:

Bewegungsangebote → S. 82

- ›Bewegungsfähigkeit‹
- Wahrnehmungsfähigkeit
- Verständigungsfähigkeit

Diese Punkte bilden die Grundlage für die Teilnahme von Kindern am Straßenverkehr.

Bewegungsfähigkeit
- Reaktion und Koordination
- Geschwindigkeiten erleben

Wahrnehmungsfähigkeit
- Hörschulung (z. B.: Woher kommt das Geräusch?)
- Genaues Beobachten bewegter Objekte

Verständigungsfähigkeit
- Kommunikation mit eindeutiger Sprache
- Kommunikation mit Zeichen und Mimik

Abb. 8.11 Grundlagen der Verkehrserziehung

Vielfältiges Material zur Verkehrserziehung auch in der Kindertagesbetreuung finden Sie auf der Homepage der Deutschen Verkehrswacht:
www.deutsche-verkehrswacht.de

Es ist sinnvoll, in der Kindertagesstätte Situationen aus dem Alltag nachzustellen, aber auch bei Ausflügen die reale Welt zur Verkehrserziehung zu nutzen. Externe Partner wie beispielsweise die Polizei bieten Unterstützung bei der Umsetzung von Verkehrserziehung an.

8.5 Vorsorgeuntersuchungen im Kindesalter

KP Entwicklung → S. 110

In den ersten Lebensjahren ›entwickelt‹ sich der Mensch so schnell wie in keinem anderen Lebensabschnitt. Eine optimale Entwicklung in der Kindheit ist die Grundlage für ein gesundes Leben.

Je früher Abweichungen oder Krankheiten erkannt werden, desto eher kann eine sinnvolle Förderung bzw. Behandlung eingeleitet werden. Aus diesem Grund sollten alle Kinder die empfohlenen Vorsorgeuntersuchungen (U 1, U 2 usw.) durchlaufen. Die Kosten für diese Untersuchungen im Kindes- und Jugendalter werden von den Krankenkassen übernommen. Die Termine werden so gelegt, dass die altersgemäße Entwicklung überprüft werden kann und eventuell vorhandene Krankheiten bestmöglich behandelt werden können. Einige Bundesländer haben sogar eine Verpflichtung zum Besuch der Untersuchungen eingeführt. Diese Maßnahme stellt eine Reaktion auf diverse Fälle von Vernachlässigung dar.

Abb. 8.12 Das gelbe Vorsorgeheft

Bis zur Einschulung werden zehn Vorsorgeuntersuchungen empfohlen. Die Ergebnisse werden im gelben **Vorsorgeheft** dokumentiert. Bei einem Umzug oder Arztwechsel kann so auf die früheren Untersuchungsergebnisse zurückgegriffen werden. Kinderärzte empfehlen, zusätzlich zu den von den Krankenkassen getragenen Untersuchungen einige weitere Termine wahrzunehmen. So sollen z. B. die U 10 und die U 11 das große Zeitfenster zwischen der U 9 im 6. Lebensjahr und der J 1 im Alter von 12 bis 14 Jahren verringern. Verantwortlich für das Wahrnehmen der Vorsorgeuntersuchungen sind die Eltern, pädagogische Fachkräfte sollten aber durch Aufklärung und Information auf die Eltern einwirken.

ZUM WEITERDENKEN Die Politik arbeitet immer wieder daran, Prävention und Früherkennung voranzutreiben. Ein aktuelles Beispiel dafür ist das am 18.6.2015 verabschiedete Präventionsgesetz.

Weitere Informationen zu dem neuen Präventionsgesetz finden Sie unter:
www.bmg.bund.de/ministerium/meldungen/2015/praeventionsgesetz.html

Warum muss ich das für meinen Beruf wissen?

Pädagogische Fachkräfte in Kindertageseinrichtungen haben als tägliche Bezugspersonen großen Anteil daran, dass sich bei Kindern ein Bewusstsein für Gesundheit entwickelt. Um dies umzusetzen, benötigen sie Kenntnisse über die sinnvolle erzieherische Herangehensweise sowie ein Grundwissen zu körperlichen Vorgängen und deren Erhalt.

Als pädagogische Fachkraft handeln Sie im Rahmen der Aufsichtspflicht überlegt und kennen die typischen Unfallmuster in der Kita. So können sie zielführen unfallpräventiv handeln und die Kinder zugleich entwicklungsgerecht eigene Erfahrungen machen lassen.

Pädagogische Fachkräfte unterstützen die Inanspruchnahme der empfohlenen Vorsorgeuntersuchungen, um eine optimale Entwicklung in den Jahren der Kindheit zu fördern.

9 DIE UMWELT WAHRNEHMEN

KP Wahrnehmen und Beobachten → S. 56
Bewegung → S. 74

Damit der Mensch sich in der Umwelt zurechtfinden kann, muss er sie zunächst einmal ›wahrnehmen‹. Sieht oder hört beispielsweise ein Kind beim Spiel nicht, dass ein anderes Kind auf es zuläuft, kann es auch nicht ausweichen. Wahrnehmung und ›Bewegung‹ spielen also für menschliches Verhalten eine enorme Rolle.

Sinne → S. 108

Was aber geschieht genau bei der Wahrnehmung? **Reize** aus der Umwelt werden von unseren ›**Sinnesorganen**‹ aufgenommen. Beispielsweise dringt der Laut eines Donnergrollens während eines Gewitters in unser Ohr ein. Dafür gibt es spezielle Sinneszellen, die in der Lage sind, Reize wie Licht, Duftstoffe oder Berührungen in elektrische **Signale** umzuwandeln. Diese Signale sind nichts anderes als Informationen, die über die Nervenbahnen an das Gehirn weitergeleitet werden. Dort werden die Informationen verarbeitet und das Wahrgenommene wird mit bisherigen Erfahrungen abgeglichen.

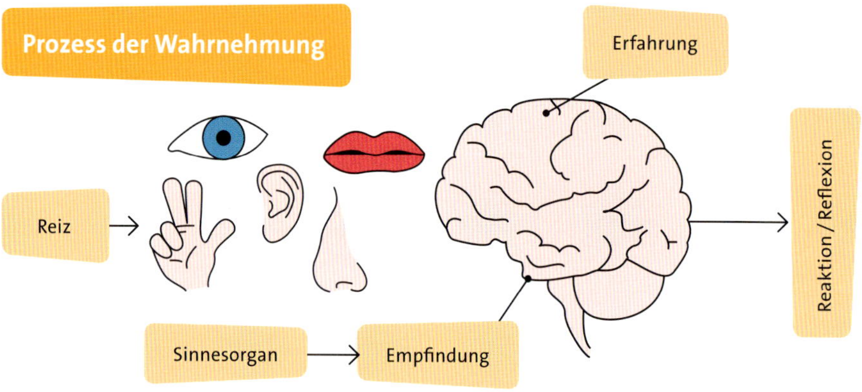

Abb. 9.1 Der Prozess der Wahrnehmung

Wahrnehmung ist immer individuell, da jeder Mensch andere Vorerfahrungen hat, mit denen das Wahrgenommene abgeglichen wird. Derselbe Umweltreiz kann so zu unterschiedlichen Reaktionen führen. Das Donnergrollen kann beispielsweise Faszination oder Angst auslösen, je nachdem, welche Erfahrungen ein Mensch bisher mit Gewittern gemacht hat.

9.1 Die Sinnesorgane des Menschen

Die menschlichen Sinnesorgane sind weitgehend im Kopfbereich angelegt. Dort findet man die Augen (**Sehsinn**), die Nase (**Geruchssinn**), die Zunge (**Geschmackssinn**) und die Ohren (**Hörsinn**). Die Ohren sind außerdem der Ort für die Wahrnehmung der eigenen Position im Raum und des Gleichgewichts. Über den gesamten Körper verteilt ist unser Sinnesorgan für den **Tastsinn**, die Haut.
Die Sinnesorgane des Menschen sind zwar bei der Geburt bereits angelegt und funktionsfähig, müssen sich aber noch entwickeln. Gerade in den ersten drei Lebensjahren braucht ein Kind dazu vielfältige **Umweltreize**. Durch diese bilden sich im Gehirn neue Verknüpfungen. Die einzelnen Sinnesorgane und somit auch die gesamte Wahrnehmung werden dadurch leistungsfähiger.

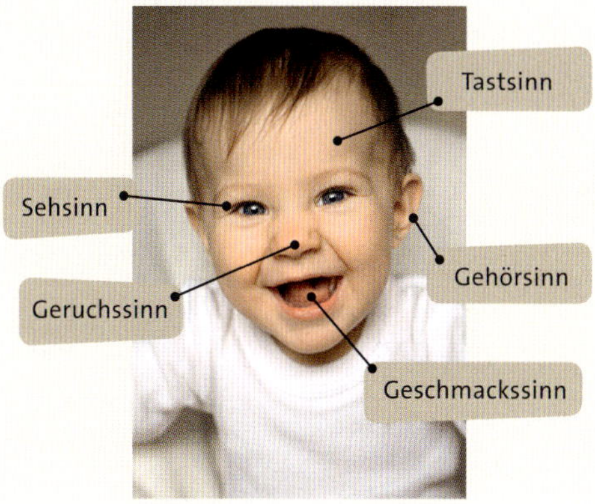

Abb. 9.2 Die Sinnesorgane im Überblick

9.1.1 Der Tastsinn

Der Tastsinn der ›Haut‹ leistet weit mehr, als nur zurückzumelden, ob der Körper gerade an einer Stelle Kontakt mit der Umwelt aufnimmt. In der Haut befinden sich verschiedene Sinneszellen. Neben der Wahrnehmung von Druck und Berührung ermöglichen sie auch das Temperatur- oder Schmerzempfinden. Der Tastsinn selbst ist vor allem dafür da, die Umwelt zu erfühlen und Kontakt mit anderen Menschen oder Lebewesen aufzunehmen. Die Wahrnehmung von Temperatur und Schmerz ist eine Art Schutzmechanismus des Körpers, um Schäden durch Einflüsse von außen zu verhindern.

Haut → S. 56

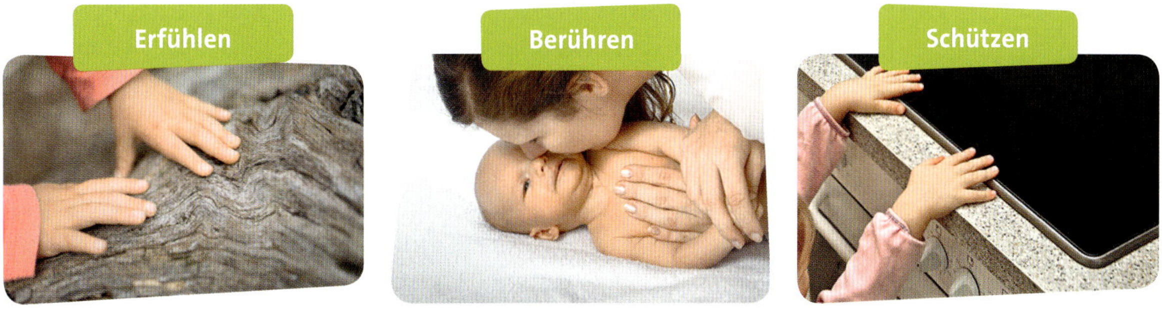

Abb. 9.3 Funktionen des Tastsinns

An bestimmten Bereichen der Haut gibt es besonders viele Tastsinneszellen. **Fingerspitzen**, **Handflächen** und **Fußsohlen** nehmen am meisten Kontakt zur Außenwelt auf. Die große Anzahl der Sinneszellen in diesen Bereichen ermöglicht beispielsweise das Erfühlen kleinster Erhebungen auf einem Stück Papier mit den Fingerspitzen.

9.1.2 Der Sehsinn

Bis zu achtzig Prozent der Informationen aus der Außenwelt nehmen wir über das Sehen wahr. Das Auge wird aus diesem Grund häufig als das wichtigste Sinnesorgan bezeichnet.

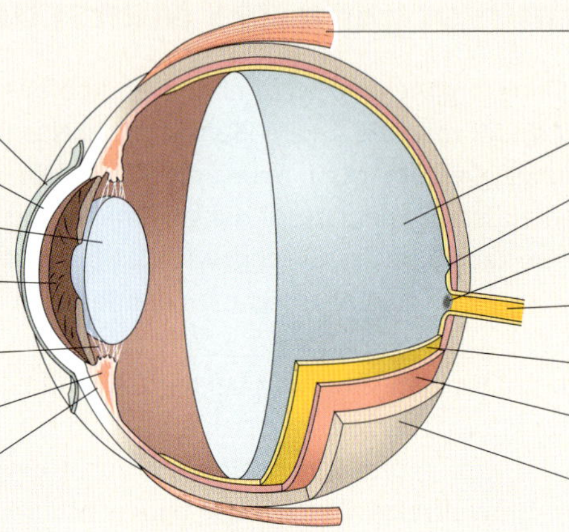

Abb. 9.4 Aufbau des menschlichen Auges

Aber was genau geschieht beim „Sehen"? Lichtstrahlen aktivieren bei diesem Vorgang die Sinneszellen auf der Netzhaut und diese geben dann die Informationen an das Gehirn weiter. Im Gehirn werden die eintreffenden Informationen verarbeitet und wir erhalten sozusagen ein Bild des betrachteten Objekts. **Hornhaut**, **Linse** und **Glaskörper** dienen vor allem der Brechung des einfallenden Lichtes. Das bedeutet, die Lichtstrahlen werden so gebündelt, dass wir unsere Umwelt auch scharf sehen. Je nachdem, ob wir einen Gegenstand in der Ferne oder in der Nähe scharf sehen wollen, muss sich die Linse anpassen. Beim Sehen auf kurze Distanz wird sie eher kugelförmig, weit entfernte Gegenstände werden mit einer eher länglichen Linse korrekt wahrgenommen. Die Anpassung der Linse erfolgt über die Muskulatur.

Die eigentlichen **Sehzellen** befinden sich auf der Netzhaut. Während die sogenannten **Stäbchen** vor allem für das Hell-Dunkel-Sehen zuständig sind, leisten die **Zapfen** das farbliche Sehen. Beide Arten von Sehzellen erzeugen bei Reizung durch einfallendes Licht elektrische Impulse. Der **Sehnerv** leitet diese dann an das Gehirn weiter. Dass der Mensch Gegenstände dreidimensional wahrnehmen kann, ist ebenfalls eine Leistung unseres Gehirns. Beide Augen haben eine leicht unterschiedliche Sichtweise auf die Umwelt, da sie ein Stück auseinanderliegen. Dadurch liefern sie auch etwas voneinander abweichende Informationen, aus denen das Gehirn ein dreidimensionales Bild errechnen kann.

Kinder kommen nicht mit ausgereiftem Sehsinn auf die Welt. Neugeborene können nur Gegenstände scharf sehen, die maximal zwanzig bis dreißig Zentimeter von ihnen entfernt sind. Erst mit etwa acht Monaten ist der Sehsinn annähernd ausgereift. In diesem Alter können Kinder Gegenstände auch auf weite Entfernung genau erkennen und das dreidimensionale Sehen ist bereits entwickelt. Pädagogische Fachkräfte sollten dennoch auf **Anzeichen für ›Sehstörungen‹** achten.

Sehstörungen → S. 185

9.1.3 Der Hörsinn

Ungeborene Kinder können etwa ab der 20. Schwangerschaftswoche Geräusche wahrnehmen. Das Gehör ist allerdings zu diesem Zeitpunkt noch lange nicht voll ausgebildet. Gerade im ersten Lebensjahr entwickelt sich die Hörleistung besonders schnell.
In den darauffolgenden Jahren verläuft die Entwicklung dann langsamer und mit etwa sechs Jahren ist der Hörsinn voll ausgereift. Aber selbst ältere Kinder können wahrgenommene Geräusche teilweise nur bedingt verarbeiten. Besonders schwer fällt es ihnen, zu erkennen, aus welcher Richtung ein Geräusch genau kommt. Im ›Straßenverkehr‹ ergibt sich aus dieser Tatsache eine typische kindliche Gefahrenquelle.

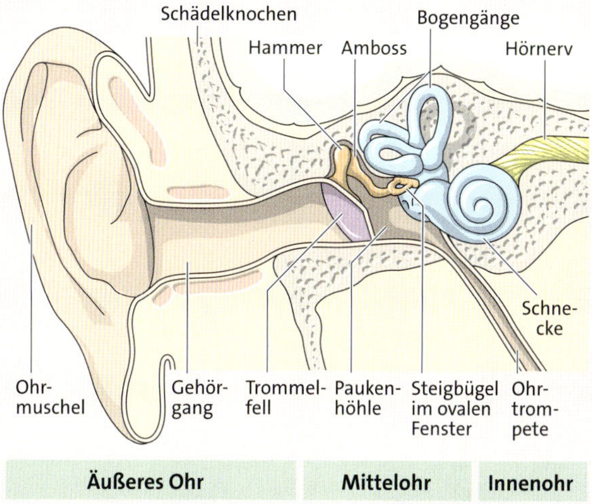

Abb. 9.5 Das menschliche Ohr

Verkehrserziehung → S. 106

Kim-Spiele → S. 114

> Pädagogische Fachkräfte können mit ›Angeboten zur Hörschulung‹ die positive Entwicklung des Gehörs fördern. Kinder können beispielsweise dazu aufgefordert werden, bei geschlossenen Augen in die Richtung zu deuten, aus der gerade ein Geräusch kommt.

Das Hören ist ein komplexer Vorgang, an dem **Außen-, Mittel- und Innenohr** beteiligt sind. Die **Ohrmuschel** wirkt wie ein Trichter und leitet die aufgenommenen ›Schallwellen‹ in den Gehörgang bis zum Trommelfell. Dieses wird durch die Schallwellen in Schwingung versetzt.
Die drei Gehörknöchelchen **Hammer**, **Amboss** und **Steigbügel** übertragen die Schwingungen verstärkt auf die ›Membran‹ des ovalen Fensters an der **Hörschnecke**. Das ovale Fenster bringt durch seine Bewegungen eine Flüssigkeit im Inneren der Schnecke zum Hin-und-her-Schwappen. An den Wänden der Schnecke befinden sich die eigentlichen Sinneszellen. Werden die Härchen dieser Zellen durch die Flüssigkeit bewegt, erzeugt die Zelle ein elektrisches Signal, das in Richtung des Gehirns weitergeleitet wird.

Schallwellen
Luftschwingungen, mit denen Geräusche übertragen werden

Membran
gespanntes Häutchen

Neben dem Hörsinn beherbergt das Ohr noch den **Drehsinn** und den **Lagesinn**. Die drei Bogengänge des Innenohrs nehmen wie Wasserwaagen Bewegungen des Körpers im Raum wahr. Nach einer Achterbahnfahrt z. B. bewegt sich die Flüssigkeit in den Bogengängen noch weiter. So kann das Gefühl entstehen, dass man sich noch weiter dreht, und es wird einem schwindelig.

Abb. 9.6 Achterbahnfahrten fordern den Dreh- und Lagesinn.

9.1.4 Der Geschmacks- und Geruchssinn

Selbst bei einem einfachen Schnupfen, bei dem die Nase verstopft ist, ist nicht nur der Geruchssinn eingeschränkt. Auch das Essen schmeckt plötzlich langweilig und fade. Das liegt daran, dass der Geruchs- und Geschmackssinn sehr stark miteinander zusammenhängen. Spricht der Mensch davon, dass ein Essen „gut schmeckt“, macht einen großen Teil davon der angenehme Geruch aus.

Abb. 9.7 Geschmacks- und Geruchssinn sind eng miteinander verbunden.

BEISPIEL Kinderpflegerin Eva Ulmen hat ein Angebot ausgearbeitet, mit dem sie die Kinder in ihrer Gruppe den Zusammenhang zwischen Geruch und Geschmack erleben lassen möchte. In einer ersten Runde kosten die Kinder mit verbundenen Augen acht verschiedene Lebensmittel aus dem Alltag, wie Banane, Brot oder Gurke. Eva Ulmen notiert, wie viele Lebensmittel die Kinder benennen können. In einer zweiten Runde wird nun neben dem Sehsinn auch der Geruchssinn eingeschränkt, indem die Kinder eine Nasenklammer erhalten. Während die Kinder mit Riechen und Schmecken im Durchschnitt sechs von acht Lebensmitteln erkannt haben, können sie ohne das Riechen nur noch drei von acht Lebensmitteln ausmachen.

Der Vorgang des Riechens findet nicht in der gesamten Nase statt, sondern nur an einer etwa briefmarkengroßen **Riechschleimhaut**. Dort sitzen Sinneszellen, die nach aktuellem Wissensstand Aufnahmestellen für etwa 350 verschiedene Duftstoffe haben. Belegt ein Duftstoff eine Aufnahmestelle an der Riechschleimhaut, wird ein elektrischer Impuls erzeugt. Gerüche sind sehr vielschichtig und nicht immer nur aus einem chemischen Duftstoff aufgebaut. Durch die möglichen Kombinationen aus 350 verschiedenen Duftstoffen ergeben sich rund 10.000 verschiedene Gerüche, die vom Menschen erkannt werden können.
Im Unterschied dazu kann der Geschmackssinn nur sehr wenige verschiedene Geschmacksrichtungen wahrnehmen. Auch hier finden sich wieder verschiedene Sinneszellen – diesmal auf der Zunge –, die auf unterschiedliche Geschmacksrichtungen spezialisiert sind. Schon länger ist bekannt, dass der Mensch **süß**, **sauer**, **bitter** und **salzig** unterscheiden kann. Ebenfalls weiß man, dass der menschliche Geschmackssinn Eiweiß als besonders wohlschmeckend einstuft. Bereits vor über einhundert Jahren wurde für das Kochen ein Zusatzstoff aus Eiweiß hergestellt, das sogenannte Glutamat. Doch erst im Jahr 2000 entdeckten Wissenschaftler die dafür zuständigen Sinneszellen auf der Zunge und benannten die Geschmacksrichtung mit „umami“, was so viel heißt wie „schmackhaft“.

Abb. 9.8 Die Zunge „schmeckt“.

Auf der Zunge sind die Geschmackssinneszellen nicht gleich verteilt, die Randbereiche sind dichter besetzt als die Mitte. Früher ging man davon aus, dass auf der Zunge bestimmte Bereiche auf unterschiedliche Geschmacksrichtungen spezialisiert seien. Süß, so hieß es beispielsweise, werde vor allem auf der Zungenspitze wahrgenommen. Mittlerweile gibt es immer mehr wissenschaftliche Studien, die belegen, dass die Sinneszellen aller Geschmacksrichtungen in etwa gleich an den Randbereichen der Zunge verteilt sind.

„Bisher sind fünf Geschmacksrichtungen bekannt: salzig, süß, sauer, bitter und umami. Nun könnte eine sechste hinzukommen: Fett.

Die Pizza trieft vor Fett und schon läuft einem das Wasser im Mund zusammen. Kein Wunder: Fett ist ein sehr guter Geschmacksträger. Und nicht nur das: US-Forscher der Purdue University in Indiana schlagen nun vor, Fett auch als sechste Geschmacksrichtung anzuerkennen – neben salzig, bitter, süß, sauer und umami (herzhaft). Das Forscherteam um Richard Mattes möchte die Geschmacksrichtung allerdings als ‚Oleogustus' bezeichnen.

Lecker ist der reine Oleogustus-Geschmack übrigens nicht: ‚Ich kenne niemanden, der Speisen mag, die nur den Fettgeschmackssinn ansprechen', so Mattes. ‚Üblicherweise erzeugt die Geschmacksrichtung einen Würgereflex.' Das ist auch der Grund, warum man ranzige Butter sofort erkennt und das Gesicht verzieht. Zum Genuss wird Oleogustus erst, wenn andere Komponenten hinzukommen. ‚Dann mögen wir es, weil es das Beste aus den anderen Geschmacksrichtungen rausholt', so Mattes."

Biocom AG (Hrsg.) (2015): Der sechste (Geschmacks-)Sinn: Fett; www.laborwelt.de/aktuelles/nachrichten/2015-03/der-sechste-geschmacks-sinn-fett.html (Abruf: 27.8.2015).

9.2 Die kindliche Wahrnehmung fördern

9.2.1 Die Natur als Spielplatz

Reize und Reizüberflutung

Die kindliche Wahrnehmung reift erst dadurch aus, dass Reize (Impulse) aus der Umwelt aufgenommen und verarbeitet werden. Erhält ein Kind keine Impulse aus seiner Umgebung, kann sich seine Wahrnehmung nicht entwickeln. Allerdings kann auch eine Überflutung vor allem mit gleichartigen Reizen zu Störungen im ›Wahrnehmungsprozess‹ führen.

Wahrnehmungsprozess → S. 108

Eltern und pädagogische Fachkräfte haben die Aufgabe, Kindern eine Umwelt zu schaffen, die eine positive Entwicklung der Wahrnehmung fördert. Andererseits sollten sie Reizüberflutung vermeiden.

Eine **förderliche Umwelt** besteht nicht aus hochtechnischem Spielzeug. Kinder sind neugierig, wollen erproben und erkunden. Die ›Natur‹ mit ihren Materialien bietet unzählige Möglichkeiten für sinnliche Erfahrungen und somit der Wahrnehmungsförderung.

Naturerfahrung → S. 118

Kinder können und sollen durchaus elektronisches Spielzeug und mediale Geräte kennenlernen. Die einseitigen Reize hemmen jedoch die Kreativität und fördern die Wahrnehmung nur einseitig.

Die Natur bietet eine enorme Reizvielfalt, die alle Sinne des Kindes anspricht. Das Spiel mit Naturmaterialien fördert außerdem die Kreativität und nicht zuletzt die Wertschätzung der Natur.

Abb. 9.9 Eine wahrnehmungsfördernde Umwelt schaffen

Naturerfahrungen → S. 118

Wahrnehmungsförderung durch die Natur

Pädagogische Fachkräfte können die Natur als kostenloses und hochinteressantes Spielmaterial auf vielfältige Weise einsetzen (›Naturerfahrungen‹). Naturmaterialien können nicht nur im Rahmen von Waldspaziergängen verwendet werden. Die Kinder können sie sammeln und in der Einrichtung für spätere Verwendung aufbewahren. Bei gezielter Vorbereitung ist der Einsatz zu jeder Zeit im Innen- und Außenbereich möglich.

Abb. 9.10 Naturerfahrungen fördern die Wahrnehmung.

Sinneserfahrungen in der Natur

- Der Tau am Morgen fühlt sich kalt und nass an
- Balancieren auf einem Baumstamm erfordert Gleichgewicht
- Kinder hören Vögeln beim Zwitschern zu
- Kastanien zum Murmelspiel verwenden
- Die Rinde verschiedener einheimischer Bäume fühlt sich unterschiedlich an
- Einen Würfel mit Naturmaterialien bekleben
- Schnee in den Händen schmelzen lassen
- Schattenspiel an einem sonnigen Tag
- Gewürze im eigenen Kräuterbeet kosten

9.2.2 Kim-Spiele

Sogenannte Kim-Spiele sind nach der Hauptfigur „Kim“ des gleichnamigen Romans von Rudyard Kipling benannt. Darin beschreibt der Autor, wie ein buddhistischer Lehrmeister einen kleinen Waisenjungen durch Spiele trainiert, welche die Sinne und die Merkfähigkeit schulen. Kim-Spiele fördern also **Wahrnehmungsfähigkeit**, **Geschicklichkeit** und **Gedächtnis**.

Tast-Kim
Unter Tüchern sind mehrere Gegenstände versteckt, die sich unterschiedlich anfühlen, z. B. raues Schleifpapier, weiche Knete, harter Stein ... Die Kinder greifen unter die Tücher und beschreiben, was sie fühlen. Danach müssen sie erraten, welche Gegenstände unter den Tüchern verborgen sind.

Geruchs-Kim
Kleine, verschließbare Döschen werden mit unterschiedlich duftenden Alltagsdingen befüllt, z. B. Essig, Rosenblättern, Heu, Kaffeebohnen, Petersilie .... Durch Riechen an den Döschen müssen die Kinder den Inhalt erraten. Welche Gerüche kennen sie woher?

Geschmacks-Kim
Die pädagogische Fachkraft besorgt für das Frühstück verschiedene Früchte mit unterschiedlichem Geschmack. Banane, Grapefruit, Erdbeeren ... werden gekostet und der Geschmack wird besprochen. Die Kinder überlegen, welche Lebensmittel desselben Geschmacks sie noch kennen.

Hör-Kim
Die Kinder hören kurze Musikstücke, die mit verschiedenen Instrumenten eingespielt wurden. Bestenfalls sind die Instrumente auch in der Einrichtung vorhanden. So können die Kinder gleich überprüfen, welches Musikinstrument dieselbe Tonqualität hat. Die Instrumente müssen allerdings unterschiedlich klingen.

Abb. 9.11 Beispiele für Kim-Spiele

Unterstützen pädagogische Fachkräfte die Kinder dabei, vielfältige Sinneserfahrungen zu machen, so können sie dabei sehr kreativ arbeiten und auch eigene Vorlieben einbeziehen.

ZUM WEITERDENKEN Fördern viele Reize die Wahrnehmung? Der Kinderarzt Peter Winterstein untersucht den Zusammenhang zwischen Fernsehkonsum und Ausprägung der bildlichen Wahrnehmung bei Kindern. Dabei lässt er Vorschulkinder Menschen zeichnen und vergibt für eine altersentsprechende Darstellung eine bestimmte Punktzahl. Kinder, die täglich weniger als eine Stunde fernsehen, schnitten dabei am besten ab. Bei steigendem Medienkonsum gleichen die Menschen vermehrt Strichmännchen, Körperteile hängen nicht zusammen oder fehlen ganz.

Warum muss ich das für meinen Beruf wissen?

Pädagogische Fachkräfte unterstützen Kinder gezielt dabei, unterschiedliche Sinneserfahrungen zu machen. Dabei achten sie darauf, alle Sinnesorgane einzubinden und unterschiedliche Umweltreize zu wählen.
In der pädagogischen Arbeit beobachten Sie als pädagogische Fachkraft die Kinder beim Wahrnehmungsprozess und beurteilen die Entwicklung ihrer Sinneswahrnehmung. Hierfür benötigen Sie Wissen zum Vorgang der Wahrnehmung und zur kindlichen Entwicklung der Sinnesorgane.
Gerade in Kindertageseinrichtungen sollte darauf geachtet werden, die Kinder nicht mit Reizüberflutung, etwa durch mediale Geräte, zu überfordern. Pädagogische Fachkräfte verknüpfen gezielt und planvoll die kindliche Neugier mit den vielfältigen Angeboten, die die Natur zum Spielen bereithält.

10 SCHUTZ DER NATÜRLICHEN UMWELT

die Erde als Lebensgrundlage
→ S. 22

Eine unversehrte natürliche Umwelt könnte man als indirektes **Grundbedürfnis** des Menschen beschreiben. Unsere Gesellschaft ist durch ihre technischen Möglichkeiten lange nicht mehr so naturverbunden, wie es die Gesellschaft noch vor wenigen Hundert Jahren war. Dennoch kann menschliches Leben ohne die ›Bedingungen‹, die die Natur uns zur Verfügung stellt, so gut wie nicht existieren. Aus diesem Grund sollte es ein Kernanliegen jedes Menschen sein, die Umwelt so lange wie möglich zu erhalten.

10.1 Umweltbildung – Wie geht das?

10.1.1 Umweltbildung in der Kindertagesstätte

Das Thema Umweltbildung kann bereits früh beginnen und im Bereich der Kindertagesbetreuung ein breites Spektrum umfassen. Pädagogische Fachkräfte müssen abwägen, wie sie die betreuten Kinder dem Alter entsprechend an die Thematik heranführen. Schnell wird klar, dass beispielsweise ein einjähriges Krippenkind ein komplett anderes pädagogisches Konzept braucht als ein siebenjähriges Kind im Hort. Die **Bausteine der Umweltbildung** sind zwar für jede Altersgruppe ähnlich, ihre Ausgestaltung aber erfolgt individuell anhand der vorhandenen Rahmenbedingungen.
Bei jedem pädagogischen Handeln muss sich die pädagogische Fachkraft ihrer **Vorbildwirkung** bewusst sein. Deshalb können auch die Betriebsabläufe einer Einrichtung immer wieder überarbeitet werden. Umweltbildung braucht das direkte Erfahren der Natur, aber auch Hintergrundwissen zu Abläufen in der natürlichen Umwelt. Die Verzahnung dieser beiden Bereiche schafft das Verständnis für Natur. Zahlreiche Organisationen bieten zudem **Kooperationen** mit Kindertagesstätten im Bereich der Umweltbildung an.

Abb. 10.1 Bausteine der Umweltbildung in der Kita

Die **AGENDA 21** ist ein weltweites Aktionsprogramm, das die Umweltprobleme des 21. Jahrhunderts aufgreift. 179 Länder haben gemeinsam das Ziel erklärt, die Lebensbedingungen für die Menschheit zu verbessern. Gleichzeitig rücken der Schutz und Erhalt der Umwelt stark in den Mittelpunkt. Um diese beiden Ziele miteinander zu vereinbaren, muss jeder Einzelne bereit sein, für die Umwelt und die Menschheit Verantwortung zu übernehmen. Der eigene Lebensstil muss vor allem auf ›**Nachhaltigkeit**‹ überprüft werden. Diese weltpolitischen Maßnahmen zeigen klar, dass zum Erhalt der Lebensbedingungen für die folgenden Generationen ein Umdenken nötig ist. Kinder so früh wie möglich an Umweltbildung heranzuführen dürfte hierfür der Schlüssel zum Erfolg sein, da so die nachkommende Generation mit einer neuen Haltung aufwächst.

Nachhaltigkeit → *S. 23*

> Kinder sollen lernen, sinnvolle Entscheidungen in Bezug auf ihr Handeln zu treffen. Dabei müssen sie die Auswirkungen ihres Handelns auf ihre Mitmenschen und die zukünftigen Generationen abschätzen können. Nur durch ein Umdenken des Einzelnen wird es möglich, dass die Gesellschaft die Umwelt als natürliche Lebensgrundlage akzeptiert und schützt.

Neben der eigentlichen Umweltbildung sind viele weitere Fähigkeiten (**Kompetenzen**) notwendig, um das eigene Handeln und dessen Auswirkungen zu überblicken:

- Problemlösefähigkeiten
- vorausschauendes Denken
- kompetenter Umgang mit anderen (Kommunikations- und Teamfähigkeit)
- Bereitschaft, für andere Verantwortung zu übernehmen

Im Internet gibt es zahlreiche Beschreibungen von Spielen, Angeboten und Projekten zur Umweltbildung. Die bayerische Landesregierung hat eine Broschüre dazu erarbeitet:

www.zukunftsministerium.bayern.de/kinderbetreuung/bereiche/umweltbildung.php

Diese Kernkompetenzen können pädagogische Fachkräfte nicht nur im Rahmen der Umweltbildung fördern. Jedes erzieherische Handeln bietet hierfür vielfältige Möglichkeiten.

10.1.2 Umwelt- und Naturerfahrungen ermöglichen

Damit ein Kind ein gesundes Verhältnis zu seiner natürlichen Umwelt entwickeln kann, muss es diese erst einmal kennenlernen. Umwelt- und Naturerfahrungen können in jedem Alter gemacht werden.

Abb. 10.2 Naturerfahrungen für verschiedene Altersstufen

Auf den ersten Blick hat es wenig mit Umweltbildung zu tun, wenn ein neun Monate altes Baby auf einer Wiese krabbelt und an den Grashalmen zupft. Doch solche Naturerfahrungen bilden die erste Stufe auf dem Weg zu umweltverantwortlichem Handeln. Das reine **Wahrnehmen** der Natur wird mit zunehmendem Alter mehr und mehr zu einem **Erforschen** der Natur. Mit Unterstützung durch Erwachsene begreift das Kind so zunehmend, wie die Natur funktioniert, es versteht sie. Auf diese Weise kann es auch ein Bewusstsein dafür entwickeln, wie man mit der Umwelt umgehen muss, um diese nicht unnötig zu belasten.

Im besten Fall eignet sich ein Mensch im Laufe der Jahre Verhaltensweisen an, deren Grundlage ein wertschätzender Umgang mit der Natur ist.

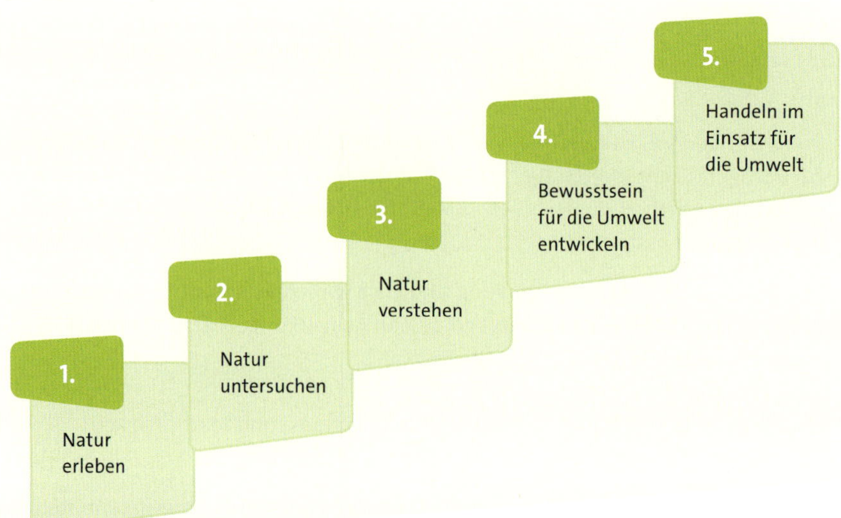

Abb. 10.3 Entwicklungsstufen für umweltverantwortliches Handeln

Lebewesen wertschätzen
- Blumen nicht grundlos pflücken
- Tiere am Leben lassen
- Lebewesen pflegen

Sinneserfahrungen
- Baumrinden tasten
- Blumenduft riechen
- Kaltes Wasser fühlen

Naturerfahrungen können Kinder auf viele Arten machen.

Forschen und Entdecken
- Pflanzen unter der Lupe betrachten
- Verhalten von Tieren beobachten

Natur als Nahrung
- Gemüsegarten in der Kita
- Kochen mit frischen Zutaten
- Besuch eines Bauernhofs

Pädagogische Fachkräfte haben fast unbegrenzte Möglichkeiten, Kinder während der Betreuungszeit Naturerfahrungen machen zu lassen. Neben den direkten ›**Sinneserfahrungen** in der Natur‹ ist es wichtig, dass Kinder lernen, **Lebewesen** zu achten und zu schützen. Kinder sind durch ihre natürliche Neugierde gerne bereit, die **Natur zu erforschen**. Dabei brauchen sie nicht immer Anleitung. Der Kontakt mit der Natur führt oft von ganz alleine zu Beobachtungen, die wiederum Fragen anstoßen.

Sinneserfahrungen in der Natur → *S. 118*

Die Natur ist unsere Lebensgrundlage. Im Bereich der **Nahrung** kann dieser Zusammenhang Kindern sehr anschaulich verdeutlicht werden. Weitere Möglichkeiten für Naturerfahrungen in der Kindertagesbetreuung sind beispielsweise künstlerisches Arbeiten mit Naturmaterialien, Spiele oder Entspannungsübungen in der Natur.

10.2 Ökologische Zusammenhänge

Ökologie
griech: Lehre vom Haushalt

Die ›Ökologie‹ ist ein Teilgebiet der Biologie und beschäftigt sich mit den Zusammenhängen zwischen verschiedenen Lebewesen und ihrer Umwelt. Das Leben auf der Erde basiert auf unzähligen solcher ökologischen Zusammenhänge.

Kinder sollen mit der Zeit ein Verständnis dafür entwickeln, welche wesentlichen Zusammenhänge es gibt und wie sich der Mensch verhalten kann, damit das natürliche Gleichgewicht nicht gestört wird.

10.2.1 Ökosysteme: Kein Leben ohne Lebensraum

In jedem Bereich der Erde stellt die Natur ganz bestimmte **Lebensbedingungen** bereit. Diese können sehr unterschiedlich sein.

BEISPIEL Ein See bietet komplett andere Voraussetzungen als eine Wüste, und der Regenwald in Südamerika ist keinesfalls mit unseren einheimischen Wäldern vergleichbar.

Die unterschiedlichen Lebensräume werden in der Ökologie als **Biotope** bezeichnet. Zum Biotop zählen alle Eigenschaften der Umgebung, die an sich nicht lebendig sind, z. B. die Bodenbeschaffenheit oder das Klima mit Temperaturbereich und Niederschlagsmenge. Die Biotope mit den dort anzutreffenden Bedingungen sind Räume für Lebewesen. Alle Lebewesen in einem Biotop bilden die **Biozönose**. Je nach den Bedingungen eines Biotops siedeln sich in ihm nur bestimmte Tier- und Pflanzenarten an. Biotop und Biozönose bilden zusammen ein Ökosystem.

Biotop = nicht lebendige Voraussetzungen eines Lebensraums

Biozönose = Lebewesen in einem Lebensraum

Ökosystem = nicht lebendige Voraussetzungen eines Lebensraumes und die darin angesiedelten Lebewesen

Ökosysteme an Land, z. B. Wald, Wüste

Ökosysteme im Wasser, z. B. Fluss, Meer

Ökosysteme in der pädagogischen Praxis

Kinder sollten Schritt für Schritt an ökologische Zusammenhänge herangeführt werden. Sie können beispielsweise zuerst Ökosysteme aus ihrem alltäglichen Umfeld kennenlernen. Bereits im Außenbereich einer Einrichtung lassen sich viele „kleine Ökosysteme" finden.

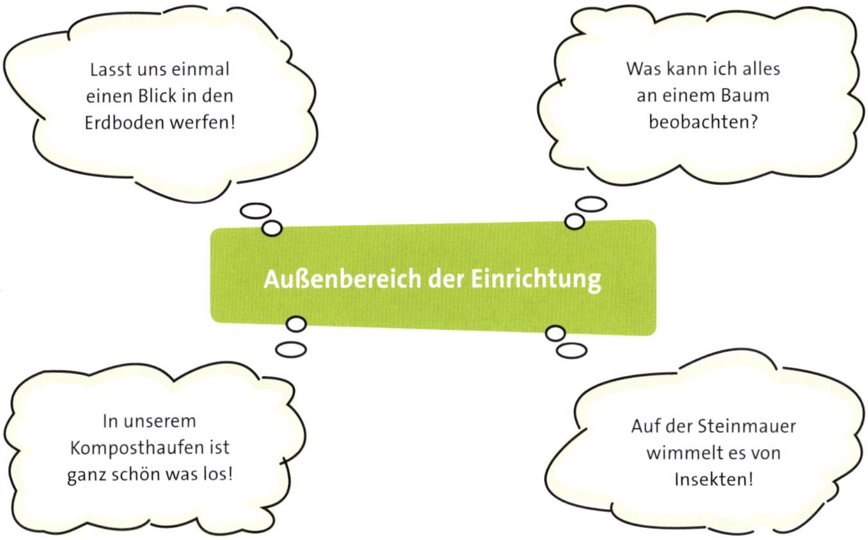

Abb. 10.4 Anregungen zum Entdecken von ökologischen Zusammenhängen in der Kindertagesstätte

BEISPIEL Kinderpflegerin Kristina Dupont möchte die Kinder im Kindergarten „Flohkiste" erfahren lassen, was ein ökologischer Kreislauf ist. Sie legt in Zusammenarbeit mit dem regionalen Gartenbauverein im Außenbereich der Einrichtung einen Komposthaufen an. Im Laufe des Sommers bringen die Kinder das kompostierbare Material aus dem Kindergarten dorthin und beobachten dabei immer wieder, wie die Abfälle der letzten Wochen abgebaut werden. Im Spätherbst wird der Komposthaufen umgesetzt. Dabei sehen die Kinder, wie viele Tiere daran beteiligt sind, dass der Kompost entsteht: Schnecken, Regenwürmer und Käfer. Kristina Dupont erklärt den Kindern, dass auch ganz kleine Tiere im Kompost leben, die man mit bloßem Auge gar nicht erkennen kann. Der entstandene Kompost wird dafür verwendet, im Innenbereich essbare Blumen zu züchten, die als Dekoration für die Mahlzeiten verwendet werden. Die Nährstoffe aus den Abfällen landen so wieder auf dem Tisch im Kindergarten. Das ist ein ökologischer Kreislauf.

Das Anlegen und Pflegen eines Komposthaufens ist ein langfristiges Projekt. Für die pädagogische Arbeit ist eine **Mischung** aus kurzen Einheiten zur Umweltbildung und solchen, die über einen längeren Zeitraum hinweg verlaufen, sinnvoll. So lernen die Kinder, dass Vorgänge in der Natur durchaus auch lange dauern können, und zugleich wird ihr Interesse durch kurze Naturerlebnisse immer wieder neu geweckt.
Wichtig ist es, die Kinder **aktiv** in das Geschehen einzubinden. Wenn sie selbst den Kompost pflegen, lernen sie z. B. auch Verantwortung zu übernehmen.

Abb. 10.5 Kind am Komposthaufen

Praxisbeispiel: Kinder entdecken das Ökosystem Wald

In der Umgebung vieler Kindertagesstätten gibt es Wälder, die als Ziel kleiner „Umweltexkursionen" genutzt werden können. Am Beispiel des Ökosystems Wald können Kinder zahlreiche Naturerfahrungen machen, ökologische Zusammenhänge erkennen und sich dabei auch noch an der frischen Luft bewegen.

So lernen die Kinder z. B. **einheimische Pflanzen- und Tierarten** kennen und erweitern damit ihre Artenkenntnis. Zusätzlich kann ihnen auf diese Weise vermittelt werden, dass die Vielfalt unterschiedlicher Lebewesen die Grundlage für das Funktionieren ökologischer Abläufe bildet.

Einheimische Pflanzen und Tiere mit ihren Möglichkeiten zur Umweltbildung:

Fichte

Tanne

Eiche

Buche

- Laub- und Nadelbäume unterscheiden
- Rinden verschiedener Baumarten befühlen
- einheimische Bäume und ihre Früchte kennenlernen
- Naturmaterialen zum Basteln sammeln
- nach Fraßspuren in alter Rinde suchen
- Bäume als Lebensraum von Tieren beobachten

Vögel

Insekten

Säugetiere

- Lebensraum der Tiere beobachten
- Nahrungsverhalten der Tiere erkennen, z. B. Pflanzen- und Fleischfresser
- unterschiedliche Vogellaute wahrnehmen
- Rückschlüsse auf vorhandene Tiere über Ausscheidungen treffen
- tag- und nachtaktive Tiere unterscheiden
- Tiere als Vorbilder für den Menschen erkennen, z. B. Libelle und Hubschrauber

Pädagogische Fachkräfte können auf diverse Materialien zurückgreifen, welche die einheimische Tier- und Pflanzenwelt beschreiben. Das Bundesministerium für Ernährung und Landwirtschaft (BMEL) hat z. B. „Die kleine Waldfibel" entwickelt:

www.bmel.de/SharedDocs/Downloads/Broschueren/Waldfibel.pdf?__blob=publicationFile

Die Ergebnisse der Beobachtungen der heimischen Tier- und Pflanzenwelt lassen sich bestens dazu verwenden, ökologische Zusammenhänge zu verdeutlichen. Der **Stoffkreislauf** des Waldes kann so anhand der kindlichen Beobachtungen erläutert werden.

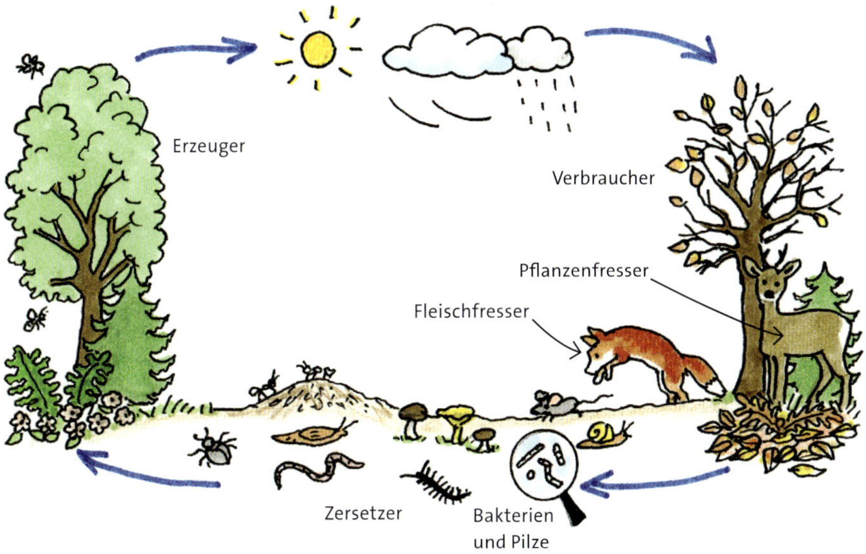

Abb. 10.6 Der Stoffkreislauf des Waldes

Folgende Fragen können zum Nachdenken über den Stoffkreislauf des Waldes anregen:

- Bäume und Sträucher wachsen. Wie erzeugen sie Holz und Blätter?
- Welche Waldbewohner ernähren sich von Pflanzen, welche von Tieren? Sind sie selbst wiederum Beutetiere?
- Im Herbst fallen die Blätter auf den Waldboden. Warum sind sie im nächsten Jahr nicht mehr da?
- Einheimische Tiere sind vereinzelt vom Aussterben bedroht. Was passiert eigentlich, wenn eine Tierart nicht mehr vorhanden ist?

Das Ökosystem Wald kann im Rahmen der Umwelterziehung auch dazu herangezogen werden, die Beziehung zwischen dem Menschen und der Natur zu verdeutlichen.

- Der Wald dient dem Menschen als Erholungsraum. Ein Sinnesparcours oder Entspannungsübungen bieten sich in dieser natürlichen Umgebung besonders an.
- Holz ist ein wichtiger Rohstoff. Es findet als Brennholz, Bauholz oder bei der Papierherstellung Verwendung. Ein Förster kann den Kindern viele Informationen darüber liefern, wie man versucht, das biologische Gleichgewicht im Wald zu erhalten. Beim Besuch einer Schreinerei erleben sie Holz als Grundmaterial alltäglicher Gegenstände.

BEISPIEL Kinderpflegerin Beate Asari lässt die Kinder ihrer Gruppe heute Vormittag den herbstlichen Wald mit verschiedenen Sinnen erleben. Die Kinder lauschen mit geschlossenen Augen dem Vogelzwitschern und versuchen, verschiedene Laute zu erkennen. Danach suchen Sie nach Naturgegenständen mit verschiedenen Farben. Getrocknete Blätter lassen sich in der Hand wunderschön zerkrümeln und in die Luft werfen. Bei den frisch gefällten Baumstämmen duftet es herrlich nach frisch geschnittenem Holz.

10.2.2 Umweltfaktoren: Leben unter verschiedenen Bedingungen

Der Planet Erde weist in seinen Lebensräumen unterschiedliche Bedingungen auf, mit denen die dort vorhandenen Lebewesen zurechtkommen müssen. Diese Bedingungen werden auch **Umweltfaktoren** genannt.

Abb. 10.7 Beispiele für Umweltfaktoren

Lebewesen siedeln sich in der Regel in Bereichen an, in denen sie sich aufgrund der vorherrschenden Umweltfaktoren wohlfühlen. Unabhängig davon gibt es immer Grenzwerte der äußeren Einflüsse, die ein Lebewesen noch aushalten kann. Werden diese Grenzwerte über- oder unterschritten, stirbt das Lebewesen.

BEISPIEL Am Beispiel der **Temperatur** kann man besonders deutlich sehen, wie stark sich die Umweltbedingungen in den verschiedenen Bereichen der Erde unterscheiden. In der Antarktis liegt die Durchschnittstemperatur im Jahr bei −55 °C, in Teilen Afrikas bei über 30 °C.

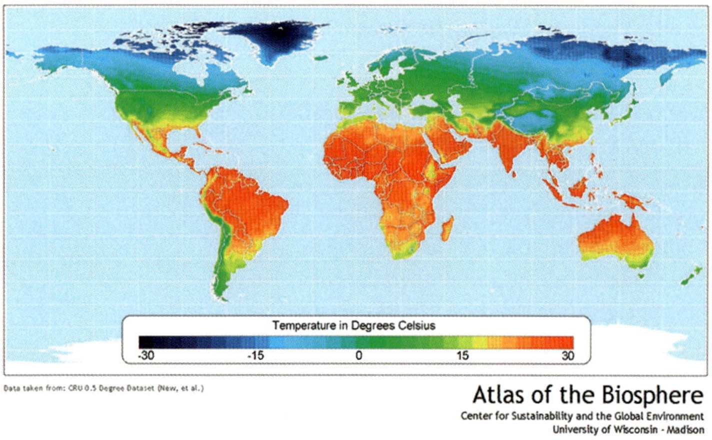

Abb. 10.8 Durchschnittstemperaturen auf der Erde

Lebewesen passen sich aber umgekehrt auch an die vorherrschenden Bedingungen an.

BEISPIEL Pinguine können die tiefen Temperaturen nur ertragen, weil ihr Körper und ihr Verhalten sich angepasst haben. Ein besonders wärmendes Gefieder, eine dicke Fettschicht, die Wärmeverluste verhindert, und ein angepasstes Fortpflanzungsverhalten sind nur einige Beispiele.

Selbst in Deutschland liegen die Temperaturen in verschiedenen Regionen teilweise weit auseinander. So zeigt sich in den Alpen ein anderes Klima als im gemäßigten Rhein-Main-Gebiet.

Erderwärmung, Klimawandel → S. 130

Der Mensch kann durch sein Verhalten die Umweltbedingungen verändern. Ein dramatisches Beispiel dafür ist der ›Klimawandel‹, der sich auf alle Lebewesen, auch auf den Menschen, auswirkt.

10.2.3 Der Nahrungskreislauf

Neben den Bedingungen, welche die „unbelebte" Umwelt für die in ihr angesiedelten Lebewesen bietet, beeinflussen sich die Lebewesen natürlich auch gegenseitig. Jeder Lebensraum bietet nur einer begrenzten Anzahl an Lebewesen eine Heimat. Dies gilt gleichermaßen für die Anzahl der Lebewesen einer Art wie für die Anzahl verschiedener Tier- und Pflanzenarten. Lebewesen müssen sich von irgendetwas „ernähren" und entsprechende Nahrung ist nur in begrenztem Umfang vorhanden.

Das Bereitstellen von ›**Nährstoffen**‹ und ihr Verbrauch bildet einen Kreislauf. Grüne Pflanzen sind in der Lage, mithilfe von Sonnenlicht Stoffe zu produzieren, die von anderen Lebewesen als Nahrung gebraucht werden. Daher werden diese Pflanzen **Produzenten** genannt. Pflanzenfressende Tiere verzehren die bereitgestellten Nährstoffe und decken damit ihren Bedarf. Viele Pflanzenfresser dienen wiederum den fleischfressenden Raubtieren als Nahrungsquelle. Letztlich ernähren sich aber beide Gruppen direkt oder indirekt von Nährstoffen, die die Pflanzen bereitstellen. Die verbrauchenden Lebewesen sind die sogenannten **Konsumenten**.
Den Kreislauf schließen die **Destruenten** wie Pilze oder Bakterien. Sie bauen Ausscheidungen und Kadaver von Tieren, aber auch abgestorbene Pflanzen ab und bilden so erneut die Grundlage für die Produzenten. Nimmt man die Destruenten aus dem Schema heraus, ergibt sich eine Beziehung, die aussagt, wer sich von wem ernährt, also eine **Nahrungskette**.

Nährstoffe → S. 30

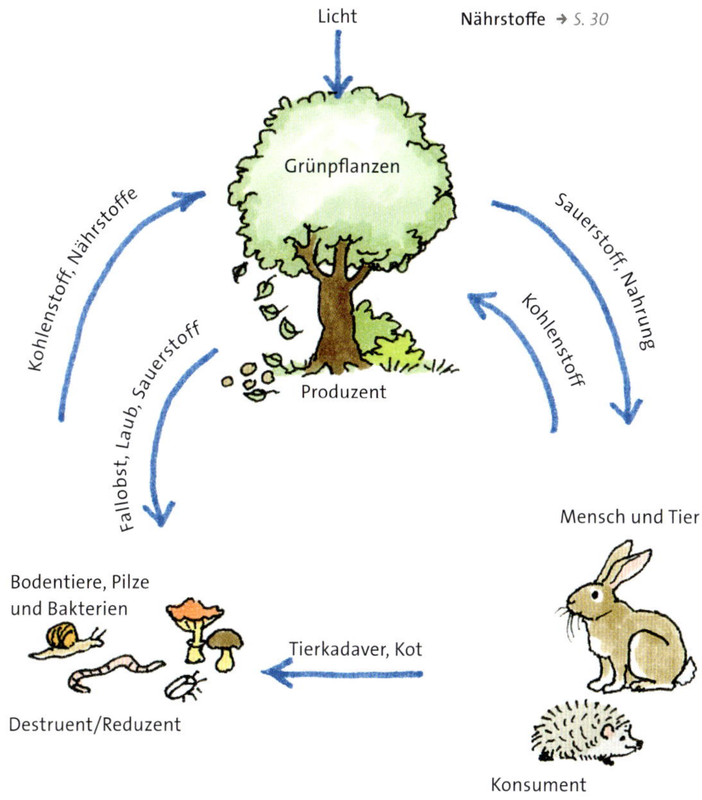

Abb. 10.9 Schema eines Nahrungskreislaufs

BEISPIEL Für die Kinder seiner Gruppe hat Kinderpfleger Heiko Jaksch heute etwas Besonderes vorbereitet. Die Kinder haben letzte Woche beim Waldspaziergang beobachtet, wie ein Eichhörnchen unter einer Fichte deren Samen gefressen hat. Heiko Jaksch hat daraufhin mit den Kindern besprochen, dass es sich bei Eichhörnchen um pflanzenfressende Tiere handelt, dass es aber auch Tiere gibt, die sich von anderen Tieren ernähren. Heute hat Heiko Jaksch große Abbildungen verschiedener Tiere dabei und bespricht mit den Kindern, welche Nahrung sie bevorzugen. Am beobachteten Beispiel demonstriert er dann den Kindern eine Nahrungskette: Das pflanzenfressende Eichhörnchen ist eine mögliche Nahrungsquelle für kleinere Raubtiere wie den Baummarder. Dieser wiederum steht auf dem Speiseplan von Raubvögeln, z. B. dem Habicht.

Kinder sehen es oft als Ungerechtigkeit an, dass Tiere von anderen Tieren gefressen werden. Pädagogische Fachkräfte sollten die Bedenken der Kinder ernst nehmen und thematisieren.

10.2.4 Das Leben funktioniert in Kreisläufen

Pflanzen produzieren Nährstoffe, die Nahrungsgrundlage für Tiere sind. Ausscheidungen und totes Material von Lebewesen werden wieder in ihre Bausteine zerlegt und dienen den Pflanzen als Grundlage für die Nährstoffherstellung. So wie im Nahrungskreislauf gilt für das gesamte Gebiet der Ökologie, dass Stoffe nicht einfach verschwinden können. Ökologische Vorgänge sind in der Regel Kreisläufe. Wer aber treibt diese Vorgänge an? Für sie alle wird **Energie** benötigt. Die Sonne liefert durch ihre Strahlung ständig Energie, sie ist sozusagen der Motor aller Stoffkreisläufe. So können grüne Pflanzen beispielsweise nur mithilfe der Sonnenenergie aus dem Gas Kohlenstoffdioxid Zucker und Pflanzenfasern bilden.

Kohlenstoff ist eines der wichtigsten chemischen Elemente für das Leben auf der Erde. Jedes lebende Gewebe ist aus Kohlenstoffverbindungen aufgebaut. Der natürliche **Kohlenstoffkreislauf** ist recht kompliziert. Grundsätzlich ist das Element in unterschiedlicher Form in großen Mengen in den Gesteinsschichten der Erde, den Meeren und der ›Atmosphäre‹ gespeichert. An Land sowie auf den Meeren werden durch unterschiedliche chemische Reaktionen stets Kohlenstoffverbindungen abgegeben und wieder aufgenommen. An Land sind vor allem die Lebewesen am Kohlenstoffkreislauf beteiligt. Pflanzen brauchen für die Herstellung von Nährstoffen das Gas Kohlenstoffdioxid (CO_2), welches Kohlenstoff enthält. Verbrauchen Lebewesen die pflanzlichen Nährstoffe, entsteht wieder Kohlenstoffdioxid. Diese Mechanismen sollten sich für einen Kreislauf, der im Gleichgewicht ist, in etwa die Waage halten.

Atmosphäre
gasförmige Hülle der Erde

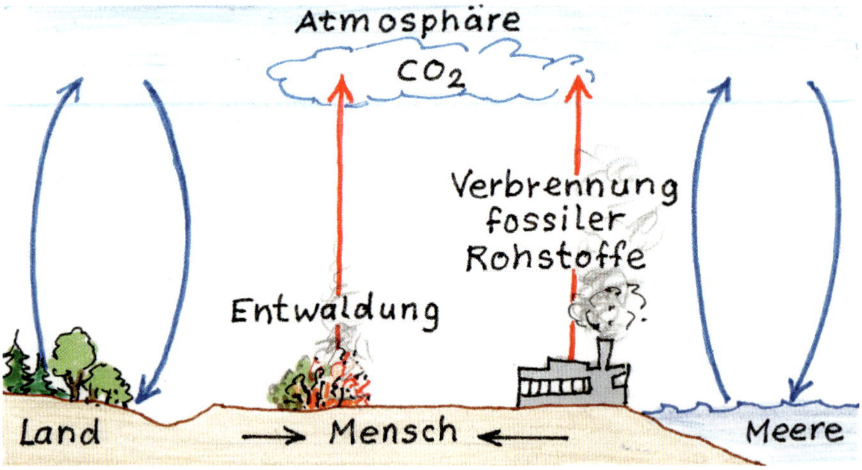

Abb. 10.10 Der Kohlenstoffkreislauf

Der Mensch sorgt aktuell mit seinem Lebensstil dafür, dass dieses Gleichgewicht gestört wird. Die Abholzung bzw. Rodung von Wäldern und die Verbrennung ›fossiler Brennstoffe‹ führen dazu, dass sich Kohlenstoffdioxid in der Atmosphäre anreichert. Die Folgen bekommt der Mensch z. B. in Form des ›Klimawandels‹ zu spüren.

Der Kohlenstoffkreislauf ist gerade durch seine Bedeutung für die Klimaentwicklung so wichtig. Grundsätzlich gilt jedoch, dass jeder gestörte Kreislauf immer Auswirkungen auf alle Beteiligten hat. Eingriffe des Menschen in ökologische Abläufe wirken also immer auch auf den Menschen selbst zurück.

In der pädagogischen Arbeit mit Kindergartenkindern müssen keine komplexen Kreisläufe erklärt werden. Es geht darum, die Kinder entwicklungsgerecht für diese Thematik zu sensibilisieren und so die Grundsteine für ökologisch bewusstes Verhalten zu legen.

fossile Brennstoffe
brennbare Energiequellen mit hohem Kohlenstoffanteil, z. B. Erdöl oder Erdgas

Klimawandel → *S. 130*

10.2.5 Nachhaltiges Handeln erhält die Lebensgrundlagen

Nachhaltig handeln heißt, sich so zu verhalten, dass auch die Folgen des Handelns für die Zukunft bedacht werden. Wirkt sich aber unser Handeln negativ auf die folgenden Generationen aus, so besteht die Gefahr, dass in der Zukunft gar kein Leben mehr möglich ist. ›Nachhaltigkeit‹ bedeutet also auch immer, an die Zukunft zu denken und zu versuchen, die Gegenwart zukunftsverträglich zu gestalten.

Nachhaltigkeit → S. 25

Gegenwärtig verbraucht die gesamte Menschheit mehr ›**Ressourcen**‹ der Erde, als in derselben Zeit wieder bereitgestellt werden können. Auf Dauer würden also bei gleichbleibendem Lebensstil die von der Natur bereitgestellten Rohstoffe ausgehen. In Deutschland haben sehr viele Menschen ein Bewusstsein dafür, wie sich ihr Handeln auf die Zukunft auswirkt. Auch kennen die meisten Menschen Möglichkeiten, ihr Verhalten zu ändern. Warum aber ändern viele dann nicht ihr Verhalten? Ein wichtiger Grund dafür dürfte sein, dass man für ein umweltbewusstes Verhalten auch eigene Wünsche hinten anstellen muss.

Ressourcen → S. 24

Pädagogische Fachkräfte können Kinder in vielen Bereichen zu nachhaltigem Handeln motivieren.

Energieverbrauch
- Stromquellen nur bei Gebrauch einschalten
- Energiesparende Geräte verwenden

Ernährung
- Regionale Produkte verwenden
- Pflanzliche Produkte als Nahrungsgrundlage verwenden

Kleidung
- Kleidung aus Naturmaterialien vorziehen
- Waschmittel sparsam einsetzen

Wasserverbrauch
- Kurzes Duschen statt langes Baden
- Wasser auch für kurze Zeit, z. B. beim Zähneputzen, abstellen

Abb. 10.11 Nachhaltiges Handeln ist in verschiedenen Bereichen möglich.

ZUM WEITERDENKEN Selbst Erwachsene können nicht immer nachvollziehen, wie viele Rohstoffe Dinge des alltäglichen Lebens verbrauchen. Ein Mobiltelefon wiegt gerade einmal 100 Gramm. Von der Herstellung über die Nutzung bis zur Entsorgung werden aber umgerechnet etwa 75 Kilogramm Rohstoffe verwendet.

Im Internet gibt es verschiedene Rechner, mit denen sich annähernd ermitteln lässt, was der eigene Lebensstil ökologisch kostet. Zudem erhält man Tipps zu konkreten Verhaltensänderungen. Den eigenen „ökologischen Rucksack" kann man z. B. berechnen unter: ressourcen-rechner.de

10.3 Menschliche Lebensräume und ihre Probleme

10.3.1 Luftverschmutzung

Von Luftverschmutzung spricht man, wenn die natürliche Zusammensetzung der Luft durch Rauch, Ruß oder ähnliche Stoffe verändert wird. Die Quellen der Luftverschmutzung sind nicht nur große Fabriken – auch jeder Einzelne trägt zur Verunreinigung bei. Private Haushalte produzieren beim Heizen mit Öl oder Gas Luftschadstoffe. Zusätzlich wirkt sich der Verbrauch von Strom auf die Luftqualität aus, da er in Kraftwerken erzeugt wird. In der Landwirtschaft trägt vor allem die Tierhaltung zur Luftverschmutzung bei. Durch die tierischen Ausscheidungen und auch die Düngung werden Gase wie Ammoniak frei und belasten die Luftqualität.

Abb. 10.12 Quellen der Luftverschmutzung

Die Luftverschmutzung bleibt nicht ohne Folgen für die Umwelt und ihre Lebewesen, also auch für den Menschen. Schadstoffe in der Luft sind verantwortlich für die Erderwärmung und somit für den ›**Klimawandel**‹. Außerdem werden sie z. B. mit dem Regen wieder zur Erde zurückgeführt und bewirken dort eine **Versauerung** und Überdüngung von Böden und Gewässern. Empfindliche Pflanzen- und Tierarten können dadurch in ihren Lebensräumen nicht mehr existieren.

Klimawandel → S. 130

Aktuelle Daten zu Luftschadstoffen liefert das Umweltbundesamt unter: **www.umweltbundesamt.de/daten/luftbelastung/aktuelle-luftdaten**

Mittlerweile sind auch viele gesundheitliche Gefahren für den Menschen durch die Verunreinigung der Luft belegt. Über die genauen Ausmaße gibt es in der Wissenschaft noch unterschiedliche Ansichten. Die Weltgesundheitsorganisation (WHO) schätzt, dass im Jahr 2012 etwa sieben Millionen Menschen auf der Welt durch Erkrankungen verstorben sind, die zumindest in einem indirekten Zusammenhang mit der Luftverschmutzung stehen. ›**Feinstaub**‹ und ›**Ozon**‹ wirken sich in entsprechender Menge direkt auf die menschliche Gesundheit aus, z. B. reizen sie die Atemwege und bewirken Husten und Atemnot.

Feinstaub
Stoffe in der Luft, die aufgrund ihrer geringen Größe leicht in die Atemwege eindringen können

Ozon
in natürlich vorkommenden Mengen geruchloses Gas, das vor allem bei hohen Tagestemperaturen aus Abgasen entsteht

Werden in der Luft festgelegte **Grenzwerte** überschritten, sollten gerade für Kinder einige Punkte beachtet werden, um so unnötige Gesundheitsrisiken zu vermeiden. Pädagogische Fachkräfte sollten sich daher regelmäßig über die aktuelle Ozonkonzentration informieren. Nicht alle Menschen sind in Bezug auf Luftschadstoffe gleich empfindlich. Besondere Vorsicht ist bei Kindern geboten, die ohnehin schon an Atemwegserkrankungen wie ›Asthma‹ leiden.

Asthma bronchiale → S. 179

Checkliste: Verhalten in der Kita bei hohen Ozonwerten

- Bis ca. 11.00 Uhr sind die Ozonwerte meist moderat
  → Aktivitäten im Freien auf den Vormittag verlegen
- Bei Anstrengung wird Ozon vermehrt und tiefer eingeatmet
  → ruhige Aktivitäten bevorzugen, körperliche Anstrengung vermeiden
- Ozonwerte steigen im Tagesverlauf an
  → vormittags lüften und ab mittags Fenster und Türen geschlossen halten

Die Politik arbeitet bereits länger daran, durch Gesetze und Vorschriften die Schadstoffausschüttung in die Luft zu verringern. Für Kraftwerke und Industrieanlagen gibt es festgelegte **Grenzwerte** für den erlaubten Schadstoffausstoß. Zudem werden immer bessere Filteranlagen enwickelt, um die Abgabe giftiger Stoffe in die Luft zu senken. Der Trend in der Energiepolitik geht zu **erneuerbaren Energien** aus Windkraft, Wasserkraft oder Sonnenenergie. In Ballungsräumen wie großen Städten wird versucht, der Feinstaubbelastung durch Tempolimits, Verbote für Kraftfahrzeuge mit hohem Schadstoffausstoß oder den Ausbau des öffentlichen Verkehrsnetzes entgegenzuwirken. Diese Maßnahmen haben in den letzten Jahren deutschlandweit dazu geführt, dass weniger Schadstoffe in die Luft gelangen. Von einer Rettung der Umwelt kann aber nicht die Rede sein. Wissenschaftler fordern ein schnelles und wirkungsvolles Handeln aller Weltnationen. Nur so kann der durch die Schadstoffbelastung verursachte Klimawandel zumindest abgemildert werden. Die Landwirtschaft als einer der größten Erzeuger von Luftschadstoffen muss sich mit Blick auf die Zukunft stärker an den Bedürfnissen der Umwelt orientieren.
Doch die Verantwortung für die Zukunft kann nicht allein in Händen von Politik und Industrie liegen. Jeder Einzelne kann seinen Beitrag dazu leisten, die Luftverschmutzung zu verringern. Dies scheitert oft vor allem an Bequemlichkeit.

Pädagogische Fachkräfte können Kinder für die aktuellen und zukünftigen Probleme sensibilisieren und umweltbewusstes Verhalten fördern. In entsprechende Konzepte sollten auch die Eltern eingebunden werden.

Checkliste: Der Luftverschmutzung entgegenwirken

- Unnötige Fahrten mit dem Auto vermeiden, vor allem Kurzstrecken
- Möglichst viele Wege zu Fuß, mit dem Fahrrad oder öffentlichen Verkehrsmitteln zurücklegen
- Fahrgemeinschaften bilden
- Die Raumtemperatur anpassen (Räume nicht überheizen)
- Regelmäßiges Stoßlüften für ca. fünf Minuten
- Regionale Produkte haben keine lange „Anreise“ und belasten so weniger die Umwelt
- Keine mehrfach verpackten Lebensmittel kaufen
- ›Mülltrennung‹ durchführen
- Energie sparen, z.B. durch LED-Lampen oder Vermeiden des Stand-by-Betriebs von Elektrogeräten

Abb. 10.13 Busfahren macht Spaß und schont die Umwelt.

Mülltrennung → S. 131

10.3.2 Klimawandel und globale Erwärmung

Der Klimawandel ist heute in aller Munde. Aber was bedeutet das Wort eigentlich? Der Begriff „Klimawandel" fasst alle Phänomene zusammen, die darauf hinweisen, dass das Weltklima sich im Laufe der Zeit verändert. Er sagt zunächst einmal nichts über die Ursache der Veränderung aus. Ein Klimawandel ist auch nichts Neues: Das Klima auf der Erde hat sich im Laufe der Zeit immer wieder verändert. So gab es seit ihrer Entstehung beispielsweise immer wieder Phasen, in denen es sehr kalt war, die sogenannten Eiszeiten. Daher ist für den aktuell vom Menschen verursachten Temperaturanstieg die passendere Bezeichnung „globale Erwärmung".

Luftverschmutzung → S. 128

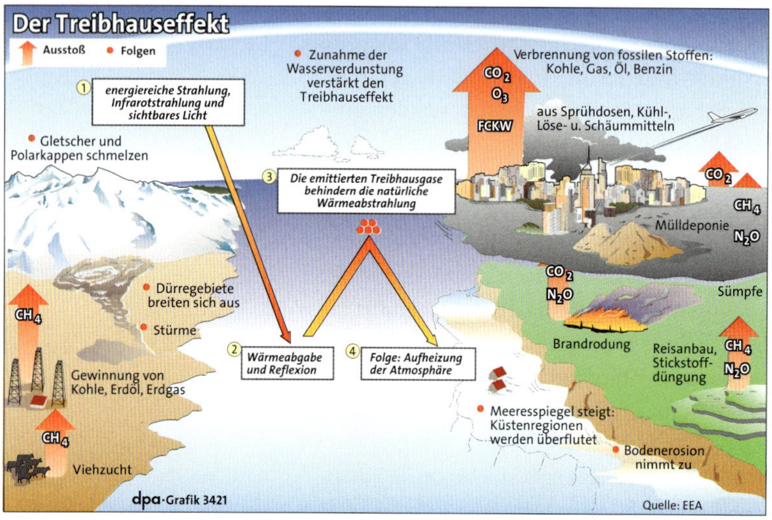

Abb. 10.14 Verstärkter Treibhauseffekt durch Luftschadstoffe

Die globale Erwärmung ist eine Folge der ›**Luftverschmutzung**‹ durch den Menschen. Die Ansammlung von Luftschadstoffen, sogenannter Treibhausgase, in der Atmosphäre führt zu einer Veränderung im Wärmehaushalt der Erde. Der **Treibhauseffekt** an sich ist nicht vom Menschen gemacht: Bestimmte Gase bilden hoch über der Erde eine Art Kuppel. Die Sonnenstrahlung durchdringt die Gaskuppel und trifft auf die Erdoberfläche. In veränderter Form wird ein Teil der Sonnenenergie von der Erde wieder abgegeben. Jedoch durchdringt nur ein kleiner Teil davon erneut die Schicht aus Treibhausgasen, der Rest strahlt auf die Erde zurück. Durch diesen Vorgang wird die Erde für den Menschen erst bewohnbar. Die Durchschnittstemperatur läge ohne ihn bei etwa –18 °C anstatt bei 15 °C.

Doch dieser Treibhauseffekt wird vom Menschen gewissermaßen künstlich verstärkt: Durch die Ansammlung der Schadstoffe in der Atmosphäre wird immer mehr Wärmestrahlung auf die Erde zurückgeworfen. Die Temperatur auf der Erde steigt. Sie steigt und fällt dabei nicht so schnell wie die Körpertemperatur eines Menschen. In den letzten 60 Jahren wurde es auf der Erde fast 1 °C wärmer. Solche für den Laien klein erscheinenden Anstiege haben auf die Ökosysteme der gesamten Erde drastische Auswirkungen, die auch der Mensch zu spüren bekommt:

Eindrucksvolle Beispiele für die Konsequenzen der Erderwärmung für Einzelpersonen auf verschiedenen Teilen der Welt listet die Webseite von Oxfam auf: **www.oxfam.de/menschen_im_klimawandel**

- Das schmelzende Eis an den Erdpolen und den Gletschern lässt den Meeresspiegel ansteigen → Inselgruppen wie die Malediven, aber auch tiefgelegene Regionen in Deutschland werden überflutet.
- In vielen Regionen, z. B. in Afrika, wird die Temperatur so weit ansteigen, dass der Boden nicht mehr landschaftlich genutzt werden kann.
- Wetterextreme wie Wirbelstürme oder Waldbrände nehmen zu.
- Verschiedene Krankheiten, beispielsweise die Tropenkrankheit Malaria, breiten sich aus.

der Umweltverschmutzung entgegenwirken → S. 128

Um die globale Erwärmung einzudämmen, sind in erster Linie ›Maßnahmen‹ zu treffen, die die Luftverschmutzung unterbinden. Pädagogische Fachkräfte sind dabei Vorbilder und greifen umweltbewusstes Handeln immer wieder auf.

10.3.3 Abfallbeseitigung

Jeder Mensch in Deutschland produzierte laut Statistischem Bundesamt im Jahr 2013 durchschnittlich etwa 450 Kilo Müll. Auf die gesamte Bevölkerung umgerechnet ergeben sich daraus 40 Millionen Tonnen Müll pro Jahr. Diese Zahlen beziehen sich auf Haushaltsmüll, gewerbliche und industrielle Abfälle sind nicht enthalten – dann würde die Zahl auf etwa 400 Millionen Tonnen steigen.

Den Abfall trennen

Müll ist nicht gleich Müll. In der Abfallwirtschaft werden verschiedene Arten des Mülls unterschieden. Diese Unterscheidung richtet sich meist danach, wie die weitere Behandlung und Verarbeitung der Abfälle aussieht. Gängige Müllarten sind beispielsweise:

- **Wertstoffe:** Abfälle aus Materialien, die wiederaufbereitet werden oder in ihre Rohstoffe zurückgeführt werden können. Beispiele sind: Glas, Kunststoffe, Papier, Metalle, Holz.
- **Bio- und Gartenabfälle:** Hauptsächlich pflanzliche Abfälle, die von abbauenden Lebewesen (Kompost) zerkleinert werden können. Beispiele sind: Rasenschnitt, ungekochte Essensreste.
- **Restmüll/Hausmüll:** Abfälle, die keiner der anderen Abfallarten zugeordnet werden können, weil sie verschmutzt oder vermischt sind. Beispiele sind: Babywindeln, Staub, Asche.
- **Sondermüll:** Gefährliche Abfallstoffe, die eine gesonderte Behandlung benötigen. Beispiele sind: lösungsmittelhaltige Lacke und Farben, Chemikalien.
- **Sperrmüll:** Haushaltsgegenstände, die auch nach Zerkleinerung nicht in die Restmülltonne passen. Sperrmüll kann auch aus Wertstoffen bestehen. Beispiele sind: Matratzen, Betten, Regale.

Die verschiedenen Müllarten können am besten weiterverarbeitet werden, wenn sie möglichst wenig vermischt sind. Mülltrennung ist deshalb ein wichtiger Aspekt im Umgang mit Abfällen. Für Papier und Restmüll gibt es Tonnen in jedem Haushalt. Auch eine Tonne für Bio- und Gartenabfälle gibt es in vielen Regionen. Regional unterschiedlich werden Verpackungen wie leere Milchkartons oder Plastikverpackungen behandelt. Während es hierfür teilweise eine eigene Tonne oder den „Gelben Sack" gibt, müssen diese Wertstoffe in anderen Regionen in Container gebracht werden. Grundsätzlich können alle oben genannten Abfallarten in Wertstoffhöfen entsorgt werden.

Zusammensetzung der haushaltstypischen Siedlungsabfälle 2012

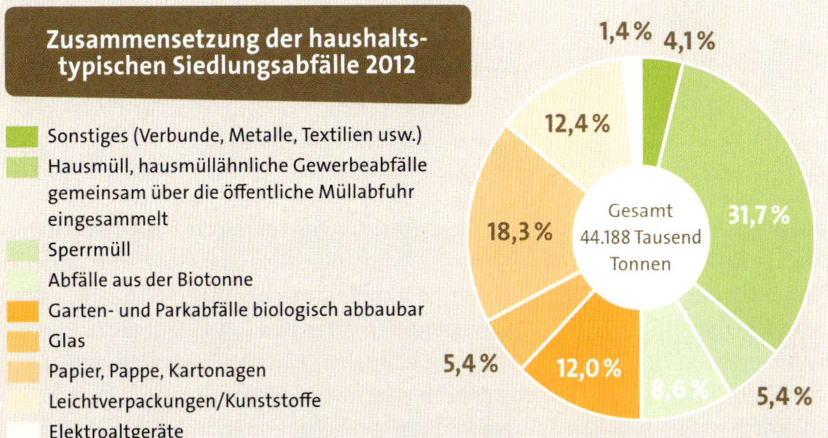

Quelle: Statistisches Bundesamt, Abfallbilanz 2012, Wiesbaden 2014

Deponie
langfristiger Lagerplatz für Müll, „Müllkippe“

Abfall vermeiden oder recyceln

Während früher noch große Anteile des Mülls auf ›**Deponien**‹ landeten, ist es heute gesetzlich untersagt, unbehandelten Müll zu deponieren. Fast der gesamte Müll wird mittlerweile weiterverarbeitet. Das kann bedeuten, dass Abfälle zur Energieproduktion benutzt oder wiederaufbereitet werden. Altglas kann beispielsweise eingeschmolzen und in neue Formen gegossen werden, nachdem es sortiert und gereinigt wurde. Auch viele Kunststoffe können zu sogenannten Granulaten, kleinen Kunststoffbrocken, recycelt werden und dienen dann als Ausgangsprodukt für neue Produkte. Ist für Stoffe ein Recycling nicht möglich oder wäre dieses zu aufwendig, können sie in **Müllverbrennungsanlagen** verfeuert werden. Die entstehende Wärme lässt sich in Strom verwandeln oder direkt als Heizquelle nutzen.
Im Kreislaufwirtschaftsgesetz ist eine Rangfolge der wichtigsten **Maßnahmen zur Müllvermeidung** festgelegt worden.

1
Vermeidung: Müll erst gar nicht entstehen lassen
→ Beispiel: unverpackte Lebensmittel kaufen, Konsum einschränken

2
Wiederverwendung: mehrfach verwendbare Produkte benutzen
→ Beispiel: Mehrwegflaschen, Reparatur statt Neukauf

3
Recycling: Rohstoffe rückgewinnen und nutzen
→ Beispiel: Papier aus Altpapier, sachgemäße Mülltrennung

4
Verwertung: Abfälle insbesondere zur Energiegewinnung verwerten
→ Beispiel: Müllverbrennungsanlagen, Kompostierung

5
Beseitigung: Müll vorbehandeln und dauerhaft lagern
→ Beispiel: Deponien für Sondermüll; diese müssen so angelegt sein, das keine Gefahr für den Menschen besteht

Quelle: Bayerisches Staatsministerium für Umwelt und Verbraucherschutz (StMUV)

Abb. 10.15 Fünf Stufen des Umgangs mit Müll

nachhaltiges Handeln → S. 25

Pädagogische Fachkräfte in Kindertageseinrichtungen führen die betreuten Kinder an einen bewussten Umgang mit Rohstoffen wie Papier, Glas oder Kunststoff heran. Das Vermeiden von Müll ist ein wichtiger Bestandteil ›nachhaltigen Handelns‹. Kinder können bereits früh lernen, durch einfache Verhaltensweisen Abfälle einzusparen. So kann man beim Einkauf eine Stofftasche statt einer Plastiktüte verwenden, Einkäufe mit einem Einkaufszettel planen oder Lebensmittel ohne Umverpackung bevorzugen. Außerdem ist es sinnvoll, wiederverwertbare Artikel den sogenannten Einwegartikeln vorzuziehen.

Wie viel Müll verursache ich eigentlich?
In der Kita werden eine Woche lang unproblematische Abfälle (keine Hygieneartikel oder Ähnliches) in Müllsäcken gesammelt. Die Kinder werden erstaunt sein, wie viel Müll sie in ein paar Tagen produzieren. Davon ausgehend kann die Gruppe über die täglich in Deutschland produzierte Müllmenge sprechen und gemeinsam überlegen, wie der Müll reduziert werden kann.

Blick hinter die Kulissen – Müllauto und Wertstoffhof
Bei einem Ausflug zum Wertstoffhof können Kinder erfahren, dass der Müll nicht einfach in der Tonne oder im Müllauto verschwindet. Viele Menschen arbeiten daran, den Müll zu sammeln und weiterzuverarbeiten. Beim Besuch auf einem Wertstoffhof können Fachleute erklären, was mit den einzelnen Stoffen weiter passiert.

Mülltrennung – Früh übt sich!
In der Kita sollte auch die Mülltrennung zum Ritual werden. Dazu müssen die Kinder zuerst die verschiedenen Abfallarten kennenlernen und einen Überblick darüber gewinnen, welcher Müll wohin gehört. Die pädagogischen Fachkräfte können dies z. B. durch die Gestaltung eines Plakates erreichen. Anschließend wird die Mülltrennung täglich mit den Kindern gemeinsam durchgeführt.

Wir basteln mit Müll!
Um kreativ zu sein, können Gruppen auch einmal auf Materialien zurückgreifen, die normalerweise im Müll landen würden. Dabei werden feinmotorische Fähigkeiten und Fantasie gefördert. Außerdem erfahren die Kinder auf spielerische Art, dass Müll durchaus noch zu gebrauchen ist. Joghurtbecher, Kronkorken oder alte Strohhalme können beispielsweise zu niedlichen Müllmonstern werden.

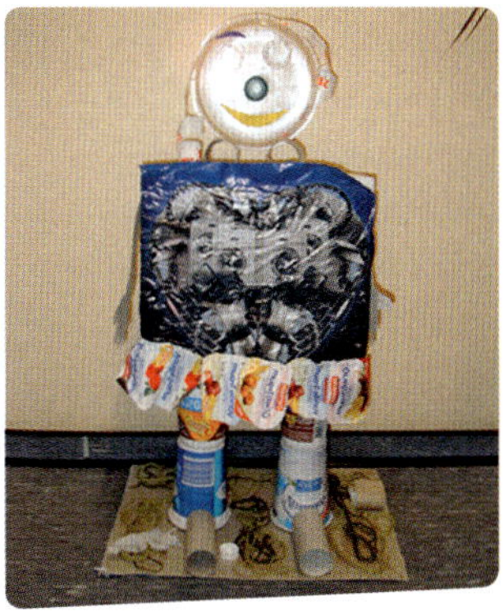

Abb. 10.16 Beispiele für die Auseinandersetzung mit dem Thema Müll in der Kindertagesbetreuung

10.3.4 Lärm

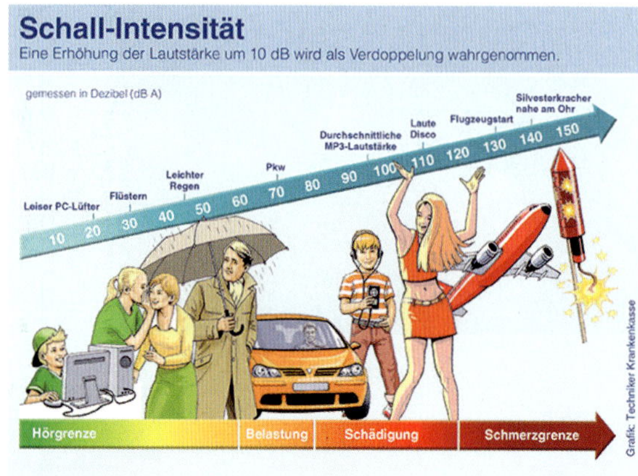

Warum hat man nach einem lauten Knall in näherer Umgebung das Gefühl, ein Brummen oder Pfeifen zu hören? Ganz einfach: Weil Lärm unserem Gehör schadet. Bei der Lärmquelle muss es sich nicht einmal um Explosionen handeln. Auch Alltagsgeräusche, die eine bestimmte Lautstärke überschreiten, können über längere Zeit ›**Schäden am Gehör**‹ hervorrufen. Darüber hinaus kann dauerhafter Lärm zu unterschiedlichsten **Folgeerscheinungen** an Körper und Psyche führen. Schlafstörungen, Konzentrationsschwäche, Aggressivität und ›Bluthochdruck‹ sind nur einige Beispiele.

Hörstörungen → S. 186

Bluthochdruck → S. 174

Pädagogische Fachkräfte weisen Kinder in altersgerechter Weise auf die Gefahren durch dauerhaften Lärm im Alltag hin. In den Einrichtungen selbst summieren sich vor allem die Geräusche der Kinder selbst und überschreiten dabei häufig verträgliche Lautstärken.

Kinder sollten keinen belastenden oder gar gesundheitsschädlichen Lautstärkepegeln ausgesetzt sein. Lärm kann in der Kita weitgehend durch **Maßnahmen** in drei Bereichen vermieden werden.

1. Bauliche Maßnahmen
- mehrfach verglaste Schallschutzfenster gegen Außenlärm
- trittschallgedämmte Bodenbeläge
- angepasste Dekoration verhindert Schall in leeren Räumen
- Stühle und Spielzeug mit Filzgleitern versehen

2. Organisatorische Maßnahmen
- angepasste Raumnutzung, um unnötige Ansammlung von Menschen zu vermeiden
- in räumlich angrenzenden Gruppen keine Aktivitäts- und Ruhephasen zur gleichen Zeit planen
- Personaleinsatz zu Stoßzeiten überdenken

3. Pädagogische Maßnahmen
- fest vereinbarte ›Ruhephasen‹
- klare ›Kommunikationsregeln‹
- Musik nicht nebenbei laufen lassen
- regelmäßige ›körperliche Betätigung‹ fördert konzentriertes Spielen und Arbeiten
- Vorbildfunktion der pädagogischen Fachkraft im Kommunikationsverhalten

Entspannung → S. 172
KP Kommunikation → S. 188
Bewegung → S. 74

Abb. 10.17 Klar vereinbarte Gesten helfen dabei, steigende Lautstärke zu unterbinden.

10.3.5 Wasser als Quell des Lebens

Wasserverbrauch in Deutschland

In Deutschland gibt es ein hohes Bewusstsein dafür, dass Wasser ein wichtiges, zu erhaltendes Gut ist. Der **Pro-Kopf-Verbrauch** an Wasser ist hier im Vergleich zu anderen Ländern recht gering. Im Durchschnitt verbraucht ein erwachsener Mensch in Deutschland pro Tag rund 120 Liter Wasser. Das ist die Menge an Wasser, die der Mensch direkt für seine alltäglichen Tätigkeiten wie Kochen oder Körperpflege verbraucht.

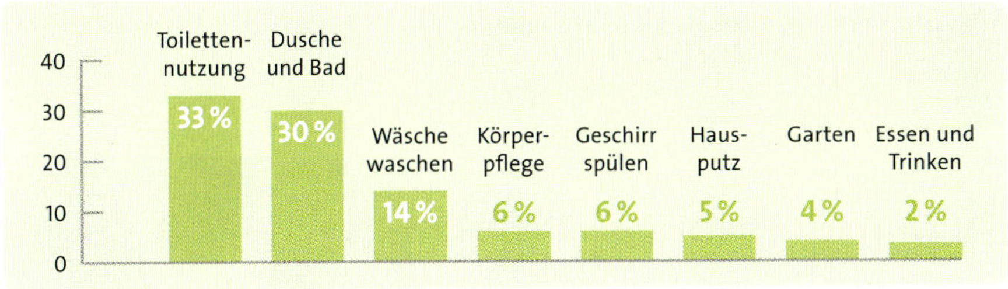

Abb. 10.18 Wasserverbrauch pro Person in Deutschland

Allerdings ist es für eine realistische Einschätzung nicht ausreichend, jedem Menschen nur seinen direkten Wasserverbrauch zuzuordnen. Das **Konsumverhalten** – also der Kauf von bestimmten Produkten – hat einen viel größeren Einfluss auf den Wasserverbrauch als die direkte Nutzung. Während die Haushalte an sich nur 10 % des Wassers verbrauchen, machen die Industrie 20 % und die Landwirtschaft sogar 70 % des Wasserverbrauches aus.

In anderen Regionen der Erde gibt es unterschiedliche Situationen. Während der Wasserverbrauch in einigen Ländern sehr hoch ist, sterben in armen, schlecht mit Wasser versorgten Ländern tagtäglich Menschen aufgrund von zu wenig oder verschmutztem Trinkwasser.

Auch wenn Deutschland nicht akut von Wasserknappheit betroffen ist, sollte die Bevölkerung dennoch schonend mit den Wasserreserven umgehen.

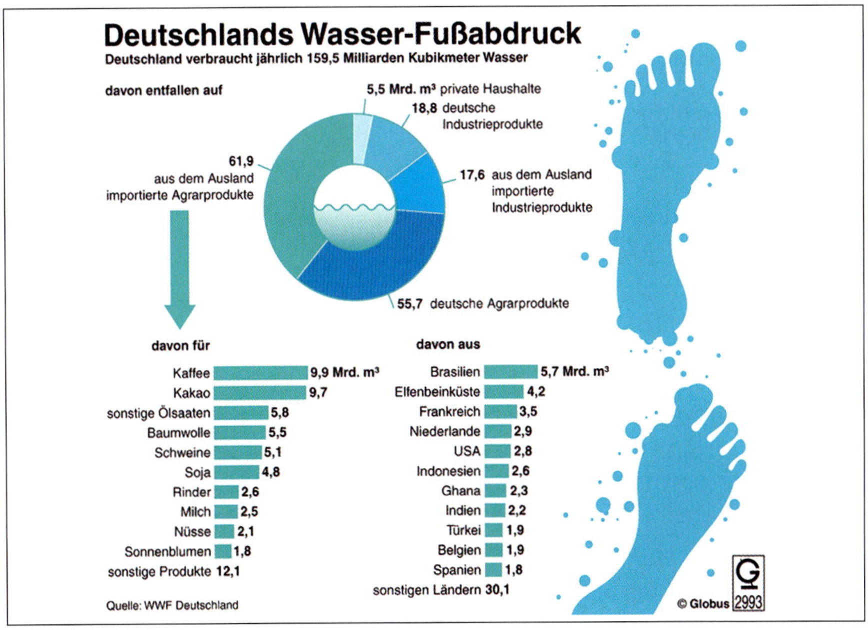

Mit Wasser bewusst umgehen
Pädagogische Fachkräfte können Kindern vermitteln, dass Wasser etwas Lebenswichtiges ist. Sie sollten lernen, bewusst mit Wasser umzugehen und es nicht unnötig zu verschwenden. In Kindertageseinrichtungen gibt es eine Vielzahl verschiedener Umsetzungsmöglichkeiten dieses Themas.

Wasser mit allen Sinnen wahrnehmen
- Kneipp-Becken besuchen
- Bewusst einem prassendeln Regenschauer zuhören

Wasserverschmutzung vermeiden
- Natürliche Wasch- und Reinigungsmittel verwenden
- Abfälle und Medikamente nicht über die Toilette entsorgen

Den Wasserverbrauch reduzieren
- Regenwasser für die Gartennutzung sammeln (Achtung: Regentonnen wegen Unfallgefahr verschließen!)
- Wassersparende Spül- und Waschmaschinen einsetzen

Projekte zum Thema Wasser durchführen
- Die Wasserversorgung der Stadt/Gemeinde kennenlernen
- Eigenschaften von Wasser durch kleine Experimente erkunden

Das Umweltbundesamt gibt Hinweise zu umweltverträglichen Reinigungsmitteln:

www.umweltbundesamt.de/themen/chemikalien/waschreinigungsmittel

Abb. 10.19 Mögliche Zugänge zu nachhaltigem Umgang mit Wasser

10.3.6 Mit Einrichtungen des Umweltschutzes zusammenarbeiten

Das gesamte Feld umweltbewussten und nachhaltigen Handelns ist sehr vielschichtig. Pädagogische Fachkräfte können jedoch zu den Einzelthemen auf unterschiedliche Fachleute zurückgreifen. Viele Einrichtungen des Umweltschutzes und thematisch verwandter Bereiche arbeiten gerne mit Kindertageseinrichtungen zusammen. Gibt es ein aufgebautes und gepflegtes Netzwerk an **Kooperationspartnern**, dann können gelungene Projekte ohne viel Aufwand jährlich wiederholt und angepasst werden. Für Kinder und pädagogische Fachkräfte ist die Zusammenarbeit mit externen Partnern erfrischend und abwechslungsreich. Darüber hinaus werden Zugänge zu Lernorten geschaffen, über die pädagogische Fachkräfte nicht verfügen.

Das Hauptanliegen der Zusammenarbeit ist es natürlich, Kindern die Möglichkeit zu geben, über ihre Umwelt nachzudenken und das eigene Handeln zu hinterfragen. Darüber hinaus können solche Aktionen aber auch medienwirksam sein und Vorbildcharakter für andere Einrichtungen haben.

Zusammenarbeit mit externen Partnern im Bereich ...

Ökologische Zusammenhänge
- Biologen
- Förster, Jäger
- Fischer
- Wetter- und Klimabeobachtungsstationen

Luftverschmutzung
- Umweltschutzvereine
- Politiker
- Mediziner
- Energieberater
- Verbraucherzentrale

Müll und Recycling
- Wertstoffhof
- Müllverbrennungsanlage
- Müllabfuhr
- Gärtner
- Wiederaufbereitungsanlage für Flaschen

Wasserverbrauch
- Regionaler Wasserversorger
- Mineralwasserproduzent
- Landwirtschaftliche Betriebe

Abb. 10.20 Mögliche Kooperationspartner zu Themen der Umweltbildung

Warum muss ich das für meinen Beruf wissen?

Pädagogische Fachkräfte in der Kindertageseinrichtung haben den gesellschaftlichen Auftrag, Kindern zu vermitteln, dass die natürliche Umwelt geschützt werden muss. Die Verhaltensgrundlagen für einen wertschätzenden Umgang mit der Natur müssen bereits in früher Kindheit erworben werden. Dazu müssen die pädagogischen Fachkräfte zunächst selbst ein Umweltbewusstsein entwickeln und entsprechende Werte für sich annehmen. Darüber hinaus sollten sie zu Themen des Umweltschutzes immer aktuell informiert sein.

Pädagogische Fachkräfte lassen Kinder durch Naturerfahrungen die Umwelt erleben. Darüber hinaus leben sie nachhaltige Verhaltensweisen in Bezug auf die großen Umweltprobleme unserer Zeit vor und setzen diese mit den Kindern im Alltag um.

In der Umweltbildung setzen pädagogische Fachkräfte gezielt Schwerpunkte und greifen auf mögliche Partner aus der Region zurück. Gut gepflegte Netzwerke helfen dabei, Kindern umweltverträgliches Verhalten an verschiedensten Lernorten zu vermitteln.

Bedürfnisse des kranken Kindes

1

S. 140 – 141

Grundbedürfnisse und Gesundheitszustand

Aufgaben der pädagogischen Fachkraft in Bezug auf Krankheit kennen

Beobachtung als Mittel zum Erkennen von Krankheiten begreifen

2

S. 142 – 149

Ernährungsbedingte Krankheiten

Anzeichen für Essstörungen bei den betreuten Kindern erkennen können

Grundlegendes Verständnis für den Umgang mit blutzuckerkranken Kindern entwickeln

3

S. 150 – 163

Infektionserkrankungen

Konkrete Maßnahmen zur Vermeidung von Krankheitsübertragungen ergreifen

Wichtige Krankheiten im Kindesalter und deren Symptome kennen

Über die rechtlichen Bestimmungen zum Umgang mit Infektionserkrankungen in der Kita informiert sein

4

S. 164 – 167

Schäden am kindlichen Bewegungsapparat

Haltungsschäden an der Wirbelsäule erkennen und Maßnahmen zur Vorbeugung umsetzen

Daran mitwirken, die Fußgesundheit der betreuten Kinder zu erhalten

1 GRUNDBEDÜRFNISSE UND GESUNDHEITSZUSTAND

Bedürfnispyramide nach Maslow → S. 29

Ändert sich der Gesundheitszustand eines Kindes, so verschieben sich auch seine Bedürfnisse. Bei Krankheit werden vor allem die unteren Stufen der ›Maslowschen Bedürfnispyramide‹ wichtig. Ein krankes Kind braucht **Sicherheit** und Unterstützung dabei, seine körperlichen Grundbedürfnisse zu befriedigen.

BEISPIEL **Tim (4;3)** ist normalerweise einer der Ersten am Mittagstisch. Heute sitzt er teilnahmslos in der Spielecke. Außerdem ist er etwas blass im Gesicht.

BEISPIEL Die Kindergartengruppe „Samtpfoten" unternimmt einen Ausflug in den nahegelegenen Wald. **Sarah (5;1)** hängt von Anfang an der Gruppe hinterher. Sie zeigt heute nicht ihren üblichen Entdeckergeist. Als Kinderpflegerin Bella Junghans sich nach ihrem Befinden erkundigt, antwortet Sarah, dass sie sich schlapp und müde fühlt. Außerdem fröstelt sie immer wieder, obwohl angenehme Temperaturen herrschen.

1.1 Aufgaben im Umgang mit kranken Kindern

Pädagogische Fachkräfte in Kindertageseinrichtungen sind nicht in erster Linie für die Betreuung kranker Kinder zuständig.

> Ein akut krankes Kind sollte keine Gemeinschaftseinrichtung besuchen. Die Betreuung im Krankheitsfall fällt in den Aufgabenbereich der Eltern.

In der Praxis gibt es aber viele **Berührungspunkte** zwischen Krankheitszeiten und Betreuungszeiten in der Kindertageseinrichtung. Aus diesem Grund brauchen die für die Betreuung zuständigen Personen grundlegendes Wissen über den Umgang mit kranken Kindern im Allgemeinen, aber auch über die einzelnen Krankheitsbilder.

- ›Diabetes‹, ›Asthma‹ oder andere chronische Erkrankungen betreffen auch Kinder im Kita-Alter. Kinder mit solchen chronischen, nicht ansteckenden Erkrankungen besuchen in der Regel wie jedes andere Kind auch eine Kindertagesstätte.
- Wird ein Kind erst im Laufe des Tages krank, sind die pädagogischen Fachkräfte bis zum Eintreffen der Eltern zuständig für eine angepasste Betreuung.
- Pädagogische Fachkräfte leisten in Notfallsituationen ›Erste Hilfe‹. Gerade für die ›typischen Situationen‹ müssen sie deshalb vorbereitet sein, um im Ernstfall richtig handeln zu können.

Diabetes mellitus → S. 147
Asthma bronchiale → S. 179
Erste Hilfe → S. 188
typische Unfälle in Kindertageseinrichtungen → S. 104

Pädagogische Fachkräfte können angepasste Maßnahmen bei einer Veränderung des Gesundheitszustandes nur ergreifen, wenn sie diese überhaupt bemerken. Die **Beobachtung des Gesundheitszustandes** der Kinder muss daher zur Routine gehören.

1.2 Beobachtung als gezielte Wahrnehmung

Bei der ›Wahrnehmung‹ treffen Umweltreize auf unsere Sinnesorgane und werden dann verarbeitet. Dagegen lenkt die pädagogische Fachkraft bei der Beobachtung ihre Aufmerksamkeit gezielt auf einzelne Aspekte. Beginnende Erkrankungen können durch Wahrnehmen der bekannten Krankheitszeichen frühzeitig erkannt werden.

Wahrnehmung → S. 108
KP Wahrnehmen und Beobachten → S. 56

Körpertemperatur	Schwitzen, rotes Gesicht
Verändertes Essverhalten	Appetitlosigkeit, Übelkeit, starker Durst
Verändertes Bewegungsverhalten	Schmerz, Lustlosigkeit, Unruhe
Ausscheidungen	Durchfall, Verstopfung, schmerzhaftes Wasserlassen
Sonstige Beobachtungen	starke Müdigkeit, Unwohlsein, Kopfschmerzen, sozialer Rückzug
Gesichts- und Hautfarbe	Blässe, Rötung, bläuliche Gesichtsfarbe, Ausschläge

Tab. 1.1 Häufige Krankheitszeichen im Kindesalter

Warum muss ich das für meinen Beruf wissen?

Pädagogische Fachkräfte müssen sich darüber im Klaren sein, dass sie in ihrem Arbeitsalltag immer wieder auch mit kranken Kindern zu tun haben. Unfälle, akute Notfallsituationen oder chronisch erkrankte Kinder sind zwar relativ selten, kommen aber dennoch regelmäßig vor. Daher müssen pädagogische Fachkräfte wissen, wie sie in diesen Fällen handeln müssen.
Um in bestimmten Situationen eine angepasste Betreuung zu gewährleisten, müssen pädagogische Fachkräfte frühzeitig Veränderungen des kindlichen Gesundheitszustandes erkennen. Nach Information der Eltern betreuen pädagogische Fachkräfte das Kind bis zur Abholung.

2 ERNÄHRUNGSBEDINGTE KRANKHEITEN

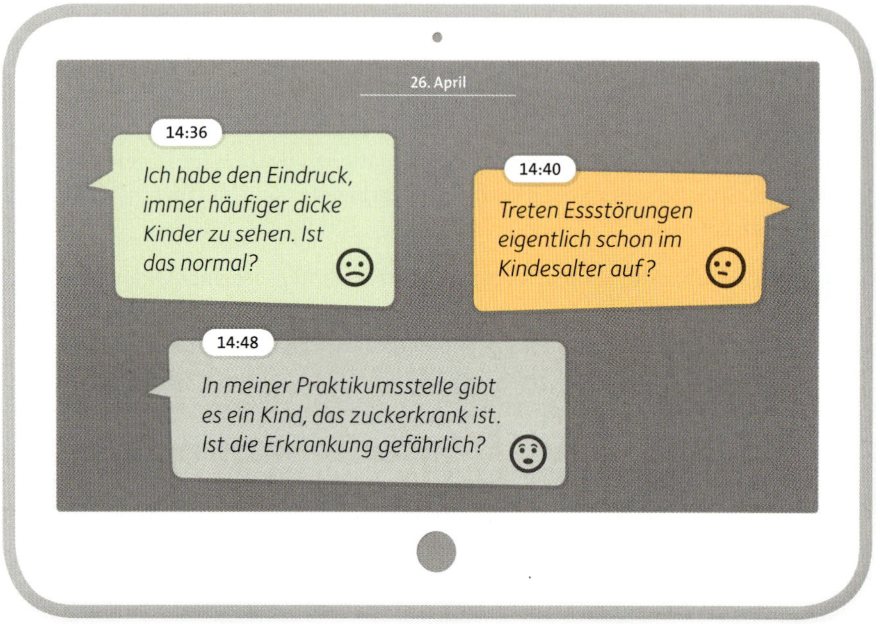

vollwertige Ernährung → S. 35

Überernährung
Mit Essen und Trinken wird mehr Energie aufgenommen, als der Körper verbraucht; Folge ist Gewichtszunahme.

KiGGS-Studie → S. 42

Längst nicht alle Menschen ernähren sich ›vollwertig‹. Einseitige Ernährung und ›Überernährung‹ führen oft bereits im Kindesalter zu Erkrankungen.

2.1 Adipositas – Viele Kinder sind zu dick

2.1.1 Das Körpergewicht beurteilen

Bewegungsmangel und Überernährung im Kindesalter sind weitverbreitet. In der ›**KiGGS-Studie**‹ des Robert Koch-Instituts (RKI) wurde festgestellt, dass 15 % der Kinder in Deutschland übergewichtig sind. Bei gut einem Drittel davon sprechen Mediziner sogar von Adipositas, der Fettsucht. Zur Beurteilung des Körpergewichts wird der sogenannte **Body-Mass-Index** (BMI) herangezogen. Anhand des BMI wird das Körpergewicht im Verhältnis zur Körpergröße beurteilt.

Die Formel für den BMI lautet: Körpergewicht in Kilogramm/(Körpergröße in m)^2

BEISPIEL **Theresa (5;4)** ist 1,12 Meter groß und wiegt 25 Kilogramm. Berechnet man nach der obigen Formel den BMI, ergibt sich ein Wert von 19,9 : 25 / (1,12)^2.

Der BMI wird bei Kindern anhand von sogenannten **Perzentilenkurven** beurteilt. Diese helfen dabei, die Entwicklung des Kindes im Vergleich zum Durchschnitt einzuschätzen. Wie auch bei Erwachsenen wird dabei das Körpergewicht in **Untergewicht**, **Normalgewicht**, **Übergewicht** und **Adipositas** eingeteilt.

BEISPIEL Der für Theresa ermittelte Wert von 19,9 kann in der Perzentilenkurve für Mädchen im Alter von fünf Jahren eingesetzt werden. Theresa liegt weit über dem Normalgewicht. Für ihr Alter gilt ein BMI-Wert von fast 20 bereits als Adipositas.

Übergewicht im Kindesalter kann eine Vielzahl an **Folgeerkrankungen** mit sich bringen. Bei einigen davon werden bereits in der Kindheit die ersten ›Symptome‹ ausgeprägt. Die meisten Folgen jedoch zeigen sich erst, wenn der Körper bereits stark geschädigt ist, also im Erwachsenenalter. Starkes Übergewicht ist nicht nur eine Belastung für den kindlichen Körper. Es führt auch vermehrt zu psychischen Störungen, da die betroffenen Kinder häufig eine Außenseiterrolle einnehmen. Depressionen treten bei übergewichtigen Kindern und Jugendlichen beispielsweise auffällig häufiger auf als bei Normalgewichtigen.

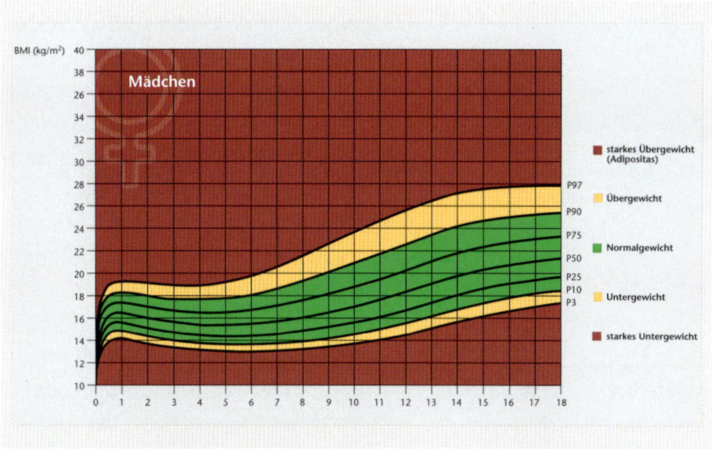

Abb. 2.1 Perzentilenkurve für Mädchen zur Einschätzung des Körpergewichts

Symptome → S. 151

Mögliche Folgen von Übergewicht und Adipositas

Körperliche Folgen

- ›Bluthochdruck‹
- ›Arteriosklerose‹
- Fettstoffwechselstörungen
- ›Diabetes mellitus‹
- ›Atemwegserkrankungen‹
- Überbeanspruchung der Gelenke

Psychische Folgen

- Depressionen
- Essstörungen
- Fehlendes Selbstwertgefühl
- Sozialer Rückzug

Bluthochdruck → S. 174
Arteriosklerose → S. 175
Diabetes mellitus → S. 147
Atemwegserkrankungen → S. 178

Prinzipiell wäre es am günstigsten, wenn Übergewicht bei Kindern gar nicht erst entstehen würde. Familien und pädagogische Fachkräfte können dies durch die allgemeinen **Maßnahmen der Gesundheitsförderung** unterstützen. Ausreichend ›Bewegung‹ und eine ›vollwertige Ernährung‹ sind hierfür die wichtigsten Bausteine.

Bewegung → S. 74
Vollwerternährung → S. 35

2.1.2 Übergewicht bei Kindern behandeln

Ist ein Kind bereits stark übergewichtig, so muss ein individueller Ansatz zur Gewichtsreduktion entwickelt werden, der die Eltern und das soziale Umfeld mit einbindet. Bei Adipositas ist die Beratung durch einen Kinderarzt in jedem Fall sinnvoll.

Aktuelle Behandlungskonzepte basieren nicht mehr auf strengen Diäten. Vielmehr ist mittlerweile bekannt, dass nur die Kombination verschiedener Ansätze Erfolg versprechend ist. Zu einem umfassenden Maßnahmenkatalog gehören die Umstellung der **Ernährung**, die Steigerung der körperlichen **Bewegung** und die Unterstützung beim Abbau falscher **Verhaltensweisen**.

Auch pädagogische Fachkräfte haben die Aufgabe, von ihnen betreute übergewichtige Kinder bei der **Gewichtsabnahme** zu unterstützen. Dazu sollten Sie einige wichtige Punkte beachten:

- Übergewichtige Kinder werden oft zu Außenseitern. Seien Sie dafür sensibel und versuchen Sie, so oft wie möglich Angebote zu gestalten, die alle Kinder bewältigen können.
- Übergewichtige Kinder sind oft körperlich weniger leistungsstark. Überfordern Sie diese Kinder nicht. Ein langsames Steigern der Anforderungen führt zu Erfolgen und kann auch das Selbstbewusstsein stärken.
- Kinder orientieren sich an sozialen ›Gruppen‹. Nutzen Sie die Möglichkeiten, die Ihnen durch Gruppenprozesse offenstehen. Gemeinsame Bewegung mit anderen Kindern macht viel mehr Spaß.
- Erwarten Sie keine Wunder! Die dauerhafte Gewichtsabnahme ist ein langer Prozess. Suchen Sie die Zusammenarbeit mit den Eltern und externen Partnern wie Sportvereinen.
- Es gibt neben Überernährung und Bewegungsmangel noch andere Faktoren, die dazu führen können, dass ein Kind übergewichtig ist. Beispiele dafür sind eine Überfunktion der ›Schilddrüse‹ oder die Einnahme bestimmter Medikamente bei chronischen Erkankungen. Vermeiden Sie Vorurteile und versuchen Sie, die Kinder bestmöglich zu begleiten.

KP Gruppe und Erziehung
→ S. 364

Schilddrüse
Hormondrüse, die vor allem den Stoffwechsel und das Wachstum steuert

2.2 Essstörungen – Wenn Essen zur Qual wird

Adipositas wird manchmal auch als Essstörung bezeichnet. Diese Einordnung kann zutreffen, wenn der Grund für das übersteigerte Essverhalten psychischer Natur ist. Der Begriff „Essstörung" ist eine Sammelbezeichnung für krankhafte Veränderungen im Ernährungsverhalten, die keine körperliche Ursache haben. Im engeren Sinne zählen vor allem **Magersucht**, **Bulimie** und das **Binge-Eating** zu den Essstörungen. Es gibt jedoch auch häufig Mischformen oder veränderte Erscheinungsbilder der Essstörungen. In jedem Fall sollte bei einem Verdacht ärztlicher Rat hinzugezogen werden. Die Behandlung aller Essstörungen ist häufig schwierig, da die Betroffenen ihre Erkrankung nicht wahrhaben wollen.

Es gibt **typische Verhaltensweisen** betroffener Personen. Diese sollten pädagogische Fachkräfte auf keinen Fall ignorieren. Zeigt ein Kind Anzeichen einer Essstörung, so müssen dringend die Eltern informiert werden. In einem Gespräch können diese auf das gesundheitliche Risiko und auf die Notwendigkeit kompetenter Unterstützung durch einen Facharzt hingewiesen werden.

Symptome einer Essstörung können u. a. sein:

- ständige Äußerungen darüber, zu dick zu sein
- Essensverweigerung
- Bevorzugen von kalorienarmen Lebensmitteln
- maßloser Bewegungsdrang
- häufiges Nachdenken über Ernährung und Körpergewicht
- sozialer Rückzug
- Vermeiden von Mahlzeiten in Gesellschaft
- ausgeprägte Rituale beim Essen

2.2.1 Anorexia nervosa – Die Magersucht

Die Gefahr, magersüchtig zu werden, ist besonders hoch in der Pubertät und den Jugendjahren. Immer wieder erkranken aber auch jüngere Kinder. In der Kindheit kann durch die Ausprägung eines normalen Essverhaltens und einer selbstbewussten Einstellung zum eigenen Körper bereits vorbeugend gehandelt werden. Das heißt jedoch nicht, dass die Kinder im späteren Alter keine Magersucht entwickeln können.

Kennzeichen der Anorexie ist ein übersteigerter Antrieb zum Gewichtsverlust, obwohl der Betroffene normalgewichtig oder häufig bereits untergewichtig ist. Der Zwang, immer weiter abnehmen zu müssen, wird durch eine **gestörte Selbstwahrnehmung** verschlimmert. Blicken magersüchtige Menschen in den Spiegel, finden sie sich stets zu dick, auch wenn sie bereits stark untergewichtig sind. Magersüchtige Menschen wissen genau, wie sie ihr Gewicht abbauen können. Neben der Einschränkung der Nahrungszufuhr betreiben sie häufig in übersteigerter Weise Sport, setzen sich Kälte aus oder nehmen Abführmittel ein.

Die **Folgen** des ständigen Gewichtsverlusts sind für den Körper gravierend. Die Anorexie ist laut Zahlen der Medizinischen Hochschule Hannover die psychische Erkrankung mit der höchsten Sterblichkeit. Die unzureichende Versorgung des Körpers mit ›Nährstoffen‹ führt zu Schäden an allen Organsystemen – Müdigkeit, ›Verstopfung‹ oder eine ausbleibende Regelblutung sind dabei nur harmlose Folgen. Auch Ängste und Depressionen können sich im Krankheitsverlauf ausbilden.

Abb. 2.2 Wie ist die Selbstwahrnehmung?

Die Medien und das gesellschaftliche Schönheitsideal sind zwar mit Sicherheit ein Faktor, der die Entstehung von Magersucht unterstützt. Es spielen aber noch viele weitere Faktoren wie die Persönlichkeit des Betroffenen und sein soziales Umfeld eine große Rolle.

Nährstoffe → S. 32
Verstopfung → S. 146

2.2.2 Bulimie – Die Ess-Brech-Sucht

Auch bei der Essstörung Bulimie haben die Betroffenen sehr starke Ängste davor, an Gewicht zuzunehmen. Die Krankheit hat zwei Gesichter: Bulimieerkrankte zeigen sich in der Öffentlichkeit meist als normalgewichtige und in Bezug auf das Essen sehr kontrollierte Persönlichkeiten. Sie werden jedoch regelmäßig von regelrechten „**Fressattacken**“ überfallen, in denen sie sich innerhalb kurze Zeit enorm viele Kalorien zuführen.

Die Angst vor der Gewichtszunahme lässt die Betroffenen nach den Attacken zu verschiedenen Maßnahmen greifen, die eine Gewichtszunahme verhindern sollen. Häufig wird ein **Erbrechen** selbst herbeigeführt, in anderen Fällen werden **Abführmittel** eingenommen oder es wird **Sport** in ausufernder Form betrieben.

Die Bulimie wird für die Angehörigen meist erst sehr spät offensichtlich. Die Betroffenen legen großen Wert darauf, ihr Problem geheim zu halten. Ihre Unzufriedenheit mit dem eigenen Verhalten führt nicht selten zu Stimmungsschwankungen. Die **Schäden** am Körper ergeben sich einerseits aus den Essattacken, die die Verdauung belasten. Andererseits können auch die Gegenmaßnahmen zu körperlichen Schäden führen, z. B. an den Zähnen durch das Erbrechen.

2.2.3 Die Binge-Eating-Störung – Essattacken ohne Reue

Das sogenannte Binge-Eating hat auf den ersten Blick Ähnlichkeiten mit der Bulimie. Die Betroffenen werden immer wieder von **Essattacken** geplagt, in denen sie die Kontrolle über ihre Nahrungsaufnahme verlieren. In dieser Zeit nehmen sie große Mengen an Lebensmitteln und damit viele Kalorien zu sich. Im Unterschied zur Bulimie versuchen Menschen, die an der Binge-Eating-Störung leiden, aber nicht, diese Anfälle auszugleichen. Erbrechen oder andere Gegenmaßnahmen bleiben aus. Aufgrund der hohen Kalorienzufuhr während der Essattacken sind Menschen mit Binge-Eating-Störung eher übergewichtig.

2.3 Verstopfung

Gerade bei Kindern gibt es keine Vorgabe dafür, wie oft diese Stuhlgang haben müssen. Drei Toilettengänge am Tag sind ebenso unproblematisch wie dreimal Stuhlgang in der Woche, solange die Kinder keine Beschwerden bei der Stuhlentleerung haben. Bei Säuglingen sind sogar noch größere Abstände kein Zeichen für Verstopfung.

> Bei Kindern sollte an eine Verstopfung gedacht werden, wenn für vier Tage oder länger kein Stuhlgang erfolgte und die Entleerung durch sehr harten Stuhl schmerzt.

Vielfältige Ursachen wie falsche Ernährung oder Bewegungsmangel können zu Verstopfung führen. Aber auch schwerwiegende Erkrankungen, beispielsweise Krebserkrankungen des Darms, sind im Kindesalter möglich. Aus diesem Grund ist die Abklärung durch einen Arzt sinnvoll, wenn das Kind über längere Zeit oder häufiger Beschwerden hat.

Eltern und pädagogische Fachkräfte können mit verschiedenen **Maßnahmen** eine normale Stuhlentleerung unterstützen oder einer kurzfristigen Verstopfung entgegenwirken.

Abb. 2.3 Mögliche Maßnahmen bei Verstopfung

2.4 Diabetes mellitus – Die „Zuckerkrankheit"

Normalerweise sorgt unser Körper dafür, dass der Zuckeranteil im Blut nicht zu hoch oder zu niedrig wird. Bei der Verdauung ins Blut überführter Zucker (›Kohlenhydrate‹) dient den Zellen als Energiequelle. Überschüssiger Zucker wird in Muskelzellen und Leber als Speicherzucker eingelagert. Damit der Zucker überhaupt in die Zellen gelangen kann, ist das Hormon **Insulin** nötig. Es ist sozusagen der Schlüssel, der die Zellen aufschließt und so die Aufnahme des Zuckers erst ermöglicht.

Kohlenhydrate → S. 33

2.4.1 Diabetes hat mehrere Gesichter – Die Formen Typ I und Typ II

Der Vorgang der Zuckeraufnahme in die Zelle funktioniert bei der Erkrankung Diabetes mellitus nicht mehr, sodass ständig zu viel Zucker im Blut verbleibt. Der **Blutzuckerspiegel** ist erhöht. Für die Störung der Blutzuckerregulation gibt es zwei verschiedene Ursachen: die Untertypen der Blutzuckerkrankheit, Typ I und Typ II.

Diabetes mellitus Typ I	Diabetes mellitus Typ II
Autoimmunerkrankung, bei der das eigene Immunsystem fälschlicherweise die Insulin produzierenden Zellen der Bauchspeicheldrüse zerstört.	Überernährung und Bewegungsmangel führen zu einer Unempfindlichkeit der Zellen gegenüber dem Hormon Insulin; die Zellen öffnen sich nicht mehr.
Der Körper kann kein Insulin mehr produzieren, was zu erhöhten Blutzuckerwerten führt.	Der Körper stellt zwar Insulin her, anfangs sogar zu viel, dieses kann aber in den Zellen nicht wirken → der Blutzuckerspiegel ist erhöht.
Es muss Insulin als Medikament zugeführt werden. Dies erfolgt in der Regel durch täglich mehrmaliges Spritzen angepasster Insulinmengen je nach Blutzuckerwert. Mittlerweilen gibt es schon Insulinpumpen, die ununterbrochen kleine Insulinmengen abgeben.	Oft bewirkt bereits eine Änderung der Lebensgewohnheiten mit Gewichtsreduktion und Bewegung eine deutliche Besserung. Medikamente, die die Zellen wieder empfindlicher machen, können vom Arzt unterstützend verordnet werden.

Abb. 2.4 Die beiden Typen des Diabetes im Vergleich

Betrachtet man die Gesamtbevölkerung, so stellt der Diabetes-Typ II mit etwa 90 % die weitaus häufigere Variante dar. Diese Form betrifft aber in der Regel Erwachsene, in Kindertageseinrichtungen ist Typ I wesentlich häufiger. Aktuelle Zahlen besagen, dass 95 % aller Kinder mit Diabetes an Typ I leiden. Der Trend zu einem bequemen Lebensstil vieler Kinder, kombiniert mit einer einseitigen Ernährung, zeigt sich aber bereits regelmäßig in der Erkrankung von Kindern und Jugendlichen mit Typ II.

2.4.2 Diabetes erkennen und behandeln

Entwickelt ein Kind einen Diabetes, so treten die ersten **Anzeichen** auf, wenn die Zellen der Bauchspeicheldrüse so stark zerstört sind, dass sie nicht mehr genügend Insulin produzieren können. Der Körper versucht, den nun im Blut verbleibenden Zucker über die Niere mit dem Urin loszuwerden. Pädagogische Fachkräfte sollten daher bei folgenden Symptomen auch an einen möglichen Diabetes denken:

- häufiges Wasserlassen
- starker Durst trotz genügend Flüssigkeitszufuhr
- Müdigkeit
- trockene, juckende Haut
- obstartiger Atemgeruch

In solchen Fällen sollten die Eltern auf die Symptome aufmerksam gemacht werden. Eine sichere Diagnose kann dann nur der Kinderarzt stellen. Hat er einen Diabetes diagnostiziert, muss das fehlende **Insulin als Medikament** verabreicht werden. Dazu durchläuft das Kind gemeinsam mit den Eltern verschiedene Schulungen.

Vollwerternährung → S. 35

Beim Diabetes mellitus Typ I ist in der Regel keine besondere Diät notwendig. Es gelten die allgemeinen Regeln einer ›vollwertigen **Ernährung**‹. Der Betroffene muss aber lernen, seine Insulinverabreichung auf sein Essverhalten abzustimmen und seine Blutzuckerwerte regelmäßig zu kontrollieren.

Bluthochdruck → S. 174

Bei starken Schwankungen der Blutzuckerwerte werden vor allem die Blutgefäße und Nerven geschädigt. **Folgeerkrankungen** wie ›Herzinfarkt oder Schlaganfall‹ treten deswegen bei Diabetikern häufiger auf.

2.4.3 Diabetes in der Kindertageseinrichtung

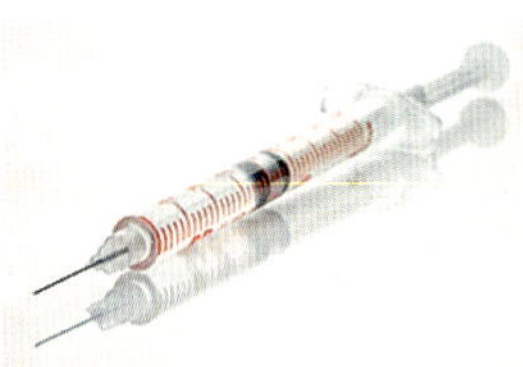

Abb. 2.5 Insulinspritze

Grundsätzlich empfehlen Experten, dass Kinder mit Diabetes die Möglichkeit haben sollten, Regelkindertagesstätten zu besuchen. Oft stellt sich dann aber die Frage, wer die notwenigen Blutzuckerkontrollen durchführt und das Insulin verabreicht. Dazu gibt es verschiedene Modelle. Grundsätzlich muss die Einrichtungsleitung als Vertretung des Trägers gemeinsam mit den Eltern nach Lösungen suchen.

Eine pädagogische Fachkraft übernimmt die medizinischen Tätigkeiten.
→ Eine schriftliche Anordnung durch die Eltern und evtl. den behandelnden Arzt beugt Unklarheiten vor. Die Fachkraft ist durch Schulungen auf die Aufgabe vorzubereiten.

Ein ambulanter Pflegedienst übernimmt die medizinischen Tätigkeiten.

Das Kind kommt mit einer medizinischen Assistenzkraft in die Kita.
Diese übernimmt die anfallenden medizinischen Tätigkeiten.

Abb. 2.6 Wer übernimmt die anfallenden medizinischen Tätigkeiten?

Egal, für welche Variante eine Kindertagesstätte sich entscheidet – pädagogische Fachkräfte benötigen ein Basiswissen zum Krankheitsbild Diabetes. Die Erkrankung ist keinesfalls harmlos. Gerade beim Typ I kommt es immer wieder zu sogenannten Entgleisungen des Blutzuckerwertes. Das heißt, die Konzentration an Zucker im Blut ist viel zu hoch oder viel zu niedrig. Gerade die Unterzuckerung kann lebensbedrohlich sein und stellt einen absoluten Notfall dar.

Pädagogische Fachkräfte müssen gerade bei Kindern mit Diabetes die Anzeichen für eine Unterzuckerung erkennen und in passender Weise reagieren können. Auch gesunde Kinder können von einer Unterzuckerung betroffen sein, jedoch meist in abgeschwächter Form.

Symptome erkennen:
- Zittern
- Schweißausbruch
- Heißhunger
- Nervosität
- Blässe im Gesicht
- Aufmerksamkeit sinkt

Richtig reagieren:
- Ist das Kind noch bei Bewusstsein, braucht es schnellstmöglich Zucker. Am besten eignen sich Traubenzucker, gesüßte Getränke oder Süßigkeiten. Das Kind weiter beobachten und evtl. (bei vorliegender Erkrankung) den Blutzuckerwert kontrollieren.
- Ist die Unterzuckerung bereits so stark, dass das Kind das Bewusstsein verloren hat, darf kein Essen oder Trinken mehr verabreicht werden. Nach Absetzen eines ›Notrufs‹ in die stabile Seitenlage bringen und bestmöglich betreuen.

Abb. 2.7 Richtiges Handeln bei einer Unterzuckerung

Notruf → S. 189

Tipps für die Kindertagesstätte, um eine Unterzuckerung zu vermeiden:
- **Sport und Bewegung** verbrauchen Energie und machen den Körper empfindlicher für das Hormon Insulin.
  → vor Bewegungseinheiten den Blutzuckerwert messen
  → eventuell davor eine Kleinigkeit essen
  → genau auf Anzeichen einer Unterzuckerung achten
  → Zuckerquelle immer griffbereit halten
- **Krankheit,** vor allem mit Fieber, erhöht den ›Stoffwechsel‹ und es kann schneller zu einer Unterzuckerung kommen.
  → bei beginnenden Krankheitsanzeichen das Kind genau beobachten und die Eltern informieren
- **Stress und Anspannung** führen zu Appetitlosigkeit und greifen in den Stoffwechsel ein.
  → Ängste des Kindes erkennen und ernst nehmen
- → angstfreies Klima schaffen

Abb. 2.8 Bei Sport sollten Diabetiker ein paar Punkte beachten.

Stoffwechsel → S. 40

Diabetes ist eine Erkrankung, die in Kindertageseinrichtungen gut bewältigt werden kann. Mit Engagement der pädagogischen Fachkräfte sowie guter Zusammenarbeit mit den Eltern und eventuell weiteren Experten kann eine angenehme und sichere Umgebung für das Kind geschaffen werden.

Warum muss ich das für meinen Beruf wissen?

Ernährungsbedingte Krankheiten nehmen in unserer Gesellschaft zu und das Erkrankungsalter sinkt. Pädagogische Fachkräfte haben die Aufgabe, durch präventive Maßnahmen dieser Entwicklung gegenzusteuern. Sie unterstützen übergewichtige Kinder dabei, ihr Verhalten umzustellen und eine dauerhafte Gewichtsreduktion zu erreichen. Sie haben ein grundlegendes Verständnis für die Krankheitsentstehung und arbeiten vernetzt mit Eltern und anderen Akteuren des Gesundheitswesens zusammen. Auch wenn Essstörungen im Kindesalter noch selten sind, ist es wichtig, dass pädagogische Fachkräfte auffällige Verhaltensweisen erkennen können und das Selbstbewusstsein der Kinder stärken. Diabetes mellitus ist eine Erkrankung, die auch im Kindesalter vorkommt. Pädagogische Fachkräfte übernehmen Verantwortung dafür, dass sich Kinder mit Diabetes in einem sicheren Umfeld entwickeln können.

3 INFEKTIONSERKRANKUNGEN

3.1 Was ist eine Infektion?

Immunsystem → S. 69
Anzeichen für beginnende Krankheiten → S. 152

Bei einer Infektion dringen **Krankheitserreger** in den Körper ein und vermehren sich. Schafft es das ›**Immunsystem**‹ nicht, die Krankheitserreger schnell genug zu bekämpfen, treten ›**Krankheitszeichen**‹ auf. Der Mensch hat dann eine Infektionserkrankung.

3.1.1 Krankheitserreger

Erreger von Infektionserkrankungen sind in der Regel so klein, dass sie nur unter dem Mikroskop sichtbar sind. Bakterien, Viren, Pilze oder einzellige Lebewesen sind solche **Mikroorganismen**, die krank machen können.

Bakterien
Lebewesen, die sich durch Teilung vermehren
Beispiel: Streptokokken

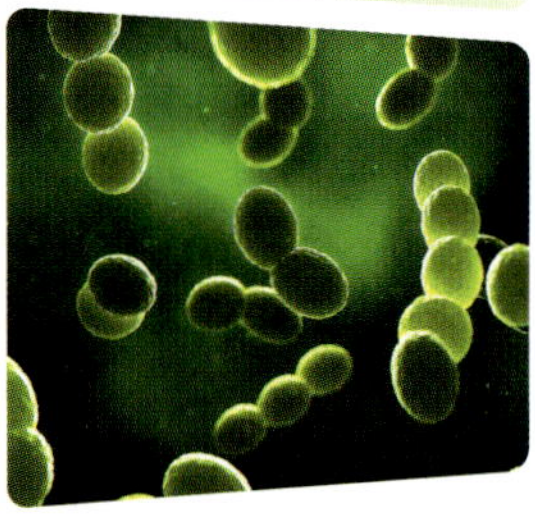

Viren
Sind keine Lebewesen; sie brauchen zur Vermehrung eine Wirtszelle
Beispiel: Grippevirus

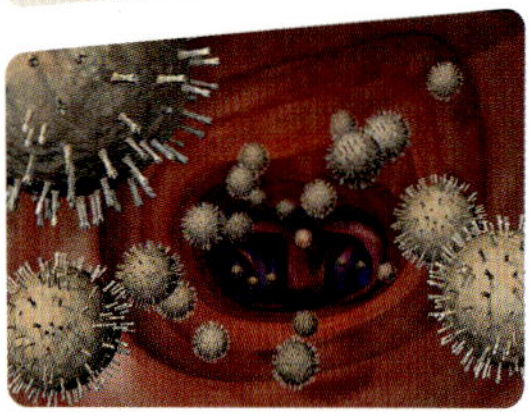

Pilze
Lebewesen, die sich eigenständig auf verschiedene Weise (z. B. Sporenbildung) vermehren können
Beispiel: Schimmelpilze

Protozoen
Einzellige tierische Lebewesen, die sich auf verschiedene Weise vermehren können
Beispiel: Malariaerreger

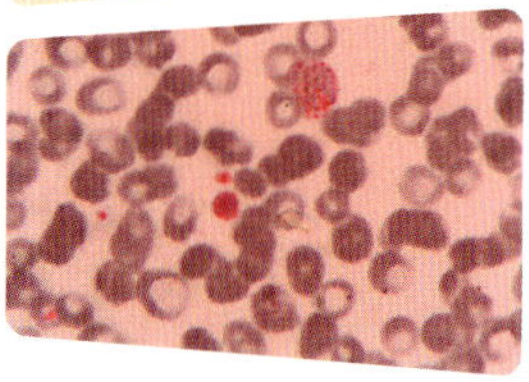

Abb. 3.1 Mikroorganismen können Krankheiten auslösen.

ZUM WEITERDENKEN Längst nicht alle Mikroorganismen sind für den Menschen gefährlich. Viele sind sogar für das menschliche Leben notwendig. Verschiedene Bakterienarten z. B. sind im Darm an der ›Verdauung‹ beteiligt oder bilden auf unserer ›Haut‹ eine Schutzschicht.

Verdauung → S. 40
Haut → S. 56

3.1.2 Verlauf einer Infektionserkrankung

„Den einen" Verlauf einer Infektionserkrankung gibt es nicht. Je nachdem, welche Krankheitserreger für die Infektion verantwortlich sind und wie stark das Immunsystem des betroffenen Menschen ist, zeigen sich unterschiedlich starke Krankheitsbilder mit den zugehörigen ›Symptomen‹. Alle Infektionskrankheiten durchlaufen aber dieselben Phasen: Nach der **Infektion**, also dem Eindringen der Krankheitserreger und deren Vermehrung im Körper, dauert es eine bestimmte Zeit, bis beim Menschen die ersten Symptome auftreten. Diese Zeitspanne wird als **Inkubationszeit** bezeichnet. Während z. B. die echte Grippe nur eine Inkubationszeit von einigen Stunden aufweist, treten bei einer Infektion mit dem ›HI-Virus‹ erst nach Jahren erste Symptome auf. Nach der **Krankheitsphase** kommt es irgendwann zum **Krankheitsende**. Im besten Fall bedeutet dies, dass der Mensch geheilt ist. Es kann jedoch auch sein, dass eine Infektionserkrankung eine bleibende Schädigung hinterlässt, die Krankheit ›chronisch‹ wird oder der Mensch verstirbt.

Symptome
Anzeichen einer Krankheit

HI-Virus, auch HIV
Virus, der das menschliche Immunsystem schädigt und dann zum Krankheitsbild AIDS führt

chronisch
dauerhaft, über einen langen Zeitraum

Pädagogische Fachkräfte in der Kindertagesstätte können während jeder Krankheitsphase spezielle Aufgabenbereiche übernehmen.

Infektion	Inkubationszeit	Krankheitsphase	Krankheitsende

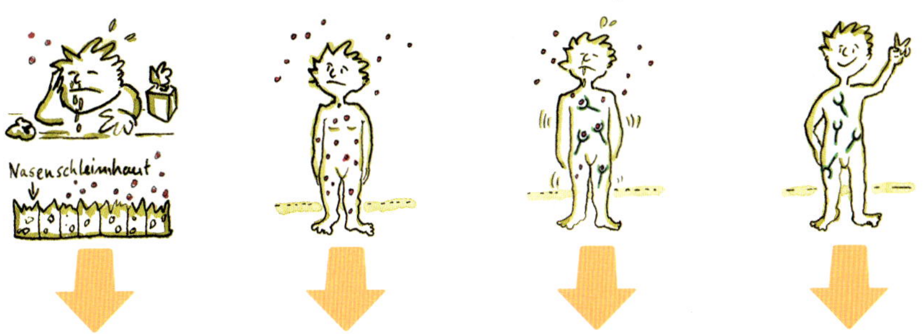

Pädagogische Fachkräfte in der Kita …

… kennen die Übertragungswege häufiger Infektionskrankheiten und ergreifen Maßnahmen, um Ansteckungen zu verhindern.	… wissen, dass trotz fehlender Krankheitszeichen eine Ansteckung erfolgt sein kann, beobachten das Kind genauer und schützen andere Kinder vor einer Ansteckung.	… übernehmen bei eintretender Krankheitsphase die fachgerechte Betreuung des Kindes, bis die Eltern es abholen.	… passen ihr Handeln an den Zustand der Kinder nach dem Krankheitsende an. Sie überfordern z. B. wieder gesundete Kinder anfangs nicht.

Abb. 3.2 Phasen einer Infektionserkrankung

3.1.3 Unterschiedliche Übertragungswege

Abb. 3.3 Krankheitserreger brauchen Eintrittspforten in den Körper.

Mechanismen der Abwehr → S. 69
Atemwege → S. 102
Verdauungssystem → S. 40
Haut → S. 56
Zecken → S. 158

Krankheitserreger müssen auf irgendeine Art und Weise in den menschlichen Körper kommen, um eine Infektionserkrankung auslösen zu können. Da der Körper viele ›natürliche Schutzmechanismen‹ aufweist, gibt es relativ wenige Eintrittspforten für die Erreger. Am häufigsten gelangen sie über die **›Atemwege‹** oder den **›Verdauungstrakt‹** in den Menschen. Ein zusätzliches Risiko besteht, wenn natürliche Barrieren nicht mehr intakt sind, z. B. durch eine Verletzung der ›Haut‹.
Für die Kindertageseinrichtung sind einige Übertragungswege, auf denen Krankheiten von einem Kind zum nächsten weitergegeben werden, von besonderer Bedeutung. Weiterer Übertragungswege, etwa durch Insekten (›Zecken‹), sollten sich pädagogische Fachkräfte aber durchaus bewusst sein.

Salmonellen
von bestimmten Bakterien ausgelöste Infektionskrankheit des Magen-Darm-Trakts mit Brechdurchfall

kontaminiert
mit Krankheitserregern behaftet

Keimverschleppung
Körpereigene Krankheitserreger werden an Stellen des Körpers gebracht, an denen sie sonst nicht vorkommen.

endogen
von innen kommend

Übertragungswege

Über den Verdauungstrakt

Lebensmittelinfektion
Krankheitserreger können sich bereits in Lebensmitteln befinden (z. B. ›Salmonellen‹) bzw. bei der Verarbeitung oder dem Verzehr auf das Essen übertragen werden (z. B. bei Durchfallerkrankungen).

Durch den Kontakt mit anderen Menschen oder ›kontaminierten‹ Gegenständen

Schmierinfektion
Krankheitserreger vermehren sich nach Kontakt auf der eigenen Haut (z. B. Fußpilz) oder finden eine Eintrittspforte in den Körper (z. B. Bindehautentzündung).

Durch ›Keimverschleppung‹ am eigenen Körper

›Endogene Infektion‹
Mikroorganismen unterstützen in vielen Bereichen körperliche Abläufe. Sie können jedoch auch in anderen Bereichen des Körpers zu Erkrankungen führen, z. B. entsteht eine Blasenentzündung häufig durch Darmbakterien.

Über die Atemwege

Tröpfcheninfektion
Beim Sprechen, Husten oder Niesen gelangen Krankheitserreger mit feinsten Flüssigkeitströpfchen in die Luft und können über mehrere Meter verteilt werden. Durch Einatmung gelangen sie in die Atemwege anderer Menschen und können dort beispielsweise eine Erkältung auslösen.

Abb. 3.4 Wichtige Übertragungswege in der Kindertagesstätte

Hygiene → S. 60

Pädagogische Fachkräfte in der Kindertageseinrichtung können Ansteckungen gezielt entgegenwirken, wenn sie die Übertragungswege kennen. ›Hygienische‹ und erzieherische Maßnahmen sind dabei besonders wichtig.

> Bereits Kinder sollten Übertragungswege von Krankheitserregern kennen. Auf altersentsprechende Weise vermitteln pädagogische Fachkräfte den Kindern Grundlagen hygienischen Verhaltens.

Ein Kind mit einer ansteckenden Erkrankung darf eine Gemeinschaftseinrichtung nicht besuchen. So kann die Ansteckung der anderen Kinder vermieden werden (›Infektionsschutzgesetz‹).

Infektionsschutzgesetz → S. 63, 161

Maßnahmen zum Vermeiden einer ...

Lebensmittelinfektion	Schmierinfektion	Tröpfcheninfektion	Keimverschleppung
	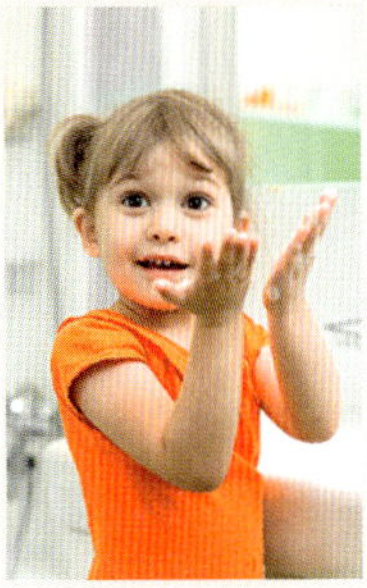		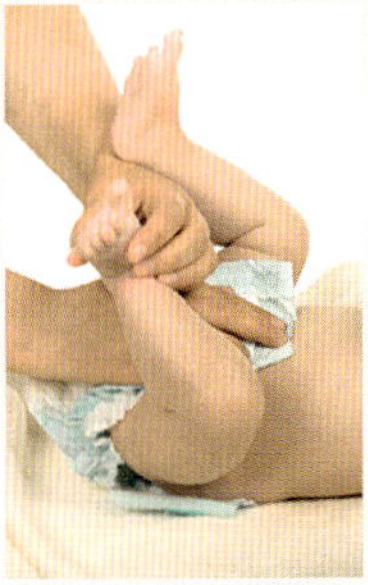
▪ richtige Lagerung von Lebensmitteln ▪ Mindesthaltbarkeitsdatum beachten ▪ tierische Produkte, v. a. Fisch, Geflügel, Eier und Hackfleisch, durchbraten ▪ ›Händewaschen‹ vor dem Kochen oder Essen ▪ hygienisches Arbeiten in der Küche	▪ Beachten des ›Hygieneplans‹ bei Reinigungsmaßnahmen ▪ Händewaschen nach Verunreinigung, z. B. nach Toilettengang oder Husten in die Hand ▪ ein eigenes Trinkgefäß für jedes Kind ▪ Händehygiene nach Tierkontakt	▪ Niesen und Husten in die Ellenbeuge ▪ Einmaltaschentücher verwenden ▪ regelmäßiges Lüften der Räume verringert die Anzahl der Krankheitserreger	▪ Beachten der ›Wischrichtung‹ beim Säubern des Windelbereiches (v. a. bei Mädchen: von Scheide zum After) ▪ Windel beim Wechseln nach hinten herausziehen ▪ Händehygiene vor und nach dem Windelwechseln

Hygieneplan → S. 63
HW Hygieneplan → S. 115
SB Wickeln → S. 126
Händewaschen → S. 60

3.2 „Kinderkrankheiten"

Für Erkrankungen wie ›Masern‹, ›Mumps‹ oder ›Röteln‹ fällt oft die Sammelbezeichnung „Kinderkrankheiten". Sie treten in der Regel im Kindesalter auf, da sie so ansteckend sind, dass der Mensch beim ersten Kontakt erkrankt. Und dieser erste Kontakt findet eben meist im Kindesalter statt. Doch Kinderkrankheiten können keinesfalls nur im Kindesalter auftreten – ganz im Gegenteil. Bei einem erwachsenen Menschen führen die gleichen Krankheitserreger ebenfalls schnell zu einer Infektionserkrankung, häufig sogar mit einem schwereren Verlauf.

Masern → S. 154
Mumps → S. 154
Röteln → S. 154

Kinderkrankheiten sind keine harmlosen Erkrankungen, die jedes Kind durchlaufen sollte, um das ›Immunsystem‹ zu stärken. Auch im Kindesalter gibt es immer wieder schwere Verläufe, die zu bleibenden Einschränkungen führen können. Aus diesem Grund sind für viele Kinderkrankheiten ›Impfungen‹ empfohlen.

Immunsystem → S. 69
Immunisierung → S. 71

3.2.1 Die „klassischen" Kinderkrankheiten im Überblick

Umfangreichere, aber gut verständliche Steckbriefe zu häufigen Infektionserkrankungen finden Sie auf der Website: https://www.infektionsschutz.de/erregersteckbriefe/

Wie bei jeder Erkrankung gibt es auch bei den Kinderkrankheiten **typische Verläufe**, die sofort auf den jeweiligen Krankheitserreger schließen lassen. Es sind aber auch Abweichungen von diesen typischen Krankheitsbildern möglich. Zusätzliche Symptome können auftreten oder einzelne Symptome können fehlen. Auch ein Verlauf ohne Krankheitszeichen ist möglich, dabei bemerkt der Mensch die Erkrankung nicht einmal. Bei Infektionskrankheiten besteht meist ein **allgemeines Krankheitsgefühl** mit Müdigkeit und Abgeschlagenheit.

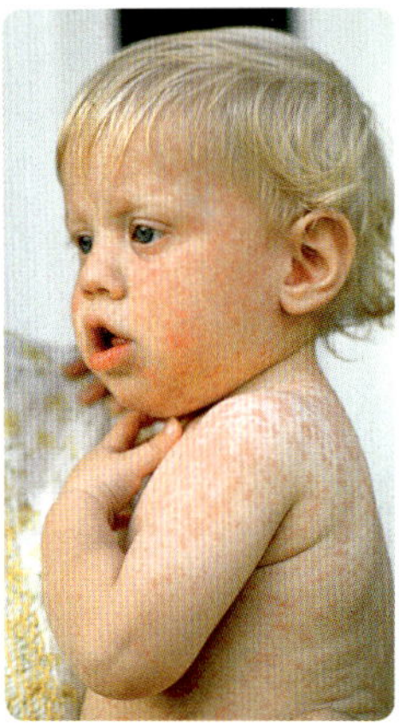

Masern	
Übertragungsweg	Tröpfcheninfektion
Symptome	Verlauf in zwei Phasen ▪ 1. Phase: Fieber, Schnupfen, Husten, Bindehautentzündung mit Lichtempfindlichkeit, weiße Flecken auf der Mundschleimhaut (sog. Koplik-Flecken) ▪ 2. Phase: Nach einigen Krankheitstagen entsteht der typische Masernausschlag (rot-bräunliche, ineinanderlaufende Flecken; Beginn häufig hinter den Ohren, dann Ausbreitung auf Gesicht und Körper)
Lebenslange Immunität nach Erkrankung	

Erreger: Virus

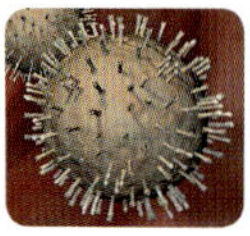

Impfung empfohlen!

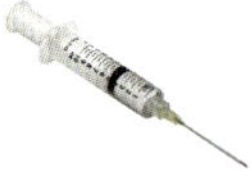

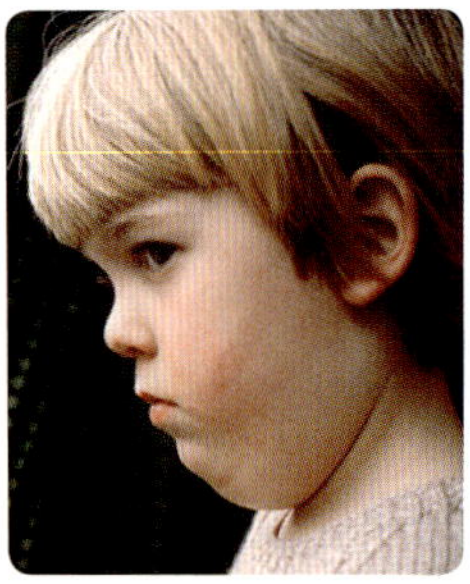

Mumps	
Übertragungsweg	Tröpfcheninfektion
Symptome	▪ ein- oder beidseitige schmerzhafte Schwellung der Ohrspeicheldrüse, von außen als „dicke Backe" sichtbar ▪ Vorboten wie Fieber oder Appetitlosigkeit sind möglich
Lebenslange Immunität nach Erkrankung	

Erreger: Virus

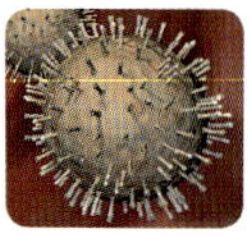

Impfung empfohlen!

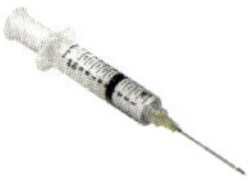

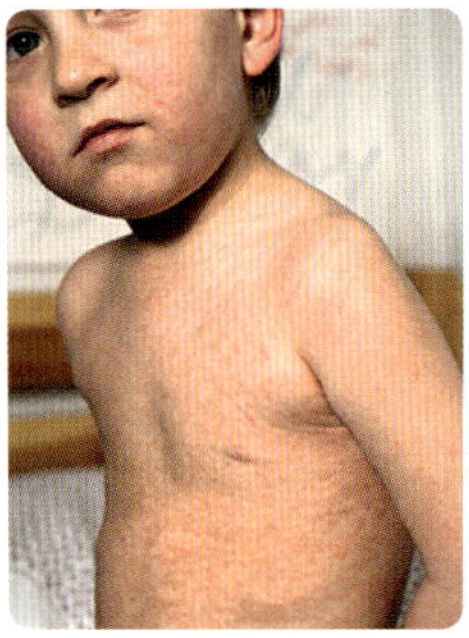

Röteln	
Übertragungsweg	Tröpfcheninfektion
Symptome	▪ etwa 50 % der Erkrankungen verlaufen ohne Symptome ▪ ansonsten Beginn mit leichtem Fieber, Kopfschmerzen, Schnupfen; typisch ist der kleinfleckige Ausschlag, der im Gesicht beginnt und sich dann schnell ausbreitet
Lebenslange Immunität nach Erkrankung	

Erreger: Virus

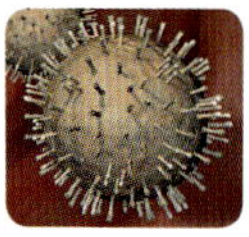

Impfung empfohlen!

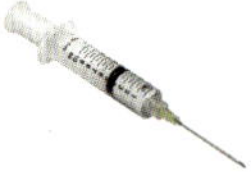

Erreger: Virus

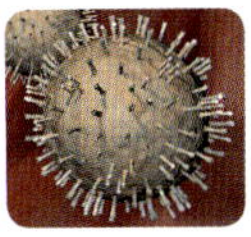

Ringelröteln

Übertragungsweg	Tröpfcheninfektion
Symptome	▪ möglicher Beginn mit leichtem Husten, Gliederschmerzen oder Übelkeit; dann leichtes Fieber und typischer Hautausschlag: Rötung der Wangen und der Nasenwurzel (Schmetterlingsgesicht), ausbreitend auf die Gliedmaßen und das Gesäß

Lebenslange Immunität nach Erkrankung

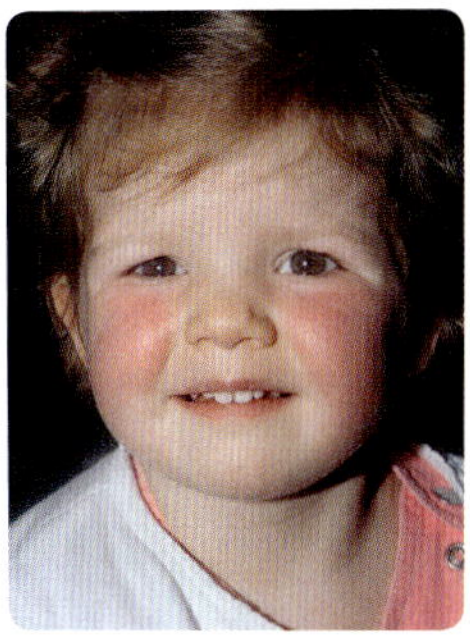

Erreger: Virus

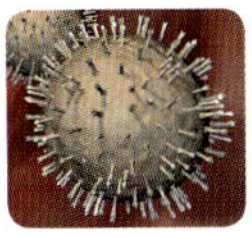

Impfung empfohlen!

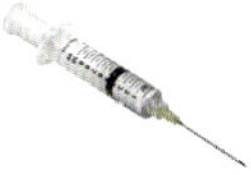

Windpocken

Übertragungsweg	Tröpfcheninfektion und Schmierinfektion mit Bläscheninhalt
Symptome	▪ leichtes Fieber und typischer juckender Hautausschlag: an Gesicht und Körperstamm beginnend, treten kleine rote Flecken auf, die dann zu Bläschen werden und schließlich eine Kruste bilden ▪ alle drei Stadien kommen gleichzeitig vor

Lebenslange Immunität nach Erkrankung

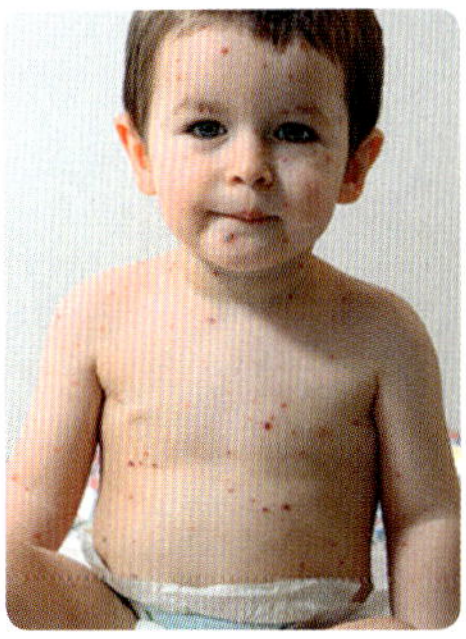

Erreger: Virus

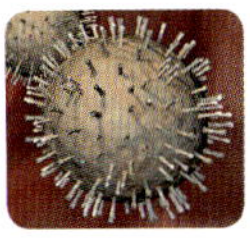

Dreitagefieber

Übertragungsweg	Tröpfcheninfektion
Symptome	▪ plötzlicher Beginn mit hohem Fieber für drei bis vier Tage, meist ohne zusätzliche Krankheitszeichen ▪ anschließend Ausschlag vor allem am Körperstamm, der nach einem Tag verblasst

Lebenslange Immunität nach Erkrankung

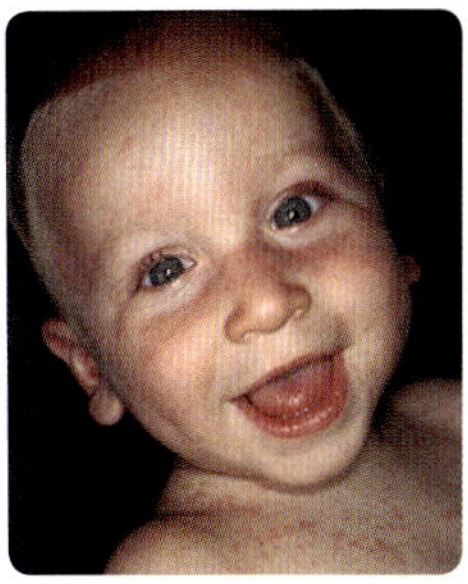

Erreger: Bakterium

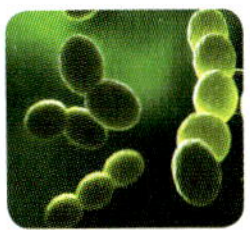

Scharlach

Übertragungsweg	Tröpfcheninfektion und Kontakt von Mensch zu Mensch
Symptome	▪ Beginn mit Fieber, Halsschmerzen und Erbrechen ▪ Zunge stark gerötet (Himbeerzunge) ▪ kleinfleckiger roter Ausschlag, ausgehend vom Oberkörper auf die anderen Regionen; der Bereich um den Mund bleibt meist ausgespart (blasses Munddreieck)

Mehrfacherkrankung möglich

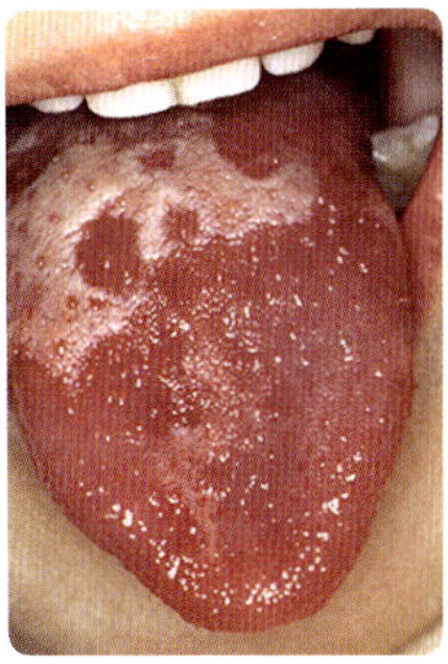

3.2.2 Ein Kind in der Kita hat Fieber – Was ist zu tun?

BEISPIEL **Samantha (4;3)** ist heute schon den ganzen Vormittag matt und bewegt sich wenig. Seit einer halben Stunde hat sie ganz rote Backen. Schon der Griff an die Stirn lässt Kinderpflegerin Gudrun Sowa auf Fieber schließen. Die ›Temperaturmessung‹ bestätigt mit 38,6 °C den Verdacht. Samantha fiebert.

Körpertemperatur → S. 66

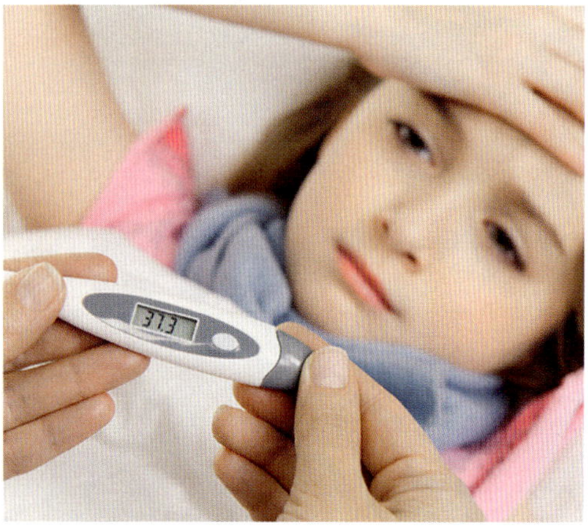

Abb. 3.5 Fiebermessen

In der Kindertageseinrichtung kommt es immer wieder vor, dass Kinder im Laufe des Tages erkranken. Da bei Fieber immer der Verdacht auf eine ansteckende Erkrankung besteht, muss das Kind aus der Einrichtung abgeholt werden. Bis die Eltern eintreffen, sind die pädagogischen Fachkräfte für das Kind verantwortlich. Um die anderen Kinder zu schützen, sollte das Kind in einem eigenen Raum betreut werden. Mit **Ruhe** und viel Zuwendung nimmt man dem Kind Ängste und schont den ohnehin belasteten kindlichen Körper. Ansteigende Körpertemperatur geht häufig mit **Schüttelfrost** einher. Eine warme Decke und eine Tasse Tee können Erleichterung verschaffen. Bei Fieber ist zudem eine ausreichende **Flüssigkeitszufuhr** wichtig, da der Körper durch Schwitzen viel Flüssigkeit verliert. In der Regel sind in der Einrichtung keine weiteren Maßnahmen notwendig.

Steigt die Körpertemperatur, so können bei Kindern bereits ab einer Temperatur von 38 °C **Fieberkrämpfe** auftreten. Das Kind verliert dabei das Bewusstsein, der Lippenbereich färbt sich blau und die Muskulatur spannt sich sehr stark an oder beginnt zu zucken. Pädagogische Fachkräfte müssen in dieser Notfallsituation richtig reagieren. Eine Person bleibt beim Kind und wirkt beruhigend auf dieses ein. Das Kind darf nicht festgehalten werden. Mit einem raschen ›**Notruf**‹ wird die weitere Versorgung sichergestellt, auch wenn ein Fieberkrampf meist nur wenige Minuten dauert und von selbst endet. Um anderen Kindern keine Angst zu machen, sollten sie vom Geschehen abgeschirmt werden.

Notruf → S. 189

Maßnahmen zur Fiebersenkung sollten nur in ausgewählten Situationen ergriffen werden. Grundsätzlich ist nämlich die erhöhte Körpertemperatur ein Schutzmechanismus des Körpers. Bei erhöhter Temperatur funktioniert der gesamte Stoffwechsel schneller. Somit kann auch das Immunsystem effektiver gegen die Krankheitserreger ankämpfen. Die Körpertemperatur sollte gesenkt werden, wenn
- sie über 39 °C steigt und das Kind dadurch stark belastet ist.
- hohes Fieber bei Kindern unter zwei Jahren über einen Tag andauert.
- hohes Fieber bei Kindern über zwei Jahren länger als drei Tage andauert.

Neben medikamentösen Mitteln zur Fiebersenkung sind z. B. auch **Wadenwickel** eine gute Alternative. Hat das Kind kalte Füße, dürfen keine Wickel angewendet werden.
- Baumwolltuch mit lauwarmem Wasser tränken und um die Waden legen.
- Trockenes Tuch über die Wickel schlagen und evtl. noch ein Handtuch als Nässeschutz.
- Nach ca. 10 Min. Wadenwickel erneuern und nochmals für dieselbe Zeit anwenden.
- Anschließend Temperaturmessung → maximale Senkung um 1 °C.

Abb. 3.6 Wadenwickel

3.3 Weitere Infektionserkrankungen

3.3.1 Grippe und Erkältung – Zwei unterschiedliche Erkrankungen

Häufig werden im Alltag Erkältungskrankheiten mit Schnupfen, Husten und leichtem Fieber als „Grippe“ bezeichnet. Die beiden Erkrankungen werden jedoch durch verschiedene Krankheitserreger verursacht und zeigen sich auch in sehr unterschiedlichen Symptomen und Verläufen.

	Influenza – die echte Grippe	Erkältung – grippaler Infekt
Erreger	Influenza-Virus	über 200 verschiedene Erreger, z. B. Rhino-Viren
Symptome	plötzlich einsetzendes Krankheitsbild mit hohem Fieber (bis 41 °C) und starkem Krankheitsgefühl; Kopfschmerzen, Gliederschmerzen, laufende Nase oder Husten möglich	langsam einsetzendes, eher leichtes Krankheitsgefühl mit erhöhter Körpertemperatur oder leichtem Fieber; je nach Erregerart zusätzlich Schnupfen, Husten, Halsschmerzen etc.
Dauer	bis zur Genesung vergehen etwa ein bis zwei Wochen, vereinzelt auch mehr	meist wenige Tage bis zu einer Woche
Impfung	Influenzaimpfung möglich	keine Impfung möglich und nötig

Tab. 3.7 Grippe und Erkältung im Vergleich

3.3.2 Tiere als Krankheitserreger – Läuse in der Kita

Kopfläuse sind ›Parasiten‹, die sich im menschlichen Kopfhaar niederlassen. Dort ernähren sie sich von menschlichem Blut und vermehren sich. Die Stiche der Kopfläuse in die Kopfhaut führen zu starkem Juckreiz, dem typischen Symptom der Erkrankung. Die Läuse werden in der Regel durch direkten Kontakt von Mensch zu Mensch übertragen.

> Eine Übertragung kann nur durch „bewegungsfähige“ Läuse erfolgen, nicht durch die am Kopf befindlichen Eier. Nach § 34 des ›Infektionsschutzgesetzes‹ (IfSG) darf die Kindertageseinrichtung nicht besucht werden, bis vom Kind keine Ansteckungsgefahr mehr ausgeht.

In der Regel besteht bereits nach der ersten Anwendung eines zugelassenen Kopflausmittels aus der Apotheke keine Ansteckungsgefahr mehr.

Parasit
Lebewesen, das andere Lebewesen befällt und sich von ihnen ernährt

Die Bundeszentrale für gesundheitliche Aufklärung BZgA hat eine Broschüre zur Behandlung von Kopfläusen erstellt:

http://www.kindergesundheit-info.de

Infektionsschutzgesetz → S. 63

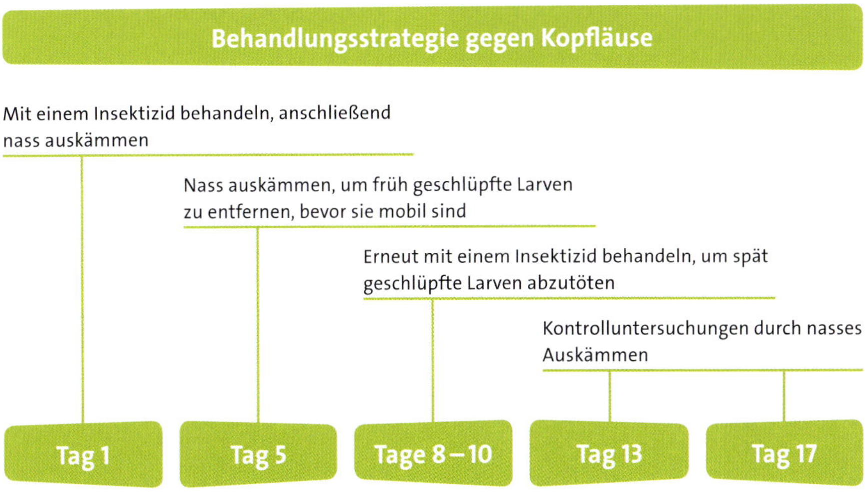

Abb. 3.8 Behandlungsschema bei Kopflausbefall nach Angaben des Robert Koch-Instituts (RKI)

3.3.3 Die Zecke als Krankheitsüberträger

Malaria
Infektionserkrankung mit starken Fieberschüben

FSME
Frühsommermeningoenzephalitis; Entzündung der Hirnhäute und/oder des Gehirns

Ob eine Impfung empfohlen wird, hängt auch davon ab, ob man sich in einem Risikogebiet aufhält. Aktuelle Risikogebiete finden Sie unter:
http://www.rki.de/DE/Content/InfAZ/F/FSME/Karte_FSME.pdf?__blob=publicationFile

Antibiotikum
Medikament gegen bakterielle Infektionskrankheiten

Ein möglicher Übertragungsweg für Infektionskrankheiten sind Insektenbisse oder -stiche. Ein bekanntes Beispiel dafür ist die Übertragung der Krankheit ›Malaria‹ durch eine Stechmücke in tropischen Regionen. In Deutschland und den umliegenden Regionen ist als Krankheitsüberträger vor allem die Zecke von Bedeutung. Sie überträgt Erreger zweier verschiedener Krankheiten, der ›**FSME**‹ und der **Borreliose**. Während für die FSME die Möglichkeit einer Impfung besteht, kann der Borreliose nur durch das Vermeiden von Zeckenbissen vorgebeugt werden.

2014 wurden in Deutschland über 250 Fälle von FSME gemeldet. Die auslösenden Viren verursachen zuerst grippeähnliche Symptome mit Fieber sowie Kopf- und Gliederschmerzen. Greifen sie dann später auf das Nervensystem über, kommt es zu stärksten Kopfschmerzen, Nackensteifheit sowie in schweren Fällen zu Bewusstseinsverlust, Sprachstörungen oder Lähmungen.

Die Borreliose, durch Bakterien ausgelöst, kann ebenfalls mit den Krankheitszeichen einer leichten Grippe oder einer Erkältung beginnen. Typisch ist die bis zu vier Wochen nach dem Biss auftretende „Wanderröte“, ein sich von der Einstichstelle ausbreitender roter Ring, der in der Mitte wieder verblasst. Aus diesem Grund ist eine genaue Beobachtung der Einstichstelle sehr wichtig. Behandelt man die Borreliose frühzeitig mit einem ›**Antibiotikum**‹, so können Spätfolgen wie Schäden an Gelenken oder dem Herzen vermieden werden.

Pädagogische Fachkräfte ergreifen mögliche Maßnahmen, um Zeckenstiche zu vermeiden und so der Übertragung von Krankheitserregern vorzubeugen.

Zeckenstiche verhindern
- Zecken leben vor allem in hohem Gras, Gebüschen und Unterholz
- bei Ausflügen lange, am besten helle Kleidung tragen
- nach Waldspaziergängen etc. Kinder sorgfältig nach Zecken absuchen oder die Eltern darum bitten
- Insektenschutzmittel nach Absprache mit Eltern anwenden
- Eltern auf mögliche Schutzimpfung hinweisen

Nach einem Zeckenstich
- Zecke schnellstmöglich mit Pinzette oder Zeckenzange entfernen, da dann ein Infektionsrisiko am geringsten ist; dazu ist eine gute Absprache zwischen Einrichtungsträger und Eltern erforderlich
- Zecke nicht quetschen oder mit Öl bestreichen
- Eltern informieren und die Einstichstelle für etwa vier Wochen auf Wanderröte beobachten
- Möglichkeit einer Impfung nach dem Stich abklären

3.4 Allergien als Reaktion des Immunsystems

Die Antwort des Immunsystems bei Infektionserkrankungen dient der Gesundheit des Menschen. Bei einer Allergie allerdings überreagiert dieses auf einen harmlosen Stoff mit einer ›Entzündungsreaktion‹. Solche an sich ungefährlichen Stoffe wie Nahrungsbestandteile, Pollen oder Tierhaare werden als **Allergene** bezeichnet. Je nach Allergie reagiert vor allem der Teil des Körpers, der mit den Allergenen in Kontakt kommt. Das sind häufig die ›Haut‹, die Schleimhäute der ›Atemwege‹ oder der ›Magen-Darm-Trakt‹. Die genauen Ursachen für das Entstehen von Allergien sind noch ungeklärt, jedoch spielt die **familiäre Veranlagung** eine Rolle. Ebenfalls wurden bereits unterschiedliche **Risikofaktoren** belegt, darunter das (Passiv-)Rauchen oder das fehlende Stillen. Allergien nehmen seit einigen Jahren stetig zu. Weltweit leidet derzeit etwa jedes fünfte Kind unter einer Allergie. Daher werden Allergien bereits jetzt als „Volkskrankheit des 21. Jahrhunderts" bezeichnet.

Entzündung
Reaktion des Immunsystems auf eine Schädigung (u. a. mit starker Durchblutung)

Haut → S. 56
Atemwege → S. 102
Verdauungssystem → S. 40

BEISPIEL **Henri (4;5)** ist ein aktives Kind. Sein Bewegungsdrang spiegelt sich auch in seinem Appetit wieder. Doch seit einigen Wochen hat der Junge öfter nach dem Mittagessen starke Bauchschmerzen.

In der Kita relevante Allergien

Inhalationsallergien
Die Allergene werden über die Atemwege aufgenommen und führen dort zu einer Reaktion auf den Schleimhäuten, z. B. allergisches ›Asthma‹ oder Heuschnupfen.

Lebensmittelallergien
Die Allergene sind in bestimmten Lebensmitteln enthalten. Reaktionen auf die allergieauslösenden Stoffe können jedoch nicht nur im Verdauungstrakt auftreten. Häufige Allergene sind Kuhmilch, Soja oder Nüsse.

Kontaktallergien
Der Hautkontakt mit den auslösenden Stoffen führt zu Rötung, Schwellung und Juckreiz. Häufige Allergene sind Nickel in Kleidungsteilen bzw. Schmuck und Inhaltsstoffe von Kosmetika oder Parfums.

Insektengiftallergien
Die Allergene sind hier verschiedene Insektengifte, meist von Bienen oder Wespen. Nach einem Stich kann es zu starken Hauterscheinungen am ganzen Körper bis hin zum ›Kreislaufstillstand‹ kommen.

Asthma bronchiale → S. 179
Kreislaufstillstand → S. 197
Notfall Allergie → S. 199

Bei Kindern mit einer Allergie ist es dringend notwendig, dass die Eltern den pädagogischen Fachkräften genaue Informationen zu auslösenden Stoffen und eventuellen ›Gegenmaßnahmen‹ geben. Mögliche Allergien sollten immer bei der Aufnahme eines neuen Kindes in die Einrichtung thematisiert werden.

Abb. 3.9 Allergische Reaktion auf Insektenstich

Mögliche Maßnahmen im Umgang mit Kindern in der Kindertageseinrichtung, die eine Allergie haben:

- regelmäßige Absprachen zwischen Einrichtung, Eltern und evtl. behandelndem Arzt
- bei schweren Allergien unbedingt Notfallplan erstellen
- Einbezug des Kindes, um die Selbstständigkeit im Umgang mit der Allergie zu fördern

3.5 Infektionserkrankungen in der Kindertageseinrichtung

3.5.1 Abstimmung mit den Eltern

Pädagogische Fachkräfte werden immer wieder mit Kindern konfrontiert, die an einer ansteckenden Krankheit leiden. Eltern bringen vereinzelt aus unterschiedlichen Gründen die Kinder trotz einer Infektionskrankheit in die Einrichtung oder ein Kind erkrankt im Laufe des Tages.

BEISPIEL Beate Steger bringt ihre Tochter **Bernadette (3;4)** in den Kindergarten. Kinderpfleger Jannis Geitz fallen sofort die wässrigen Augen und das rote Gesicht des Kindes auf. Er spricht die Mutter darauf an und erfährt, dass das Kind gestern aufgefiebert hat, jedoch am Morgen nur noch eine Temperatur von 37,7 °C hatte.

Um Konflikte zu vermeiden und alle Kinder bestmöglich zu schützen, ist eine klare Vorgehensweise im Krankheitsfall zwischen der Einrichtung und den Eltern zu vereinbaren.

Bereits im **Betreuungsvertrag** kann beispielsweise ergänzt werden, in welchen Fällen ein Kind zu Hause bleiben oder von den Eltern abgeholt werden muss. Bei einem leichten Schnupfen ohne weitere Krankheitszeichen ist eine Betreuung durchaus möglich. Hingegen sollten Kinder bei folgenden Symptomen auf jeden Fall zu Hause bleiben:

- erhöhte Temperatur und Fieber
- Durchfall
- Hauterscheinungen, die auf eine ansteckende Krankheit hinweisen
- starkes Krankheitsgefühl

Abb. 3.10 Ein krankes Kind braucht Ruhe und Zuwendung.

Neben klaren **Absprachen** können auch eine enge Zusammenarbeit mit den Eltern und deren **Information** zum Verständnis beitragen. Je mehr Eltern zu häufigen Infektionserkrankungen gut informiert sind, desto besser können die Kinder in der Kindertagesstätte geschützt werden.

Kinder gezielt schützen – Aufklärungsabend zu den empfohlenen Impfungen

Herbst – Die Grippewelle kommt ...

Übertragungswege von Infekten – Wie schützen?

Abb. 3.11 Mögliche Themen für Elterninformationsabende

3.5.2 Rechtliche Grundlage: Das Infektionsschutzgesetz

Die rechtliche Grundlage für den Umgang mit Infektionserkrankungen in Gemeinschaftseinrichtungen ist bundesweit das Infektionsschutzgesetz (IfSG).

Das IfSG finden Sie im Internet unter: www.gesetze-im-internet.de/ifsg

> In Paragraf 1 des Gesetzes wird als Ziel aufgeführt, „übertragbaren Krankheiten beim Menschen vorzubeugen, Infektionen frühzeitig zu erkennen und ihre Weiterverbreitung zu verhindern".

In den Paragrafen 33–36 sind für Kindertageseinrichtungen wichtige gesetzliche Regelungen festgehalten. Der Träger der Einrichtung oder die damit beauftragte Leitung sind für den Infektionsschutz verantwortlich. Pädagogische Fachkräfte und Eltern haben jedoch ebenfalls Pflichten, die zum Vermeiden von Ansteckungen beitragen.

Hygieneplan → S. 63

Pädagogische Fachkräfte →

- Einhalten des ›Hygieneplans‹
- Weitergabe und Meldung wichtiger Beobachtungen und Information an die Einrichtungsleitung
- Aufklärungsarbeit zum Infektionsschutz

Einrichtungsleitung →

- Zuständig für den Infektionsschutz in der Einrichtung
- Belehrung der Mitarbeiter über ihre Pflichten nach dem IfSG (alle zwei Jahre)
- Belehrung der Eltern über ihre Pflichten nach dem IfSG bei Beginn der Betreuung
- Erstellen eines Hygieneplans für die Einrichtung
- Meldepflicht bestimmter Erkrankungen an das zuständige Gesundheitsamt
- Information der Eltern bei Auftreten ansteckender Erkrankungen

Eltern →

- Meldung des Verdachts oder des Auftretens bestimmter Erkrankungen in der Einrichtung
- Beratungsgespräch mit einem Arzt zu aktuellen Impfempfehlungen

Abb. 3.12 Wichtige Pflichten nach dem IfSG

In Paragraf 34 des IfSG sind Krankheiten aufgelistet, die einen Besuch der Kindertageseinrichtung ausschließen. Es reicht dabei bereits der Verdacht auf eine Erkrankung aus. In einer eigenen Gruppe sind Infektionserkrankungen aufgelistet, bei denen das Kind auch dann nicht in die Kita darf, wenn eine andere Person erkrankt ist, die mit ihm zusammenwohnt. Dazu gehören u. a. ›Kinderkrankheiten‹ wie Masern oder Mumps.

Kinderkrankheiten → S. 153

Die direkten Ansprechpartner für Kindertageseinrichtungen zu Fragen des Infektionsschutzes sind die regionalen **Gesundheitsämter**. Pädagogische Fachkräfte können jederzeit deren Beratung in Anspruch nehmen. Die Gesundheitsämter bieten häufig Informationsblätter zu den einzelnen Infektionserkrankungen an und klären folgende Fragen:

- Ist eine Meldung an das Gesundheitsamt nötig?
- Müssen die Eltern aller Kinder informiert werden?
- Welche weiteren Maßnahmen sind zu ergreifen?
- Unter welchen Umständen kann ein dauerhaft ansteckendes Kind eine Kindertageseinrichtung besuchen?

Abb. 3.13 Hinweisschild in einer Kita

3.5.3 Ärztliche Anordnungen ausführen

BEISPIEL **Konrad (4;9)** hat seit einigen Tagen einen leichten Reizhusten. Auf dem Weg in die Kita geht sein Vater mit ihm noch in der Apotheke vorbei und besorgt einen Hustensaft. Der Vater bittet Kinderpflegerin Eva Hohlfeldt, dem Jungen doch noch einen Esslöffel von dem Saft zu verabreichen, da er schnell in die Arbeit muss. Hilfsbereit sagt Eva Hohlfeldt zu. Kurz nach der Einnahme des Saftes beginnt das Kind zu röcheln und wird ganz blau um die Lippen. Eva kümmert sich um das Kind, während eine Kollegin einen Notruf absetzt. Der schnell eintreffende Notarzt verhindert Schlimmeres.

Grundsätzlich gehört das Verabreichen von Medikamenten nicht in das Tätigkeitsfeld pädagogischer Fachkräfte.

Mangelndes Hintergrundwissen zu Wirkstoffen oder Nebenwirkungen, eventuelle Unverträglichkeiten bei Kindern oder fehlende Möglichkeiten zur richtigen Lagerung stellen bei einer Medikamentengabe stets Risikofaktoren dar. Pädagogische Fachkräfte bewegen sich dabei in einer rechtlichen Grauzone. Es gibt für Kindertageseinrichtungen keine Verpflichtung, kranken Kindern Medikamente zu verabreichen. Dasselbe gilt auch für andere ärztlich angeordnete Tätigkeiten wie beispielsweise regelmäßige Blutzuckermessungen bei einem Kind mit ›Diabetes‹. Eine Einrichtung kann sich jedoch bereit erklären, solche Tätigkeiten zu übernehmen.

Diabetes → S. 147

Abb. 3.14 Blutzuckermessung beim Kleinkind

Akut kranke Kinder sollten ohnehin zu Hause betreut werden. Deshalb ist es in diesen Fällen auch nicht nötig, ärztliche Anordnungen auszuführen. Eltern sollten über diese Tatsache bereits bei der Aufnahme des Kindes informiert werden. Was jedoch ist mit **chronisch kranken Kindern**? Wenn eine Kindertageseinrichtung sich weigert, ärztliche Anordnungen auszuführen, kann ein chronisch krankes Kind die Einrichtung nicht besuchen. Experten aus Medizin und Pädagogik empfehlen aber, Kindern mit dauerhaften Erkrankungen den Besuch einer Regelkindertageseinrichtung zu ermöglichen. In diesen Fällen gehört es daher häufig doch zur Aufgabe pädagogischer Fachkräfte, Medikamente zu geben und ärztliche Anordnungen auszuführen.

Praxistipps zur Verabreichung von Medikamenten gibt es im „Ratgeber Recht“ auf der Seite: www.cornelsen.de/fm/1272/ERZ_Medikamente_Kita_Alltag.pdf

Träger und pädagogische Fachkräfte sollten ärztliche Anordnungen zum Schutz des Kindes und zum Eigenschutz nur nach genauer Absprache und schriftlicher Bestätigung der Eltern ausführen.

Die Rechtsanwältin Judith Barth hat fünf Bausteine für die sichere Verabreichung von Medikamenten in der Kita formuliert:

- Schriftliche Zustimmung der Eltern und ärztliche Anordnung einholen
- Pädagogische Fachkräfte sollten sich in Bezug auf die verordneten Maßnahmen schulen lassen
- Zur Absicherung die Durchführung der ärztlich verordneten Maßnahmen dokumentieren
- Medikamente richtig lagern und vor kindlichem Zugriff schützen
- Mehrere pädagogische Fachkräfte sollten mit der ärztlich angeordneten Maßnahme betraut sein

3.5.4 Mit Hausmitteln die Genesung unterstützen

Nicht jede Erkrankung im Kindesalter bedarf gleich einer medikamentösen Behandlung. Seit Jahrhunderten verwendet die Menschheit zur Linderung von Symptomen und zur Unterstützung der Genesung eine Vielzahl von Hausmitteln. In der jüngeren Zeit wurden viele Wirkungsweisen dieser Hausmittel wissenschaftlich belegt und teilweise wurden sogar die wirkenden Inhaltsstoffe entdeckt.

Wadenwickel → S. 156

Husten
- Honig-Zwiebel-Saft: Eine Zwiebel klein schneiden und in ein Glas füllen; mit Honig übergießen und über Nacht ziehen lassen; morgens und abends zwei Teelöffel des Safts einnehmen
- weitere Hausmittel: Thymiantee, Quarkwickel

Fieber
- ›Wadenwickel‹
- weitere Hausmittel: Lindenblütentee, Preiselbeeren und Himbeeren (als Frucht oder Saft)

Übelkeit und Durchfall
- geriebener Apfel: einen halben Apfel reiben und warten, bis er leicht braun geworden ist, dann verzehren
- weitere Hausmittel: Kamillentee, ballaststoffreiche Lebensmittel wie Reis oder Banane

Ohrenschmerzen
- Zwiebelsäckchen: Zwiebel klein schneiden, in einen Einmalwaschhandschuh geben und nochmals quetschen; auf das Ohr legen und mit einem warmen Leinenwickel bedecken; anschließend z. B. mit Stirnband fixieren
- weitere Hausmittel: Inhalation mit Kamillentee, Wärme

Halsschmerzen
- warmer Kartoffelwickel: drei Kartoffeln kochen, schälen und zerstampfen; Kartoffeln in ein Baumwolltuch geben und abkühlen lassen (Test z. B. am eigenen Handgelenk); auf den Hals des Kindes auflegen, bis der Wickel völlig abkühlt
- weitere Hausmittel: mit Salbeitee gurgeln, warme Kräutertees

Warum muss ich das für meinen Beruf wissen?

Kinder haben häufig Infekte, weil sich das Immunsystem erst ausprägen muss. Pädagogische Fachkräfte verhindern im Rahmen ihrer Möglichkeiten gezielt, dass sich gesunde Kinder bei kranken Kindern anstecken. Dafür ist es notwendig, dass sie häufige Infektionserkrankungen im Kindesalter und deren Übertragungswege kennen. Gemeinsam mit der Einrichtungsleitung treffen sie Absprachen mit den Eltern für den Fall, dass ein Kind krank wird.

Im Rahmen des Infektionsschutzgesetzes sind pädagogische Fachkräfte in das Vermeiden von Infektionserkrankungen eingebunden. Sie geben Beobachtungen weiter und sind an der Information der Eltern zu relevanten Themen des Infektionsschutzes wie beispielsweise Impfungen beteiligt.

Im Rahmen der Inklusion sollte es auch chronisch kranken Kindern ermöglicht werden, eine Kita zu besuchen. Pädagogische Fachkräfte können ärztlich angeordnete Maßnahmen übernehmen, wenn die Bedingungen dafür geregelt sind und sie entsprechend geschult wurden.

4 SCHÄDEN AM KINDLICHEN BEWEGUNGSAPPARAT

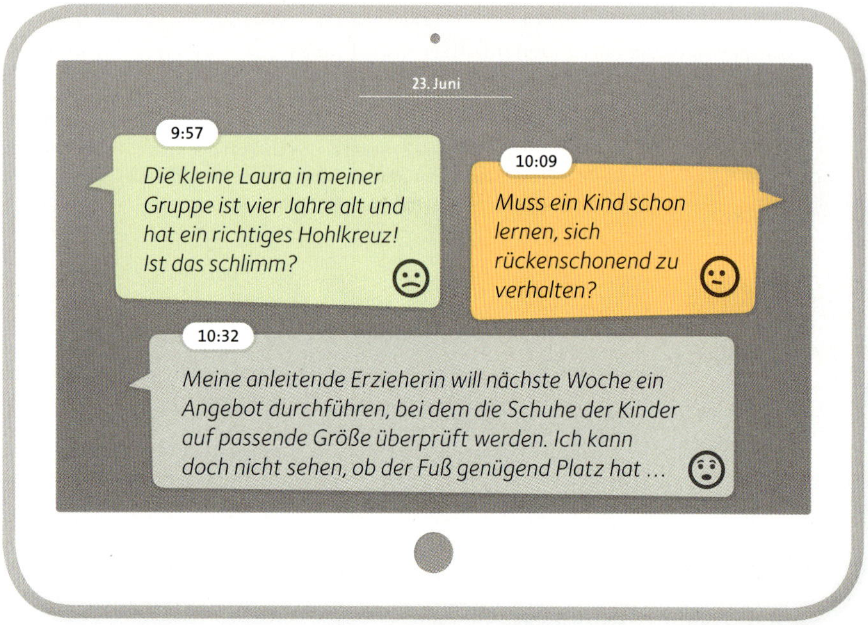

Bewegungsapparat → S. 79

Der menschliche ›Bewegungsapparat‹ funktioniert nur durch ein ausgewogenes Zusammenspiel von Knochen, Muskeln, Sehnen und Gelenken. Vor allem ein passiver, bewegungsarmer Lebensstil beeinflusst unsere Haltung und Bewegung negativ. Verändert sich die Körperhaltung, spricht man von einer **Haltungsschwäche**, solange diese noch ausgeglichen werden kann. Besteht eine Haltungsschwäche langfristig, so kann es zu dauerhaften Veränderungen an den Knochen kommen. Es ist dann ein **Haltungsschaden** entstanden.

4.1 Haltungsschäden der Wirbelsäule

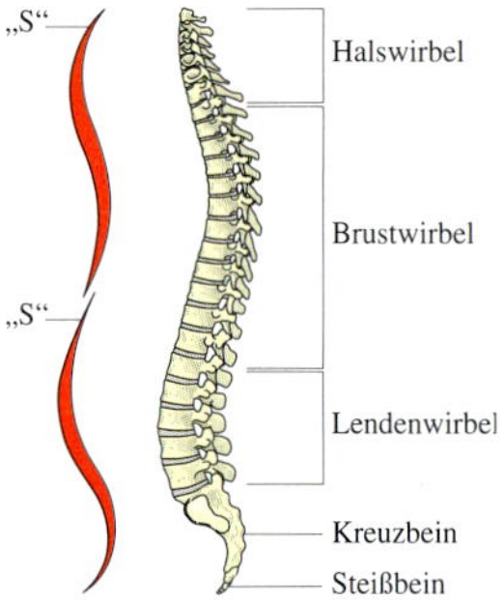

Abb. 4.1 Wirbelsäule mit normal ausgeprägtem Doppel-S

Die Wirbelsäule des Menschen besteht aus einzelnen knöchernen Elementen, den Wirbeln, zwischen denen – sozusagen als Puffer – die **Bandscheiben** liegen. Vom Kopf abwärts ist die Wirbelsäule zweimal leicht wie ein „S" gekrümmt. Diese Krümmung und die Bandscheiben gleichen einwirkende Kräfte aus und schonen so die Wirbel selbst. Die Wirbelsäule wird in folgende Bereiche untergliedert:

- Halswirbelsäule
- Brustwirbelsäule
- Lendenwirbelsäule
- Kreuzbein
- Steißbein

Für eine aufrechte Haltung ist vor allem eine starke **Rücken- und Bauchmuskulatur** notwendig. Aber auch die **Hüft- und Gesäßmuskulatur** ist an der Stabilisierung des Oberkörpers beteiligt.

4.1.1 Haltungsschäden erkennen

Sind einzelne Muskelgruppen am Körper verkümmert oder verkürzt, hat das Einfluss auf die Körperhaltung. Im Kindesalter treten vor allem der Rundrücken, der Hohlrücken oder eine Kombination aus beiden Haltungsschwächen auf.

Beim **Hohlrücken** liegt eine zu starke Krümmung der Lendenwirbelsäule in Richtung Bauch vor. Häufig entsteht ein Hohlrücken aufgrund eines muskulären Ungleichgewichtes. Eine schwach ausgeprägte Bauch- und Gesäßmuskulatur lässt das Becken kippen, was die Wirbelsäule in der Lende mit einer Krümmung ausgleicht. Bei Kindern mit Hohlrücken wölben sich oft Bauch und Po sichtbar nach außen.

Der **Rundrücken** zeigt sich in einer verstärkten Krümmung der Brustwirbelsäule. Im Volksmund wird er auch als „Buckel" bezeichnet. Verkümmert die Muskulatur im Rücken- und Schulterbereich, so kann sie nicht mehr für eine aufrechte Körperhaltung sorgen. Die Schultern kippen nach vorne, der Kopf wird häufig mit nach vorne geneigt.

Die immer wieder auftretende Kombination der beiden Haltungsschwächen wird als **Hohlrundrücken** bezeichnet. Hohlrücken und Rundrücken lassen sich vor allem erkennen, indem man das Kind von der Seite betrachtet.

Die **Skoliose** ist im Unterschied zu den oben aufgeführten Haltungsschwächen eine Abweichung der Wirbelsäule zur Seite. Von hinten betrachtet, zeigt die Wirbelsäule gewöhnlich einen geraden Verlauf von oben nach unten. Bei der Skoliose ist dies nicht so. Die große Mehrheit aller Skoliosen tritt ohne bekannte Ursache auf, es scheint jedoch eine familiäre Veranlagung dafür zu geben. In selteneren Fällen entsteht die Skoliose als Folge eines anderen körperlichen Problems, beispielsweise eines schief stehenden Beckens bei unterschiedlicher Beinlänge oder von ›Muskelschwunderkrankungen‹. Eine stärkere Skoliose können pädagogische Fachkräfte an der unterschiedlichen Höhe der Schultern oder der ungeraden Linie der ›Dornfortsätze‹ am Rücken erkennen. Eine Skoliose bedarf unbedingt einer Abklärung und Beobachtung durch einen Arzt. Oft helfen gezielte krankengymnastische Übungen dabei, ein Fortschreiten der Fehlstellung zu verhindern.

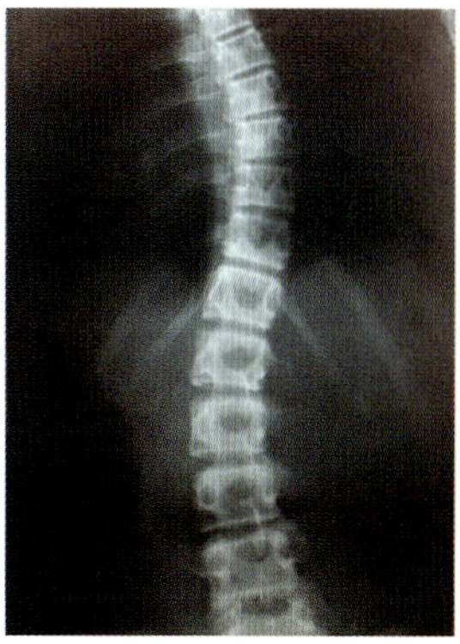

Abb. 4.2 Röntgenaufnahme einer schweren Skoliose

Muskelschwund-erkrankungen

Krankheiten, bei denen sich die Muskulatur zurückbildet

Dornfortsätze

spitze Ausläufer der Wirbel, die am Rücken tast- und sichtbar sind

4.1.2 Haltungsschäden vorbeugen

Bewegung

Bewegung → S. 74

> Um Haltungsschäden gar nicht erst entstehen zu lassen, ist ausreichend ›Bewegung‹ von ungeheurer Bedeutung. Angebote zur Bewegung sollten möglichst abwechslungsreich sein, damit alle Muskelgruppen angesprochen werden.

BEISPIEL Die pädagogischen Fachkräfte der Kindertagesstätte „Morgentau" haben sich dafür eingesetzt, dass für den Außenbereich ein neues Klettergerüst angeschafft wird. Während in der ersten Woche die meisten Kinder am „Hangelquergang" noch überfordert sind, sind nach wenigen Wochen schon bei vielen von ihnen Fortschritte zu bemerken. Die Kinder haben eine deutlich bessere Körperspannung entwickelt.

Abb. 4.3 Hangeln stärk viele Muskelgruppen.

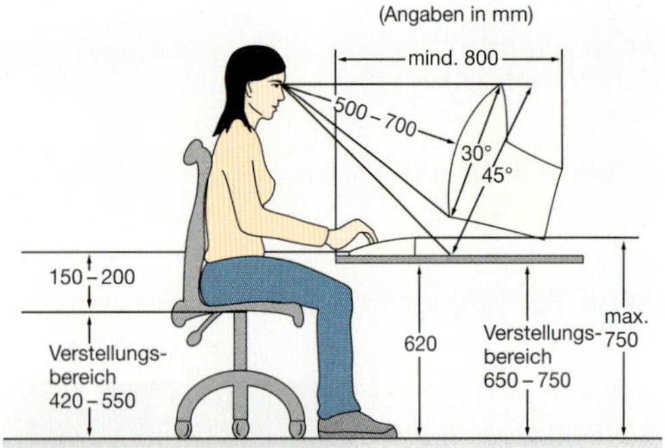

Abb. 4.4 Die richtige Sitzposition

Rückenschonendes Verhalten

Bewegung ist von zentraler Bedeutung für die Gesunderhaltung des Bewegungsapparates. Daneben sollten Eltern und pädagogische Fachkräfte ebenfalls Wert auf die richtige Körperhaltung und rückenschonendes Verhalten legen. Hierzu gehört auch die richtige Sitzposition:

- Die Fußsohlen haben Kontakt zum Boden.
- Knie und Hüfte bilden rechte Winkel.
- Der Rücken ist aufrecht und wird durch die Rückenlehne unterstützt.
- Die Schultern werden durch die Tischhöhe nicht nach oben gedrückt.
- Die Ellenbogen liegen etwa im rechten Winkel am Tisch auf.

Automatismus

Verhalten, das ohne Nachdenken ablaufen kann

Erlernen Kinder bereits früh rückenschonende Verhaltensweisen, so werden diese zu ›Automatismen‹ und Rückenproblemen wird ganz von selbst vorgebeugt. Positiv auf die Rückengesundheit wirken sich beispielsweise aus:

- aufrechte Körperhaltung
- fester Stand auf beiden Beinen, etwa in schulterbreitem Abstand
- Heben aus der Hocke
- schwerere Gegenstände möglichst zu zweit tragen
- regelmäßige Entspannung des Rückens durch Liegen
- Taschen und Rucksäcke auf beiden Schultern tragen

4.2 Fußfehlstellungen

Auf die menschlichen Füße wirkt oft weit mehr Belastung als das reine Körpergewicht ein. Gut ausgeprägte Fußgewölbe können diese Belastung dämpfen. Bei Neugeborenen sind Längs- und Quergewölbe noch recht wenig ausgeprägt und zusätzlich durch die im Babyalter normale Fettschicht an den Füßen nicht sichtbar. Erst mit Beanspruchung des Fußes, also mit dem Beginn des Laufens, bilden sich die Fußgewölbe aus.

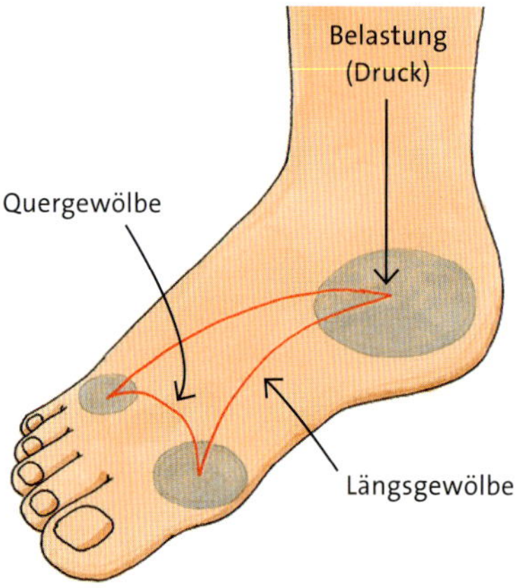

Abb. 4.5 Die Gewölbe des Fußes

Die Stellung des Fußes im Verhältnis zum Unterschenkel entwickelt sich bis zum Schulalter. Im Kleinkindalter ist ein **Plattfuß** (fehlende Fußgewölbe) oder das Einknicken der Innenknöchel (**Knick-Senk-Fuß**) meist unbedenklich. Bei Ungewissheit sollten die Eltern stets kinderärztlichen Rat einholen. Auch in den ›Vorsorgeuntersuchungen‹ wird die Fußstellung beobachtet.

Vorsorgeuntersuchungen im Kindesalter → S. 107

Der **Sichelfuß** ist eine Fehlstellung, bei welcher der Vorderfuß zu stark nach innen abweicht. Häufigste Ursache ist eine ungünstige Lage des ungeborenen Kindes im Bauch der Mutter, beispielsweise durch Platzmangel. Ein leichter Sichelfuß bildet sich in der Regel bis zum Kindergartenalter zurück. Die Eltern können mit gezielten Fußmassagen von Geburt an diesen Prozess unterstützen.

Beim **Klumpfuß** handelt es sich um eine meist angeborene Kombination aus mehreren Fußfehlstellungen, bei der in schweren Fällen die Fußsohle sogar nach oben gerichtet sein kann. Der Klumpfuß bedarf einer sofortigen Behandlung, da sonst nicht nur die Fortbewegung eingeschränkt wird, sondern Folgeschäden am gesamten Bewegungsapparat auftreten können. Gipsverbände unterstützen den noch formbaren Kinderfuß bei der Ausprägung einer Normalstellung. Oft ist zusätzlich eine operative Verlängerung der Achillessehne notwendig.
Ein **Hohlfuß** zeigt eine zu starke Ausprägung des Längsgewölbes. Die Fehlstellung kann angeboren sein, aber auch falsches Schuhwerk unterstützt die Entstehung. Mit passenden Schuhen im Kindesalter kann einem Hohlfuß vorgebeugt werden.

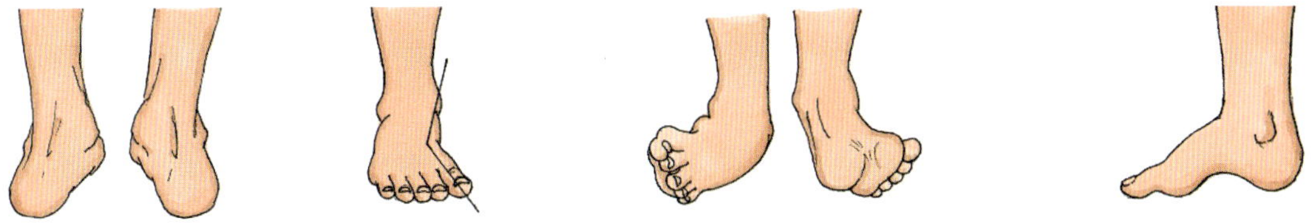

Abb. 4.6 Knick-Senk-Fuß, Sichelfuß, Klumpfuß, Hohlfuß

Fehler beim Schuhkauf:
- Drucktest mit Daumen → Kind zieht automatisch die Zehen ein
- Abmessen der Schuhgröße → Innenlänge von Kinderschuhen variieren bei gleicher Schuhgröße
- Passgefühl des Kindes → ein Kind kann die passende Größe noch nicht einschätzen

Der richtige Schuhkauf:
Fertigen Sie eine Schablone der Kinderfüße an, die um 12 Millimeter verlängert wird. Die Schablone muss in den neuen Schuh passen.

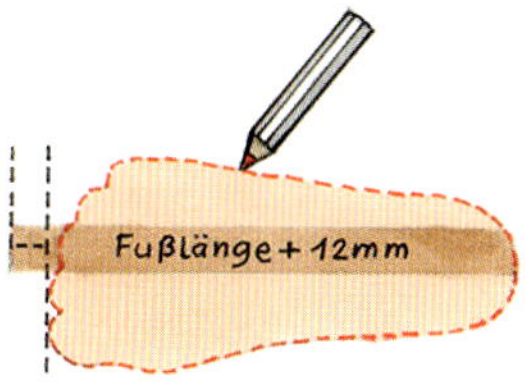

Abb. 4.7 Passende Kinderschuhe kaufen

> Für eine gesunde Entwicklung des kindlichen Fußes ist viel Bewegung nötig. Besonders empfehlenswert ist es, die Kinder möglichst viel auf verschiedenen Untergründen barfuß laufen zu lassen. Schuhe sind nur als Wetterschutz notwendig. Ein Kleinkind braucht keine Schuhe, um laufen zu lernen!

Warum muss ich das für meinen Beruf wissen?

Pädagogische Fachkräfte unterstützen Kinder bei der Gesunderhaltung des Bewegungsapparates. Dazu gestalten sie gezielte Bewegungsangebote, bei denen mit Spaß und Abwechslung alle wichtigen Muskelgruppen des Körpers angesprochen werden. Rückenschonendes Verhalten ist sowohl für die pädagogischen Fachkräfte als auch für die betreuten Kinder ein wichtiger Grundsatz. Es sollte so eingeübt werden, dass es in automatisiertes Verhalten übergeht. Bei Bedarf beraten pädagogische Fachkräfte die Eltern, wie sie auch zu Hause und in der Freizeit zur Gesunderhaltung des kindlichen Bewegungsapparates beitragen können.
Pädagogische Fachkräfte kennen die Anatomie der gesunden Wirbelsäule sowie der Füße und haben Grundkenntnisse über deren Entwicklung im Kindesalter. Beobachtungen, die einen Hinweis auf beginnende Fehlstellungen liefern, geben die pädagogischen Fachkräfte an die Eltern weiter.

5 STRESS BEI KINDERN

Der Begriff „Stress“ wird in der Regel mit Situationen aus dem Berufsleben verbunden. Doch Stress ist bereits im Kindesalter ein Thema, das in unserer Gesellschaft immer mehr Bedeutung bekommt. Es gibt in der **Psychologie** eine Vielzahl an Theorien darüber, was Stress bedeutet und wie er entsteht. Meist wird dort Stress nicht als etwas grundsätzlich Negatives beschrieben. Im **Stressmodell nach Lazarus** (1966) ist Stress erst einmal eine Anspannungsreaktion des Menschen. Sie wird durch bestimmte ›Anforderungen‹ durch die Umwelt an den Menschen ausgelöst. Ob ein Mensch diese als positive Herausforderung erlebt oder sie mit Angst vor Misserfolg belegt, hängt von der Einschätzung seiner eigenen Fähigkeiten und den möglichen Hilfen aus der Umwelt ab (›Resilienz‹). Reichen diese aus, so stellt die Situation keine Bedrohung dar. Werden sie aber als nicht ausreichend eingestuft, entstehen negative Gefühle; der Mensch fühlt sich überfordert.

Anforderungen/Stressoren → S. 19

Resilienz → S. 90

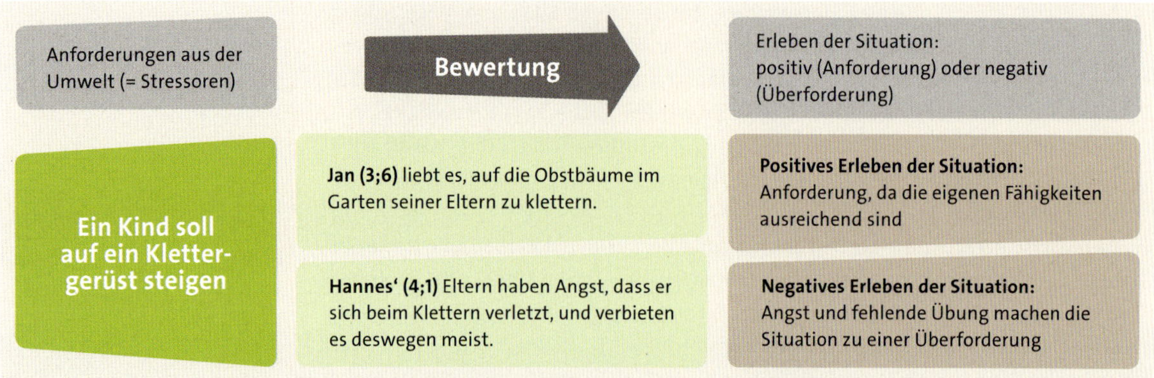

Abb. 5.1 Stressmodell nach Lazarus (modifiziert und vereinfacht)

5.1 Auswirkungen von Stress

Haben Kinder häufig das Gefühl, mit den an sie gestellten Anforderungen nicht zurechtzukommen, so hat das unter Umständen schwerwiegende Folgen auf ihr ›Wohlbefinden‹. Stress kann sich auf den Körper, aber auch auf die Psyche von Kindern auswirken und dort **Anzeichen von Stresszuständen** hervorrufen. Grundsätzlich ist es wichtig zu wissen, dass jedes Kind auf Stress anders reagiert.

Wohlbefinden → S. 88

BEISPIEL **Irina (5;4)** und ihr Bruder **Mateo (3;8)** besuchen denselben Kindergarten. Kinderpfleger Lukas Neureuter hat seit einigen Tagen das Gefühl, dass die beiden sich irgendwie verändert verhalten. Irina zieht sich mehr und mehr aus ihrer Gruppe zurück und schaut oft traurig aus dem Fenster. Auf Nachfrage klagt Irina immer wieder über Bauchschmerzen. Mateo hingegen fällt in letzter Zeit häufig auf, weil er anderen Kindern gegenüber sehr aggressiv reagiert. Das kennt Lukas Neureuter eigentlich so nicht von dem Jungen. Bei einem Gespräch mit der Mutter erfährt der Kinderpfleger, dass sie sich vor einer Woche von ihrem Mann getrennt hat und dieser zu Hause ausgezogen ist.

5.1.1 Körperliche Auswirkungen

Grundsätzlich können sich Stressreaktionen auf alle körperlichen Vorgänge störend auswirken. Daher können bei Stress ganz unterschiedliche körperliche Anzeichen auftreten. Verschiedene Studien belegen jedoch, dass im Kindesalter bestimmte körperliche Auswirkungen bei Stress gehäuft vorkommen. **Bauch- und Kopfschmerzen** beispielsweise sind immer wieder anzutreffende Symptome bei belasteten Kindern. Ebenso werden **Erschöpfungszustände**, in denen das Kind sich schlapp und müde fühlt, **Appetitlosigkeit** sowie Sodbrennen als Stressauswirkung beschrieben.

Abb. 5.2 Kopf- und Bauchschmerzen können Anzeichen für Stress sein.

Für pädagogische Fachkräfte ist es schwierig, die körperlichen Auswirkungen von Stress von Symptomen anderer körperlicher Erkrankungen abzugrenzen. Länger anhaltende oder immer wiederkehrende Anzeichen sollten auf jeden Fall ernst genommen werden.

Auch ›Schlafstörungen‹ können aufgrund von Belastungssituationen entstehen. Sie werden in der Forschung meist den körperlichen Auswirkungen zugeordnet. Ein gesundes Schlafverhalten gehört zu den sehr wichtigen Einflussfaktoren auf die kindliche Entwicklung. Nicht nur die körperliche Gesundheit ist davon abhängig, sondern auch die geistige und soziale Entwicklung hängt damit zusammen. Befragt man Eltern zum Schlafverhalten ihrer Kinder, berichten viele von unruhigen Nächten und wiederholten Wachphasen. Was aber ist noch als „normal" zu betrachten und wo fängt eine Schlafstörung an?

Schlafen → S. 52

Die Gesundheitsberichterstattung des Bundes definiert eine Schlafstörung als „über einen längeren Zeitraum anhaltende Abweichungen von der normalen Schlafqualität, Schlafdauer oder Schlafrhythmik, die zu einer spürbaren Beeinträchtigung der Leistungsfähigkeit führen".

Abb. 5.3 Kind kann nicht einschlafen

Diese Definition gibt also den Unterschied zwischen einer unruhigen Nacht und einer **Schlafstörung** wieder. Bei Letzterer tritt das gestörte Schlafverhalten über einen längeren Zeitraum auf und das Kind wird dadurch auch am Tag in seiner Leistungsfähigkeit eingeschränkt. Letztendlich bleibt die Einschätzung, wie schlimm eine Störung des Schlafs tatsächlich ist, den beteiligten Personen vorbehalten. Das sind in der Regel die nächsten Familienangehörigen.

Überblicksartig lassen sich die meisten Schlafstörungen in zwei Kategorien einteilen: die Einschlafstörungen und die Durchschlafstörungen. **Einschlafstörungen** hindern das Kind am Einschlafen. Es ist so stark mit den belastenden Situationen beschäftigt, dass es nicht zur Ruhe kommt. Für **Durchschlafstörungen** ist ein wiederholtes nächtliches Erwachen typisch, bei dem das Kind nicht von alleine schnell wieder in den Schlaf findet.

Beobachten pädagogische Fachkräfte, dass die Kinder tagsüber sehr müde und in ihrer Leistungsfähigkeit eingeschränkt sind, sollten sie einen gestörten Schlaf als Ursache in Betracht ziehen. In einem Gespräch mit dem Kind und den Eltern können Hilfestellungen angeboten werden und es kann gemeinsam nach Lösungsansätzen gesucht werden. Zusätzlich zu einer Arbeit an den belastenden Faktoren können ›schlaffördernde Maßnahmen‹ eingesetzt werden.

schlaffördernde Maßnahmen → S. 55

5.1.2 Psychische Auswirkungen

Genauso vielfältig, wenn nicht sogar noch komplexer als die körperlichen Anzeichen von Stress, sind die psychischen Erscheinungsformen. Kinder können beispielsweise Ängste entwickeln, die nicht unbedingt in direktem Zusammenhang mit den Belastungsfaktoren stehen müssen. **Sozialer Rückzug** ist genauso möglich wie nicht altersentsprechende Verhaltensweisen. Kommt es aufgrund von bestimmten Verhaltensweisen immer wieder zu Konflikten, so wird dies als **herausforderndes Verhalten** bezeichnet. Dieses kann, muss aber nicht durch kindliche Belastungen und Stress ausgelöst werden.

Die **Aufmerksamkeitsdefizit-/Hyperaktivitätsstörung** (ADHS) beispielsweise wird als ein eigenes Krankheitsbild angesehen, bei dem es zu einer Störung im Gleichgewicht verschiedener Botenstoffe kommt, welche die Konzentration, die Gefühle und den ›Antrieb‹ eines Menschen steuern. Auch seelische Belastungen werden als beteiligte Ursachen für die Entstehung der Krankheit diskutiert. Die betroffenen Kinder können sich nur für kurze Zeit konzentrieren, haben einen übersteigerten Drang, aktiv zu sein, und reagieren eventuell impulsiv oder aggressiv.

Antrieb
Stärke der Aktivität eines Menschen

In den Medien wird ADHS immer wieder als Modediagnose bezeichnet, die für fehlende Auslastung und falsche Erziehung der Kinder herhalten müsse. Für pädagogische Fachkräfte ist die Diskussion darüber letztlich unwichtig: Zeigt ein Kind Verhaltensweisen, die zum Krankheitsbild ADHS passen, so ist unabhängig von deren Ursachen ein angepasstes pädagogisches Verhalten notwendig.
Die zusätzliche Abklärung durch einen Arzt sollten Eltern veranlassen, da der Übergang zwischen einem unruhigen Kind und einem Kind mit ADHS fließend ist. Gerade im Alter zwischen vier und sechs Jahren sind Kinder ohnehin in einer Phase mit starkem Drang nach Aktivität.

Weitere Informationen finden Sie auf der Webseite: www.adhs-deutschland.de

Kinder können auch unabhängig vom Krankheitsbild ADHS durch veränderte Verhaltensweisen auffallen. So können beispielsweise Kinder, die unter einer bestimmten Lebenssituation leiden, **Aggressivität** als Ventil zum Abreagieren nutzen. Auch ›**Depressionen**‹ sind bei dauerhaftem Stress im Kindesalter möglich.
Wie pädagogische Fachkräfte auf Anzeichen von Stress reagieren sollten, kann nicht grundsätzlich für alle Fälle ausgesagt werden. Am wichtigsten ist der Schutz des betroffenen Kindes und natürlich auch der anderen Kinder. Aggressives Verhalten muss konsequent und schnell unterbunden werden. Zieht sich ein Kind eher zurück, so ist ein behutsames Herantreten an das Kind wichtig, um vorhandene Ängste nicht zu verstärken.

Depression
krankhafter Zustand tiefer Traurigkeit, verbunden mit dem Gefühl der Hilflosigkeit

> Die Basis für jegliches pädagogisches Handeln auch in Extremsituationen ist eine gute, vertrauensvolle Beziehung zwischen pädagogischer Fachkraft und Kind.

Beobachtungen, die darauf hinweisen, dass ein Kind unter Stress leidet, sollten genau dokumentiert werden. In die Aufzeichnungen gehören das beobachtete Verhalten, die Häufigkeit des Verhaltens und eventuelle Auslöser. Die genaue Beschreibung kann als Grundlage für ein Gespräch mit den Eltern dienen.

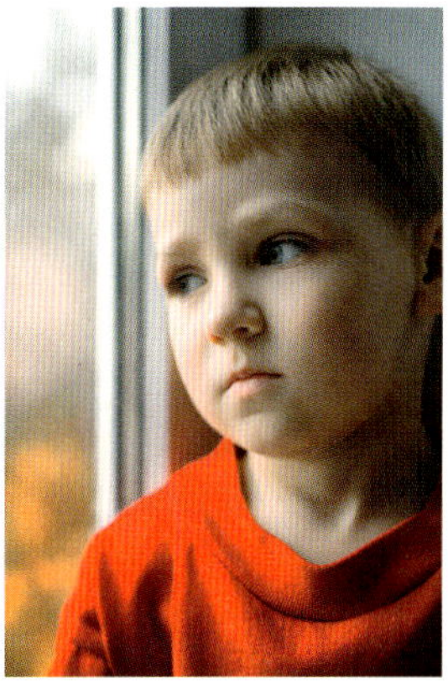

Abb. 5.4 Aggressivität und Depression als Folgen von kindlichem Stress

Zornige, unselbstständige Kinder und depressive Jugendliche

... die Forschungsgruppe der Universität Bielefeld [fand] heraus, dass Kinder mit hohem Stress über eine eher niedrige Problemlösungskompetenz verfügen: Nahezu jedes sechste Kind weiß nicht, wie es Probleme eigenständig bewältigen kann. Kinder mit hohem Stress leiden außerdem unter Versagensängsten. Knapp die Hälfte der gestressten Kinder hat Angst seine Eltern zu enttäuschen, denn gestresste Kinder nehmen die an sie herangetragenen Erwartungen der Eltern viel intensiver wahr. Die Ergebnisse der psychischen Auswirkungen von Stress auf Jugendliche sind immens. 11 Prozent der Jugendlichen mit hohem Stresslevel sind depressiv verstimmt. 13,6 Prozent der Jugendlichen haben den Eindruck ein Versager zu sein und 47,2 Prozent fühlen sich manchmal nutzlos. Dabei wählen 32,4 Prozent den freiwilligen sozialen Rückzug.

Bayer HealthCare (Hrsg.) (2015): Burn-Out im Kinderzimmer: Wie gestresst sind Kinder und Jugendliche in Deutschland?; http://kinderförderung.bepanthen.de/static/documents/02_Presseleitmeldung_Stress-Studie%202015.pdf (Abruf: 16.10.2015)

5.2 Stressprävention

Da schon Kinder häufig unter starkem Druck stehen, ist Stressprävention bereits in der Kindertagesbetreuung sinnvoll und wichtig. Pädagogische Fachkräfte können im Sinne des ›Stressmodells nach Lazarus‹ an verschiedenen Stellen der Entstehung von Stress vorbeugen. Die **Anforderungen**, die an das Kind gestellt werden, müssen nach Möglichkeit auf ein sinnvolles Maß reduziert werden, mit dem das Kind umgehen kann. Dies ist möglich durch folgende Maßnahmen:

Stressmodell nach Lazarus → S. 168

- Leistungsdruck im Kindesalter vermeiden
- vom Kind vorgegebenes Tempo bei Tätigkeiten akzeptieren
- fordern, aber nicht überfordern
- Schritt für Schritt an neue Aufgaben heranführen

BEISPIEL **Christoph (2;2)** baut gerne großteilige Puzzles. Wenn er mit anderen Kindern spielt, können diese viel schneller als er die Puzzleteile in die richtigen Lücken einbauen. Kinderpflegerin Marina Holl beruhigt Christoph regelmäßig und erklärt ihm, dass es nicht schlimm ist, wenn die anderen Kinder schneller fertig sind als er. Er soll in aller Ruhe seine Teile einfügen.

Pädagogische Fachkräfte unterstützen gezielt die Entwicklung kindlicher Fähigkeiten und fördern den kindlichen Aufbau von **Selbstvertrauen**. Auch hier gibt es unterschiedliche Ansatzpunkte:

KP Entwicklungsbereiche → S. 150
motorische Entwicklung → S. 77

Frustrationstoleranz
Fähigkeit, bei Rückschlägen nicht so schnell aufzugeben

Resilienzfaktoren → S. 91

- gezielte Angebote zu allen ›Entwicklungsbereichen‹ mit den Schwerpunkten ›Motorik‹, Sprache, kognitive Entwicklung und sozial-emotionale Entwicklung
- Rückmeldung von Erfolgen an die Kinder durch Einsatz von Lob
- Ausbau von ›Frustrationstoleranz‹
- die Kinder eigene Lösungswege für gestellte Aufgaben finden lassen
- Kreativität und Fantasie fördern
- Entwicklung von ›Resilienzfaktoren‹ fördern

BEISPIEL Bei Bastelangeboten wird **Johannes (4;8)** öfter aggressiv, wenn das Ergebnis nicht seinen Vorstellungen entspricht. Dabei fliegt schon auch einmal Bastelmaterial durch die Luft. Kinderpfleger Damian Foster hat einen besonders guten Draht zu Johannes. Damian erklärt Johannes, dass es nicht schön ist, gleich wütend zu werden und schnell aufzugeben. Er erinnert Johannes daran, dass er beim Sport einer der Besten ist und dass die anderen Kinder sich auch nicht darüber ärgern. Damian bespricht mit Johannes, dass er kurz die Arbeit unterbrechen und an ein spannendes Fußballturnier denken soll, wenn er wütend wird. Johannes verspricht, es zu versuchen.

Eine dritte Möglichkeit der Stressprävention besteht darin, Kinder darin zu bestärken, **Hilfsmöglichkeiten aus der Umwelt** anzunehmen:

- Angebote, die den Zusammenhalt unter den Kindern fördern
- eine gute Beziehung zwischen pädagogischer Fachkraft und Kind
- eine Einrichtungskultur, in der es keine Schwäche ist, Hilfe anzunehmen
- Zusammenarbeit mit Eltern und anderen externen Partnern als Vorbild für gemeinsames Handeln

Kinder können auch schon früh lernen, den Alltag für kurze Zeit auszublenden. Spielerisch können sie in kleinen Einheiten zu **Entspannung** angeleitet werden. Pädagogische Fachkräfte können verschiedenste Entspannungseinheiten in den Kita-Alltag einbauen, z. B. einen kurzen Spaziergang an der frischen Luft, eine ›Fantasiereise‹ oder eine Partnermassage.

Fantasiereise
Geschichte, die die Kinder anregt, sich diese bildlich vorzustellen; dabei liegen die Kinder entspannt auf dem Rücken und halten die Augen geschlossen

Massage mit Igelbällen
Igelbälle eignen sich sehr gut für Partnermassagen. Die Kinder können z. B. im Ruheraum bei entspannender Hintergrundmusik den Auftrag bekommen, ihren auf dem Bauch liegenden Partner zu massieren. Dabei rollen sie den Ball in kleinen Kreisbewegungen vom Kopf beginnend einmal über den Körper ihres Partners, ohne den Kontakt abzubrechen. Die Kinder dürfen jederzeit sagen, wenn ihnen etwas unangenehm ist.

ZUM WEITERDENKEN Pädagogische Fachkräfte müssen nicht nur auf die traditionellen Methoden der Entspannung zurückgreifen. In der pädagogischen Arbeit ist immer auch Platz für Neues. Ein Beispiel: Lachen löst im Körper die Ausschüttung von Glückshormonen aus. Der Mensch baut dabei Spannungen ab und fühlt sich zufrieden. Diesen Effekt macht sich das sogenannte Lachyoga zunutze. Für pädagogische Fachkräfte werden hierzu individuell angepasste Seminare und Fortbildungen angeboten.

Der europäische Berufsverband für Lachyoga und Humortraining e. V. stellt auf seiner Homepage weitere Informationen zu dieser Thematik bereit:
www.lachverband.org

Warum muss ich das für meinen Beruf wissen?

Untersuchungen zeigen, dass das Thema Stress bereits im Kindergartenalter eine Rolle spielt. Pädagogische Fachkräfte können durch genaue Beobachtung der betreuten Kinder Hinweise auf belastende Faktoren wahrnehmen. Sie kennen die möglichen Auswirkungen von Stress und gehen im Einzelfall sensibel mit ihren Vermutungen um. Gemeinsam mit den Eltern wird nach Möglichkeiten gesucht, die Belastung des Kindes zu verringern. Eltern können auch auf weitere Hilfsangebote verwiesen werden.
Pädagogische Fachkräfte planen ihr Handeln so, dass für die Kinder keine unangebrachten Belastungen aufkommen. Gezielt unterstützen sie die Kinder dabei, Fähigkeiten zu erwerben und auf diese zu vertrauen. Sie schaffen außerdem eine Atmosphäre, die den Kindern Sicherheit vermittelt. Mit regelmäßigen Entspannungseinheiten werden Kinder bereits früh an nötige Ruhepunkte im Alltag herangeführt.

6 HERZ-KREISLAUF-ERKRANKUNGEN IM KINDESALTER

Herz-Kreislauf-System → S. 100

Der größte Teil der Erkrankungen des ›Herz-Kreislauf-Systems‹ ist nicht angeboren, sondern entsteht im Laufe des Lebens. Gerade aus diesem Grund ist es wichtig, alles zu tun, um Herz und Kreislauf schon im Kindesalter gesund zu erhalten.

6.1 Erworbene Erkrankungen an Herz und Blutgefäßen

6.1.1 Bluthochdruck im Kindesalter

Bluthochdruck ist eine Erkrankung des Herz-Kreislauf-Systems, die typischerweise erst im Erwachsenenalter auftritt. In den letzten Jahren fällt jedoch eine Zunahme der Erkrankungen im Kindes- und Jugendalter auf, weshalb das Thema Bluthochdruck bei Kindern immer stärkeres medizinisches Interesse weckt.

> Aktuelle Schätzungen gehen davon aus, dass ein bis drei Prozent der deutschen Kinder und Jugendlichen einen zu hohen Blutdruck haben.

Arterien → S. 100

Das Herz pumpt unser Blut durch die Blutgefäße, damit alle Zellen des Körpers mit Sauerstoff versorgt werden. Zieht sich das Herz zusammen, so wird das Blut aus dem Herz in die ›**Arterien**‹ gepresst. Der Druck, mit dem das Blut gegen die Gefäßwände gedrückt wird, ist der Blutdruck. Sinkt er zu sehr ab, ist die Versorgung des Menschen mit **Sauerstoff** nicht mehr sichergestellt. Auf der anderen Seite schädigt ein zu hoher Blutdruck auf Dauer verschiedene Organe.

Bluthochdruck kann als Folge anderer Erkrankungen auftreten, aber auch ohne klar erkennbare Ursache. Bei Kindern unter zehn Jahren ist meist eine andere Erkrankung als Ursache vorhanden, am häufigsten sind dies Erkrankungen der **Nieren**. Diese sind an der Regelung des Blutdrucks beteiligt und können bei eingeschränkter Funktion einen Bluthochdruck verursachen.

Bei älteren Kindern und Jugendlichen ist zunehmend keine eindeutige Ursache für den hohen Blutdruck mehr zu finden. Es sind jedoch **Risikofaktoren** bekannt, die das Entstehen eines Bluthochdrucks begünstigen:

- familiäre Veranlagung
- ›Bewegungsmangel‹
- ›Stress‹
- hoher Salzkonsum
- ›Übergewicht‹
- erhöhte Blutfettwerte
- Rauchen

Abb. 6.1 Risikofaktor Bewegungsmangel

Bewegungsmangel → S. 76
Stress → S. 168
Übergewicht → S. 142

Pädagogische Fachkräfte sind an der Prävention des Bluthochdrucks beteiligt, indem sie die von ihnen betreuten Kinder an eine gesunde Lebensweise heranführen.

Der Bluthochdruck ist gerade deshalb so gefährlich, weil er zu Beginn keine eindeutigen Symptome hervorruft. Pädagogische Fachkräfte sollten aber **mögliche Krankheitszeichen** wie häufiges Nasenbluten, Kopfschmerzen oder immer wieder auftretende Sehstörungen ernst nehmen und Beobachtungen dieser Art an die Eltern weiterleiten. Die genaue Einschätzung anhand mehrfacher Blutdruckmessungen kann nur ein Arzt vornehmen.

6.1.2 Arteriosklerose – Wenn die Gefäße verkalken

Adipositas → S. 142

Die Arteriosklerose wird im Volksmund auch als **Gefäßverkalkung** bezeichnet. Die Erkrankung entsteht vor allem dadurch, dass sich Fette an der Gefäßinnenwand ablagern. Durch weitere Veränderungen der Gefäßwände werden die Ablagerungen immer dicker und schränken so irgendwann den Blutfluss ein. **Risikofaktoren**, die eine Arteriosklerose begünstigen, sind dieselben wie für den Bluthochdruck. Vor allem Überernährung mit einer Erhöhung der Blutfettwerte, Bewegungsmangel, aber auch das Rauchen sind häufig an der Entstehung der Erkrankung beteiligt. Neuere Untersuchungen haben bestätigt, dass ›Übergewicht‹ bereits bei Kindern zu ersten Veränderungen an den Innenwänden der Gefäße führt.

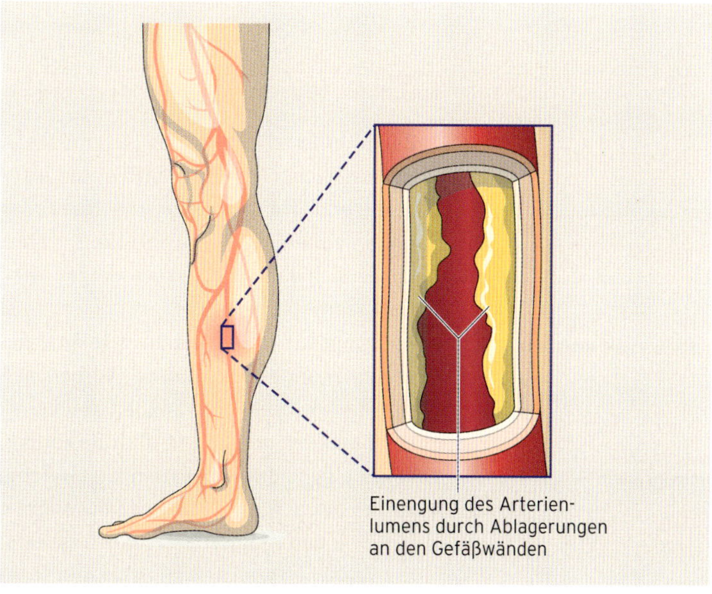

Abb. 6.2 Arteriosklerose in einem Gefäß des Beines

6.1.3 Endstation Herzinfarkt und Schlaganfall

Bluthochdruck und Arteriosklerose können eine Art Teufelskreis bilden. Die Arteriosklerose fördert einen hohen Blutdruck, da die Gefäße durch die Ablagerungen dünner und weniger flexibel werden. Der hohe Blutdruck wiederum wirkt sich negativ auf die Gefäßinnenwände aus und begünstigt das Fortschreiten der Arteriosklerose.
Beide Erkrankungen haben auf lange Sicht schwerwiegende Folgen. Der hohe Blutdruck kann zu einer Überlastung des Herzmuskels führen, aber auch andere Organe wie Nieren oder Augen schädigen. Arteriosklerose führt bei starker Einengung des Gefäßes zu einer Minderversorgung des Körpers mit Sauerstoff. Teile des Körpers, die von der Blutversorgung abgeschnitten sind, werden stark geschädigt. Bei einem Herzinfarkt wird z. B. der Herzmuskel selbst nicht mehr mit Sauerstoff versorgt und Herzmuskelzellen sterben ab.

Schlaganfall: Gehirnzellen sterben ab, da sie nicht mehr mit Sauerstoff versorgt werden.
→ Ausfälle von Gehirnfunktionen, z. B. Bewegung oder Sprache

Herzinfarkt: Herzmuskelzellen sterben ab, da sie nicht mehr mit Sauerstoff versorgt werden.
→ beeinträchtigte Herz-Kreislauf-Funktion bis hin zum Tod

Nierenschwäche: Hoher Blutdruck schädigt die feinen Strukturen der Niere.
→ Ausscheidung und Entgiftung sind beeinträchtigt

Durchblutungsstörung in den Beinen: Fehlende Versorgung mit Sauerstoff in den Beinen.
→ im späten Verlauf Absterben von Gewebe an Fuß und Beinen

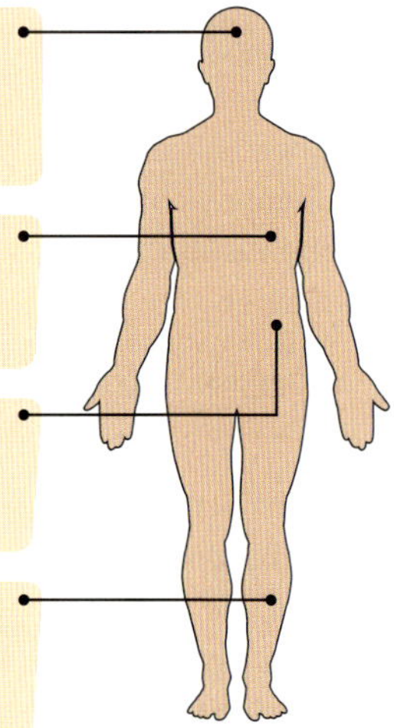

Abb. 6.3 Häufige Spätfolgen von Bluthochdruck und Arteriosklerose

Von den hier beschriebenen Spätfolgen sind Kinder kaum betroffen. Ein gesundheitsbewusstes Verhalten in Bezug auf das Herz-Kreislauf-System gerade in der Kindheit bildet jedoch die Grundlage dafür, im Alter immer noch fit und gesund zu sein.

6.1.4 Wenn sich der Herzmuskel entzündet

Bei einer Entzündung des Herzmuskels wird seine Pumpkraft eingeschränkt. Unser „menschlicher Motor" schafft es sozusagen nur noch bedingt oder auch gar nicht mehr, genügend Blut in alle Bereiche des Körpers zu befördern. Die Muskelzellen des Herzens haben zudem nicht die Fähigkeit, sich nach einer Schädigung wieder zu erholen. Es bilden sich dann Narben am Herzen, die zu einer dauerhaft eingeschränkten Herzleistung führen können.

Infektionserkrankungen → S. 150

Immunsystem → S. 69

Ausgangspunkt einer Herzmuskelentzündung ist meist eine ›**Infektionserkrankung**‹, die von einer anderen Region des Körpers auf das Herz übergreift. In der Mehrzahl der Fälle sind die auslösenden Krankheitserreger Viren, z. B. Grippeviren. Aber auch Bakterien oder von Bakterien gebildete Giftstoffe können die Ursache sein. In seltenen Fällen greift das körpereigene ›**Immunsystem**‹ den Herzmuskel an, da es ihn fälschlicherweise als Fremdkörper betrachtet. In diesem Fall spricht man von einer **Autoimmunerkrankung**.
Für eine pädagogische Fachkraft ist es schwer, eine Herzmuskelentzündung anhand der Krankheitszeichen zu erkennen. Vom Verlauf der Erkrankung ohne Symptome bis hin zum schweren Kreislaufzusammenbruch ist alles möglich.

Kinder sollten bei Infektionserkrankungen, auch bei leichten Infekten, körperliche Anstrengung vermeiden. Damit wird zwar nicht ein Übergang der Entzündung auf den Herzmuskel verhindert. Eine Überlastung des Herzmuskels kann aber so vermieden werden.

6.2 Angeborene Herzfehler

In Deutschland werden jährlich etwa 6 000 Kinder mit einer Fehlbildung im Bereich des Herzens oder der großen Gefäße geboren. Bei diesen Kindern haben sich Herz und Gefäße im Mutterleib unvollständig oder falsch entwickelt. Je nachdem, welcher Entwicklungsschritt betroffen ist, kommt es zu verschiedenen Herzfehlern. Auch die Schwere der Erkrankung kann völlig unterschiedlich ausfallen. Es gibt Fehlbildungen, die für betroffene Kinder keine Einschränkungen bedeuten, aber auch solche, die unbehandelt nicht mit dem Leben vereinbar wären.

Der häufigste angeborene Herzfehler ist eine **unvollständige Ausbildung der Trennwand** zwischen den beiden Herzkammern. Die Beeinträchtigung des Kindes hängt von der Größe der Öffnung ab. Da der Druck in der linken Herzkammer viel höher ist als in der rechten, wird bei jedem Herzschlag Blut vom linken in das rechte Herz gepresst. Dieser Vorgang kann den ›Lungenkreislauf‹ überlasten und dazu führen, dass zu wenig Blut in den ›Körperkreislauf‹ gelangt. Während sich kleinere Öffnungen mitunter noch selbst verschließen, müssen größere Verbindungsstellen operativ geschlossen werden.

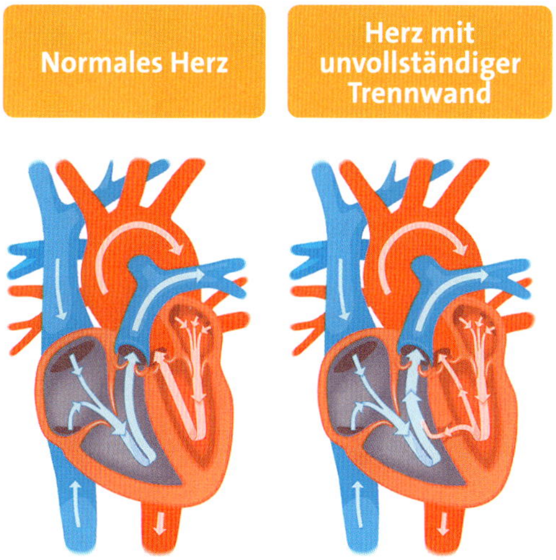

Abb. 6.4 Unvollständige Trennung der beiden Herzkammern

Lungenkreislauf und Körperkreislauf → S. 100

Kinder mit einem angeborenen Herzfehler können bei guter Behandlung meist eine Regelkindertagesstätte besuchen. Wichtig ist eine intensive Zusammenarbeit zwischen pädagogischen Fachkräften, den Eltern und eventuell dem behandelnden Arzt.

Pädagogische Fachkräfte sollten darüber informiert sein, inwieweit das Kind sich körperlich anstrengen darf, und dies berücksichtigen. Wird in der Gruppe offen mit der Einschränkung umgegangen, kann eine Ausgrenzung des betroffenen Kindes vermieden werden.

Warum muss ich das für meinen Beruf wissen?

Die Hauptaufgabe pädagogischer Fachkräfte in Bezug auf Herz-Kreislauf-Erkrankungen liegt in der Vorbeugung. Um diesbezüglich effektive Maßnahmen zur Gesunderhaltung ergreifen zu können, müssen sie ein grundlegendes Wissen über häufige Erkrankungen und deren Risikofaktoren besitzen. So nehmen sie zielgerichtet Einfluss auf das kindliche Verhalten.

Bereits im Kindesalter können Erkrankungen des Herz-Kreislauf-Systems auftreten. Pädagogische Fachkräfte sorgen in Absprache mit den Eltern für eine Betreuung, die körperliche Einschränkungen berücksichtigt. In der Gruppe können sie bei allen Kindern Einfühlungsvermögen fördern, indem sie einen offenen und wertschätzenden Umgang mit dauerhaften Einschränkungen pflegen.

7 ERKRANKUNGEN DER ATEMWEGE

die menschlichen Atemwege → S. 102

Atemwegserkrankungen können prinzipiell jeden Teil der ›menschlichen Atemwege‹ betreffen. Während ein Kind mit Schnupfen – einer **akuten** Erkrankung – nach wenigen Tagen wieder gesund ist, bleiben andere Erkrankungen wie das Asthma über einen längeren Zeitraum oder dauerhaft bestehen. Diese werden als **chronisch** bezeichnet.

7.1 Akute Infekte der Atemwege

Infektionserkrankungen → S. 150
Atemwegserkrankungen → S. 178
grippaler Infekt → S. 157

Bronchien
Luftwege in der Lunge, die sich immer mehr verzweigen und in den Lungenbläschen enden

Am häufigsten kommen ›Infektionen der oberen Atemwege‹ vor, also im Bereich der Nasenschleimhaut und des Rachens. Fast jedes Kind hat beispielsweise pro Jahr mehrmals einen einfachen Schnupfen oder Husten. Es gibt über 200 Krankheitserreger, meist Viren, die einen solchen ›**grippalen Infekt**‹ auslösen können. Auch in den unteren Abschnitten der Atemwege sind Infektionen möglich. Bei der **akuten Bronchitis** handelt es sich um eine Entzündung der ›Bronchien‹. Sind die Lungenbläschen betroffen, in denen der Austausch von Sauerstoff zwischen Atemluft und Blut stattfindet, so liegt eine **Lungenentzündung** vor. In der Regel zeigen Infektionen der unteren Atemwege weitaus stärkere Krankheitszeichen als etwa ein Schnupfen. Gerade die Lungenentzündung ist ein schwere Erkrankung, bei der eine ärztliche Behandlung dringend notwendig ist.

> Pädagogische Fachkräfte und Eltern müssen gemeinsam entscheiden, ob bei einem akuten Atemwegsinfekt ein Besuch der Kindertagesstätte möglich ist.

Fieber → S. 68

Ein Kind mit Schnupfen, das keine weiteren Krankheitszeichen aufweist, kann die Kita durchaus besuchen. Fühlt das Kind sich zusätzlich sehr schlapp oder ›fiebert‹ es, sollte es zu Hause bleiben. Einerseits benötigt der Körper bei Infektionen Ruhe, damit das kindliche ›Immunsystem‹ ungestört arbeiten kann. Andererseits besteht bei Atemwegsinfektionen auch immer die Gefahr, dass andere Kinder angesteckt werden.

Immunsystem → S. 69

Abb. 7.1 Gerade in der kalten Jahreszeit treten häufig Atemwegserkrankungen auf.

7.2 Die chronische Bronchitis

Die akute Bronchitis wird meist durch Viren ausgelöst und beginnt mit einem trockenen Reizhusten sowie erhöhter Temperatur oder Fieber. Im weiteren Verlauf hustet das Kind Schleim ab. Zusätzlich kann bei starker Verschleimung Atemnot auftreten.
Die chronische Bronchitis zeigt ähnliche Symptome, diese bestehen aber über einen langen Zeitraum hinweg. Laut Weltgesundheitsorganisation (WHO) spricht man bei Kindern von einer chronischen Bronchitis, wenn die Krankheitszeichen innerhalb eines Jahres für einen Zeitraum von mindestens drei Monaten auftreten. Als seltene **Ursachen** kommen vorausgehende akute Infekte oder angeborene Grunderkrankungen wie die ›Mukoviszidose‹ in Betracht. Häufig spielen reizende Stoffe in der Atemluft eine Rolle, beispielsweise Tabakrauch.

Mukoviszidose
Erbkrankheit, bei der vom Körper produzierte Flüssigkeiten zu dickflüssig sind, beispielsweise zäher Schleim in den Atemwegen

> ›Passivrauchen‹ kann schon in der Kindheit zu chronischen Erkrankungen der Atemwege führen.

Passivrauchen → S. 103

ZUM WEITERDENKEN Derzeit fordert die Bundesärztekammer ein Rauchverbot für Autofahrten, bei denen sich ein Kind im Fahrzeug befindet. Die Belastung durch Tabakrauch im Auto übersteigt aufgrund des begrenzten Raumes teilweise die Belastung z. B. in einer verrauchten Bar. In anderen Ländern wie England oder Frankreich wird das Rauchen im Auto bereits mit einer Geldstrafe geahndet, wenn Kinder mitfahren.

In vielen Fällen besteht durch die chronische Bronchitis keine Ansteckungsgefahr für andere Kinder, da nur selten Viren oder Bakterien die Auslöser sind. Ein Kind mit chronischer Bronchitis sollte allerdings ärztlich begleitet werden. Der behandelnde Arzt kann auch feststellen, ob das Kind eine Kindertageseinrichtung besuchen darf.

> Pädagogische Fachkräfte müssen von den Eltern über Besonderheiten im Umgang mit dem chronisch kranken Kind informiert werden. Sind regelmäßig ›Medikamente‹ zu verabreichen, empfehlen sich schriftliche Vereinbarungen und Schulungen für die pädagogischen Fachkräfte.

ärztliche Anordnungen ausführen → S. 162

7.3 Asthma bronchiale

Asthma ist die häufigste chronische Erkrankung im Kindesalter. Wissenschaftliche Studien gehen davon aus, dass jedes zehnte Kind von Asthma betroffen ist. Die Häufigkeit der Erkrankung hat in den letzten Jahrzehnten deutlich zugenommen.
So gut wie jede pädagogische Fachkraft betreut in ihrer beruflichen Laufbahn auch Kinder mit Asthma. Kenntnisse über das Krankheitsbild, Besonderheiten in der Betreuung und das richtige ›Notfallhandeln‹ bei einem Asthmaanfall sind in der Arbeit mit Kindern unverzichtbar.

Abb. 7.2 Kind mit Asthma

Notfall Asthmaanfall → S. 193

7.3.1 Was ist Asthma?

Beim **Asthma bronchiale** sind die Bronchien dauerhaft entzündet. Aus diesem Grund reagieren die Atemwege auf bestimmte Umweltreize wie Kälte oder Gräserpollen besonders empfindlich. Kommt es zu einem Kontakt mit den auslösenden Stoffen, so verengen sich die Atemwege und es entsteht ein Asthmaanfall mit Atemnot.

Die **Ursachen** für die dauerhafte Entzündung der Bronchien sind noch nicht umfassend geklärt. Mit hoher Wahrscheinlichkeit liegen sie aber in einer Mischung aus persönlicher Veranlagung und einwirkenden ›Umweltfaktoren‹. Je nach Ursache werden verschiedene Asthmaformen unterschieden. Im Kindesalter sind folgende Formen von besonderer Bedeutung:

Umweltfaktoren → S. 124

- Das **allergische Asthma** tritt häufiger bei Kindern auf, deren Eltern ebenfalls an Allergien leiden. Aus diesem Grund wird eine genetische Veranlagung als Ursache vermutet. Die Kinder reagieren bei Kontakt mit bestimmten ›Allergenen‹ aus der Umwelt überempfindlich. Kinder mit ›Heuschnupfen‹ haben ein besonders hohes Risiko, später an Asthma zu erkranken.
- Ein **infektbedingtes Asthma** liegt vor, wenn sich nach einer Infektion der Atemwege mit Viren oder Bakterien die Entzündungsreaktion nicht mehr zurückbildet und eine dauerhafte Überempfindlichkeit der Atemwege bestehen bleibt.
- Treten Beschwerden vorrangig im Zusammenhang mit körperlicher Belastung auf, spricht man von **Anstrengungsasthma**. Dabei ist die Anstrengung der Auslöser für den Asthmaanfall, während die Ursache für diese Form der Erkrankung an anderer Stelle zu suchen ist. Es kann beispielsweise ein infektbedingtes Asthma zugrunde liegen.

Allergene → S. 159

Heuschnupfen
durch Allergene, z. B. Gräserpollen, ausgelöster Schnupfen

7.3.2 Wie verläuft ein Asthmaanfall?

Für alle Asthmaformen gilt, dass die Betroffenen zwischen den Anfällen oft beschwerdefrei sind. Wird durch die auf einen Asthmatiker wirkenden Auslöser ein Anfall herbeigeführt, so kommt es zu typischen Reaktionen in den Bronchien. Die Luftwege verengen sich und die Atmung wird erschwert.

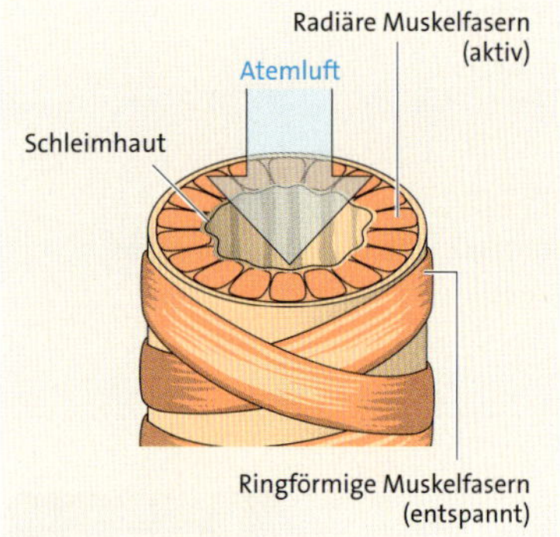

Abb. 7.3 a Atemwege im Normalzustand

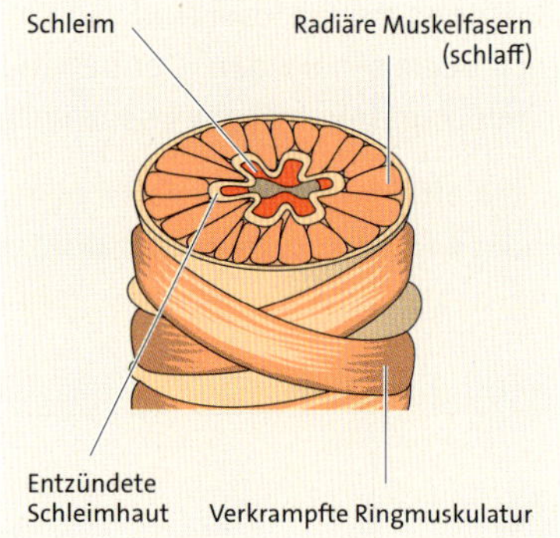

Abb. 7.3 b Atemwege bei einem Asthmaanfall

Vorgänge in den Bronchien während eines Asthmaanfalls:

1. Verkrampfung der Muskulatur in den Bronchien
2. Anschwellen der Schleimhaut in den Bronchien
3. Produktion von zähem Schleim

→ Verengung der Atemwege

Die Vorgänge in den Atemwegen führen bei einem Asthmaanfall zu charakteristischen Symptomen, die häufig ganz plötzlich einsetzen. Das Kind verspürt Atemnot und wird von einem starken Hustenreiz geplagt. Die erschwerte Ausatmung wird von pfeifenden Atemgeräuschen begleitet. Das Gefühl, zu ersticken, löst beim Betroffenen große Ängste aus. Schließlich wird der in den Bronchien produzierte zähe Schleim gegen Ende des Anfalles abgehustet.

Besucht ein Kind mit Asthma bronchiale eine Kindertagesstätte, so ist wie bei allen chronischen Erkrankungen eine enge Zusammenarbeit zwischen den Eltern und den pädagogischen Fachkräften zwingend erforderlich.

Tipps für die Betreuung von asthmakranken Kindern

- Dokumentieren Sie gemeinsam mit den Eltern detailliert alle Informationen. Was sind z. B. die bekannten Auslöser der Asthmaanfälle?
- Benötigt das Kind regelmäßig Medikamente, dann nehmen Sie in den Betreuungsvertrag eine ärztliche Anordnung zusammen mit der Einverständniserklärung der Eltern auf, dass Sie die Medikamente verabreichen dürfen.
- Alle Mitarbeiter der Einrichtung sollten über den Umgang mit einem ›Notfallspray‹ informiert sein. Für die Aufbewahrung muss ein für alle Mitarbeiter zugänglicher Ort vereinbart sein.

Notfallmedikament → S. 193

Pädagogische Fachkräfte können die Betreuung chronisch kranker Kinder auch erzieherisch nutzen. In der Gruppe kann beispielsweise thematisiert werden, dass es Kinder mit Erkrankungen gibt, die sie ein Leben lang begleiten und dass eine gewisse Rücksichtnahme auf Kinder mit Einschränkungen notwendig ist. Hier ist auch ein Ansatzpunkt für das Thema ›Inklusion‹: Wenn es für Kinder zur Selbstverständlichkeit wird, dass Menschen mit und ohne Einschränkungen ihr Leben gemeinsam gestalten, werden von vornherein Barrieren abgebaut.

Inklusion → S. 21

BEISPIEL Kinderpfleger Barney Herold betreut in seiner Gruppe **Florian (4;7)**, der an Asthma leidet. Gestern hatte Florian beim Bewegungsangebot seinen ersten Asthmaanfall in der Kita. Die anderen Kinder waren sehr besorgt, auch wenn durch richtiges Handeln von Barney Herold der Anfall schnell vorüber war. Heute thematisiert er mit den Kindern den gestrigen Vorfall. Er erläutert kindgerecht, warum Florian gestern keine Luft mehr bekommen hat, und lässt die anderen Kinder nachempfinden, wie sich Florian dabei gefühlt hat. Dazu atmen die Kinder durch Strohhalme und halten sich dabei die Nase zu. Sie spüren, wie schwer es ist, so zu atmen ...

Warum muss ich das für meinen Beruf wissen?

Akute Infektionen der Atemwege treten im Kindesalter sehr häufig auf. Pädagogische Fachkräfte müssen im konkreten Fall entscheiden, ob eine Betreuung in der Kindertagesstätte möglich ist, ohne dabei das betroffene Kind oder den Rest der Gruppe zu gefährden. Asthma bronchiale ist die häufigste chronische Erkrankung im Kindesalter. In der Kita übernehmen pädagogische Fachkräfte die Verantwortung für die Gesundheit des Kindes. Ein grundlegendes Verständnis für das Krankheitsbild und enge Absprachen mit den Eltern sind die Basis dafür, dass die Besonderheiten in der Betreuung des betroffenen Kindes berücksichtigt werden können. Sind Sie über die Auslöser der Anfälle informiert, können Sie diesen gezielt vorbeugen.

8 STÖRUNGEN DER SINNESORGANE

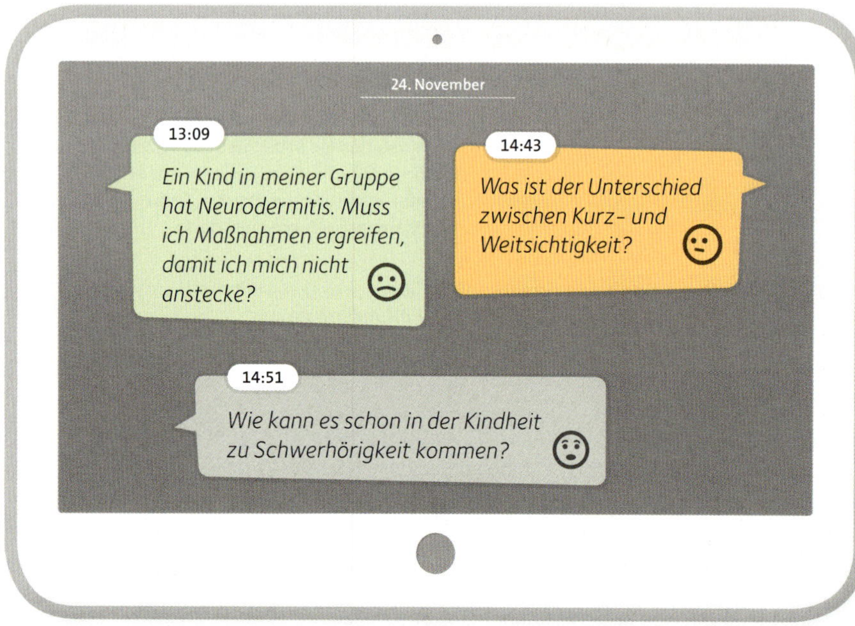

Wie jeder andere Bereich des Körpers können auch die menschlichen Sinnesorgane von akuten (unmittelbaren) oder chronischen (dauerhaften) Störungen bzw. Erkrankungen betroffen sein. Beispielsweise kann eine Verletzung des Augapfels zum Verlust der Sehkraft des betroffenen Auges führen oder chronische ›Mittelohrentzündungen‹ sorgen für eine Einschränkung des Hörvermögens.

Mittelohrentzündungen → S. 187

Pädagogische Fachkräfte schulen die **Wahrnehmung** der betreuten Kinder, indem sie immer wieder gezielte ›Angebote‹ dazu machen. Andererseits gehört es auch in ihren Aufgabenbereich, die Entwicklung der Wahrnehmung zu beobachten und dabei für Anzeichen einer Störung der Sinnesorgane sensibel zu sein.

Wahrnehmungsförderung → S. 114

8.1 Erkrankungen der Haut

8.1.1 Wenn die Haut juckt: Neurodermitis und Schuppenflechte

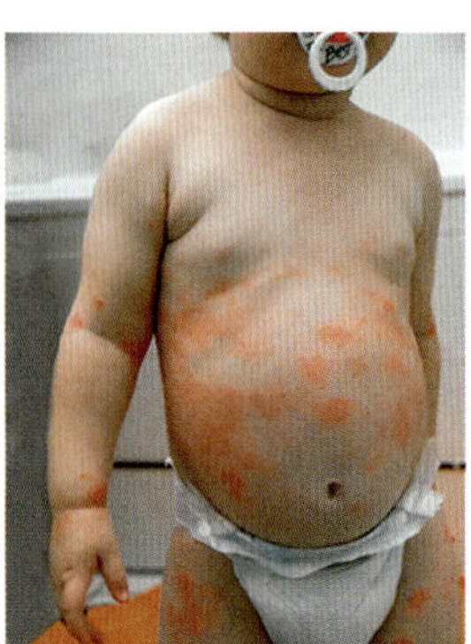

Abb. 8.1 Baby mit Neurodermitis

BEISPIEL **Jasmina (4;8)** klagt schon seit einigen Tagen über Juckreiz und gerötete Hautstellen. Kinderpflegerin Tamara Krems sieht sich die Haut des Mädchens näher an. Es hat aufgekratzte rote Stellen an den Armen und Beinen. Besonders stark sind die Arm- und Kniebeugen betroffen. Als Jasmina von ihrer Mutter abgeholt wird, sucht die Kinderpflegerin das Gespräch mit ihr. Jasminas Mutter erzählt, dass das Jucken seit dem Winter aufgetreten ist. Die Mutter ist selbst ganz verzweifelt, weil das Mädchen durch den Juckreiz so geplagt ist und sich ständig kratzt. Sie versucht schon, die roten, aufgekratzten Stellen mit Salben zu behandeln.

Die Krankheitsbilder Neurodermitis und Schuppenflechte können von Laien häufig nicht klar auseinandergehalten werden. Beide zeigen sich durch gerötete juckende Hautstellen. Für einen Arzt ist jedoch häufig schon auf den ersten Blick klar, um welche der beiden Hautkrankheiten es sich handelt. Beide Erkrankungen haben gemeinsam, dass ihre **Ursachen** noch nicht gänzlich bekannt sind. Wissenschaftler vermuten ein Zusammenspiel mehrerer Faktoren. Eine große Rolle dürfte die **genetische Veranlagung** spielen.

Neurodermitis

Die Neurodermitis ist eine der häufigsten Hauterkrankungen im Kindesalter. Nach aktuellen Statistiken geht man davon aus, dass in Deutschland etwa zehn Prozent aller Kinder zumindest zeitweise davon betroffen sind. Es besteht eine genetische Neigung zu der Erkrankung, die jedoch erst durch **Reize aus der Umwelt** zum Ausbruch kommt. Hierfür können ›Nahrungsmittelallergien‹, Klimabedingungen wie Kälte oder falsche Hautpflege verantwortlich sein.

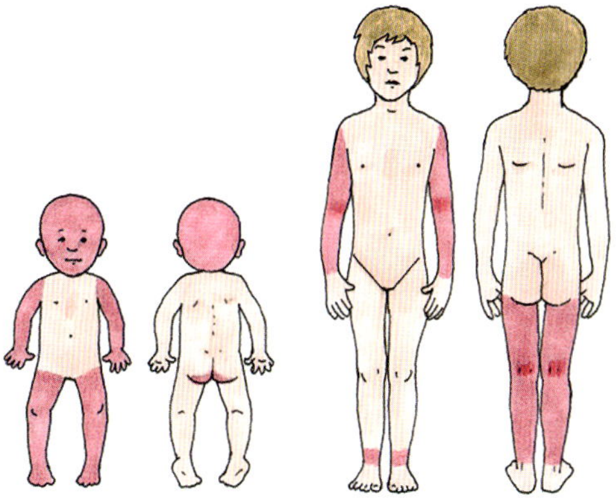

Abb. 8.2 Typische Körperstellen der Neurodermitis nach Alter

Bei der Neurodermitis zeigen sich immer wieder Entzündungen der Haut, die mit starkem Juckreiz verbunden sind. Die Erkrankung tritt vorwiegend schon im Säuglingsalter auf. Die typischen Hauterscheinungen sind mit zunehmendem Alter an unterschiedlichen Körperstellen zu finden. Im Säuglingsalter kommt die Erkrankung bevorzugt im Kopf- und Gesichtsbereich vor und kann sich dann auf Arme und Beine ausdehnen. Bilden sich am Kopf und im Gesicht schuppige Krusten, spricht man vom **Milchschorf**, der nicht mit den weichen fetthaltigen Schuppen des ganz normalen Kopfgneis bei Säuglingen zu verwechseln ist. Bei Kindern über zwei Jahren sind dann vorrangig der Hals sowie die Beugen der Arme und Beine betroffen. Kinder, die an Neurodermitis leiden, haben ein erhöhtes Risiko, in ihrem Leben auch an anderen allergischen Erkrankungen wie Heuschnupfen oder ›Asthma bronchiale‹ zu erkranken.

Allergien → *S. 159*

Asthma bronchiale → *S. 179*

Schuppenflechte

Von Schuppenflechte sind im Gegensatz zur Neurodermitis vor allem Erwachsene betroffen. Etwa 15 Prozent aller Fälle treten trotzdem schon im Kindesalter auf. Auch hier geht man davon aus, dass bei bestehender Veranlagung die Erkrankung durch äußere Einflüsse ausgelöst wird. Bei Kindern zeigt sich diese oft anders als im Erwachsenenalter.

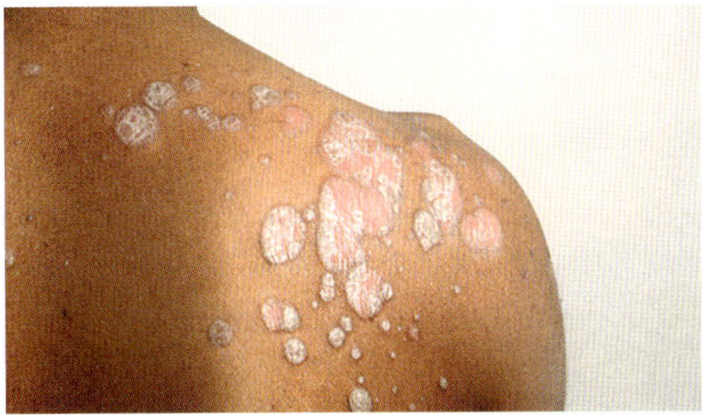

Abb. 8.3 Typische silbrig-weiße Schuppenbildung

Bei Erwachsenen treten scharf begrenzte Rötungen vor allem auf den Streckseiten (den Beugen gegenüberliegenden Seiten) der Arme und Beine sowie auf der Kopfhaut auf. Auf der Rötung bilden sich mit der Zeit durch die beschleunigte Hornhautbildung die typischen silbrigweißen Schuppen.

Bei Kindern bilden sich die geröteten Hautstellen häufig über den ganzen Körper verteilt aus und verschwinden nach einer Weile wieder. Erst mit der Zeit sind die Schuppenherde dann dauerhaft vorhanden. Kopfhaut und Gesicht sind bei Kindern regelmäßig mitbetroffen.

> Für Kinder spielen bei beiden chronischen Hauterkrankungen vor allem der Juckreiz und die Reaktionen der anderen Kinder eine große Rolle.

Mit Neurodermitis und Schuppenflechte umgehen

Pädagogische Fachkräfte können dabei helfen, Krankheitsschübe zu verhindern. In enger Zusammenarbeit mit den Eltern können sie bekannte Auslöser vermeiden. Besteht z. B. eine **Allergie** auf bestimmte Nahrungsmittel, so achten sie darauf, dass das Kind keinen Kontakt mit den Allergenen bekommt. Auch ›**Stress**‹ kann einen negativen Einfluss auf die Hauterkrankungen haben. Dies muss im pädagogischen Alltag berücksichtigt werden.

Stress → S. 168

Eine einheitliche Behandlung für Neurodermitis oder Schuppenflechte gibt es nicht. Eltern müssen gemeinsam mit dem behandelnden Arzt nach einer individuellen Lösung suchen. Bestandteil fast aller Therapien ist jedoch eine **besondere Pflege der Haut**. Diese wird durch spezielle Produkte auch in beschwerdefreien Phasen mit Fett und Feuchtigkeit versorgt. Pädagogische Fachkräfte sollten vor allem darüber informiert sein, ob ein spezielles Behandlungskonzept für den Fall besteht, dass das betroffene Kind akut an Juckreiz leidet. Werden ›Cremes‹ mit medizinischen Wirkstoffen angewendet, empfiehlt es sich, eine schriftliche Vereinbarung mit den Eltern zu treffen. Bei starkem Juckreiz können pädagogische Fachkräfte vor allem versuchen, das Kind durch **andere Aktivitäten** abzulenken.

ärztliche Anordnungen in der Kita ausführen → S. 162

Von Neurodermitis oder Schuppenflechte betroffene Kinder leiden auch psychisch unter der Erkrankung. Ausgrenzungen und Hänseleien durch andere Kinder müssen ernst genommen und thematisiert werden. Ein dem Entwicklungsstand der Kinder angepasstes Aufgreifen der Thematik kann hier eventuell vorbeugend wirken.

> Ein Punkt sollte für alle Kontaktpersonen eines betroffenen Kindes klar sein: Neurodermitis und Schuppenflechte sind nicht ansteckend!

8.1.2 Hautkrebs

Hautkrebs entsteht – wie alle anderen Krebsarten auch –, wenn sich menschliche Zellen so verändern, dass sie auf Steuerungssignale des Körpers nicht mehr reagieren. Die Zellen entarten, teilen sich schnell und bilden eine Wucherung (**Tumor**). Je nach Wachstum der entarteten Zellen unterscheidet man gutartige von bösartigen Tumoren. Die gefürchteten bösartigen Wucherungen wachsen schnell, dringen in anderes Gewebe ein und bilden frühzeitig ›Tochtergeschwulste‹ (**Metastasen**).

Tochtergeschwulste
abgelöste Zellen eines Tumors, die an anderer Stelle im Körper neue Wucherungen bilden

Einen für Kinder aufbereiteten Film sowie weitere Materialien zum Thema gibt es auf der Webseite „Melanom-Wissen“:
www.melanom-wissen.de/fuer-erzieherinnen.html

Hinweise zur Beobachtung von Muttermalen mit der Beschreibung der ABCDE-Regel finden Sie auf der Webseite der Deutschen Krebsgesellschaft:
www.krebsgesellschaft.de/onko-internetportal/basis-informationen-krebs/krebsarten/hautkrebs/frueherkennung.html

Es gibt viele verschiedene Arten von Hautkrebs. Alle zusammen bilden die in Deutschland häufigste Krebserkrankung. Besonders gefürchtet ist aufgrund seines „bösartigen“ Wachstums der schwarze Hautkrebs (**Melanom**). Der bedeutendste **Risikofaktor** für Hautkrebs ist die UV-Strahlung der Sonne. Diese kann zu Veränderungen an den Hautzellen führen und unkontrolliertes Wachstum auslösen. Hautkrebs bei Kindern ist zwar selten, aber nicht unmöglich. Daher müssen Kinder vor übermäßiger Belastung durch UV-Strahlung geschützt werden. Außerdem sollten Hautauffälligkeiten wahrgenommen und einem Hautarzt vorgestellt werden.

> Besonders aufmerksam werden müssen Eltern, aber auch pädagogische Fachkräfte, immer bei neu aufgetretenen oder sich schnell verändernden Hauterscheinungen.

Wichtig ist auch die Beobachtung von Muttermalen, da aus ihnen der schwarze Hautkrebs entstehen kann. Auffällig sind beispielsweise Veränderungen der Größe oder der Färbung. Hilfreich ist hier die sogenannte **ABCDE-Regel**.

Pädagogische Fachkräfte haben vor allem die Aufgabe, die von ihnen betreuten Kinder vor übermäßiger Sonnenstrahlung, also vor UV-Strahlung, zu schützen. Sie begleiten die Kinder dabei, ein Verhalten zu entwickeln, das die Gesundheit der Haut erhält.

Sonnenschutzregeln für Kinder

- Säuglinge sollten keiner direkten Sonne ausgesetzt werden, bei Kindern unter drei Jahren sollte Spielen in der direkten Sonne ebenfalls vermieden werden.
- Sonne in der Zeit zwischen 11 und 15 Uhr meiden.
- Mit luftiger Kleidung vor der Sonne schützen.
- Hut und eine gute Sonnenbrille schützen Kopf, Gesicht und Augen
- Unbedeckte Körperpartien unbedingt mit Sonnenschutz eincremen:
  - eincremen ca. 30 Minuten vor dem Aufenthalt im Freien
  - mindestens Lichtschutzfaktor 30, besser 50 verwenden
  - alle zwei Stunden nachcremen
- Viel trinken.
- Spielbereiche (Sandkasten etc.) mit Sonnenschirm oder Sonnensegel ausstatten.
- UV-Strahlung ist im Wasser und bei Schnee besonders stark.

8.2 Sehschwächen

In Deutschland sind etwa fünf bis zehn Prozent der Kinder von einer Sehschwäche betroffen. Je früher eine Sehschwäche erkannt wird, desto besser kann eine Behandlung die weitere Entwicklung des Sehens unterstützen. Neben den empfohlenen ›Vorsorgeuntersuchungen‹ beim Kinderarzt sollten Kinder bei Auffälligkeiten umgehend von einem Augenarzt untersucht werden. Im Kindesalter treten besonders häufig das **Schielen** sowie **Fehlsichtigkeiten** in Form von Kurzsichtigkeit, Weitsichtigkeit oder Hornhautverkrümmung auf.

Vorsorgeuntersuchungen
→ *S. 107*

8.2.1 Schielen

Bei dieser Sehschwäche betrachten die beiden Augen während des Sehvorgangs nicht den gleichen Punkt, da ein Auge von der Blickrichtung abweicht. Die Ursachen dafür können angeboren oder in der Kindheit erworben sein. So kann z. B. eine **unterschiedliche Sehleistung** auf beiden Augen ursächlich sein. Durch die Fehlstellung entstehen Doppelbilder, die das Gehirn damit umgeht, dass die Leistung eines Auges unterdrückt wird. Ohne Behandlung verliert dieses Auge mit der Zeit seine Fähigkeit, scharf zu sehen. Die Behandlung erfolgt durch einen Ausgleich der Sehleistung mithilfe einer Brille. Zusätzlich muss das Gehirn lernen, das ausgeblendete Auge wieder zu benutzen. Dazu wird das nicht schielende Auge regelmäßig mit einem Pflaster abgeklebt.

8.2.2 Kurzsichtigkeit, Weitsichtigkeit und Hornhautverkrümmung

Bei Kurz- oder Weitsichtigkeit kann das Auge – meist aufgrund einer von der Norm abweichenden Form des Augapfels – das Betrachtete nicht mehr scharfstellen. Bei der Kurzsichtigkeit betrifft dies vor allem weiter Entferntes. Im Falle der Weitsichtigkeit ist das Betrachten von nahen Objekten eingeschränkt. Pädagogische Fachkräfte sollten daher bei Hinweisen auf eine Fehlsichtigkeit genau beobachten, in welchen Situationen das Kind Probleme hat oder komisch reagiert.

Sehsinn → S. 110

Dioptrie
Maßeinheit für die Brechkraft (z. B. –1,5 oder +2,0)

Die **Kurzsichtigkeit** liegt meist an einem zu langen Augapfel. Nach ›Brechung‹ des einfallenden Lichtes wird dieses bereits vor der Netzhaut gebündelt. Das Sehen ist unscharf. Die Fehlsichtigkeit kann durch eine Brille mit Zerstreuungsgläsern ausgeglichen werden. Die ›Dioptrienzahl‹ ist bei den Gläsern dieser Brillen negativ. Der gegenteilige Fall liegt bei der **Weitsichtigkeit** vor. Durch einen zu kurzen Augapfel ist das einfallende Licht noch nicht gebündelt, wenn es auf die Netzhaut fällt, was ebenfalls ein unscharfes Bild entstehen lässt. Eine Brille mit Sammelgläsern (positive Dioptrienzahl) unterstützt die Lichtbrechung und gleicht so die Sehschwäche aus.

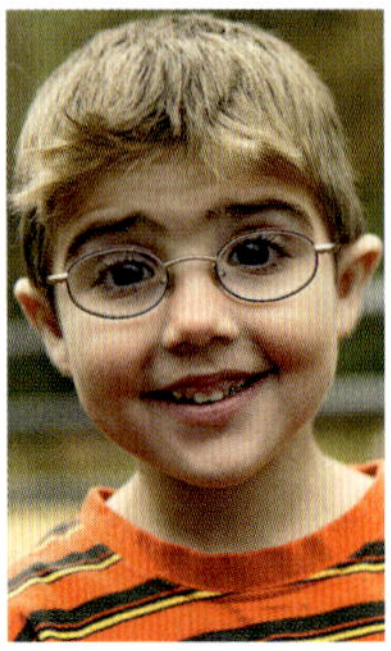

Abb. 8.4 Kind mit Weitsichtigkeit

Bei der **Hornhautverkrümmung** führt eine ungleichmäßig gekrümmte Hornhaut dazu, dass einfallendes Licht nicht gleichmäßig ins Auge gelangt. Leichte Formen der Hornhautverkrümmung werden oft gar nicht wahrgenommen, während stärkere Ausprägungen zu unscharfem Sehen führen.

8.2.3 Sehstörungen bei Kindern erkennen

Anzeichen für eine vorliegende Sehstörung können sein:
- offensichtliches Schielen
- häufiges Augenreiben oder Blinzeln
- Schräghaltung des Kopfes
- schnelles Ermüden bei Arbeiten, die Konzentration erfordern
- häufige Kopfschmerzen

Die Aufgabe pädagogischer Fachkräfte in Bezug auf Sehschwächen besteht vorrangig in zwei Aspekten.
- Einerseits können sie durch genau Beobachtung der betreuten Kinder zu einem **frühen Erkennen** einer Abweichung beitragen.
- Andererseits sollten sie die **Akzeptanz gegenüber Sehhilfen** sowohl bei den betroffenen als auch bei nicht betroffenen Kindern fördern. Zu dieser Thematik gibt es eine Vielzahl an Materialien wie Lieder oder Bücher.

8.3 Hörstörungen

Kindliche Hörstörungen sind in der Regel nicht mit der Schwerhörigkeit erwachsener Menschen vergleichbar. Während bei Erwachsenen häufig nur die Wahrnehmung der hohen Töne beeinträchtigt ist, betrifft die Hörstörung im Kindesalter alle Tonhöhen. Das schränkt die noch hörbaren Reste stark ein.

Hörsinn → S. 111

Es gibt unterschiedliche **Ursachen** dafür, dass ein Kind nicht richtig hört. Grundsätzlich kann eine Hörstörung in allen Bereichen des ›Hörvorgangs‹ ihre Ursache haben und angeboren oder erworben sein. In Deutschland leben derzeit etwa 500 000 Kinder mit einer Hörstörung.

Schon für Neugeborene wird routinemäßig eine Untersuchung der Hörfähigkeit empfohlen. Auch später sollten Eltern bei aufkommendem Verdacht einen Hals-Nasen-Ohren-Arzt hinzuziehen, der das Hörvermögen testet. Je früher eine Hörstörung erkannt wird, umso eher kann eine optimale Behandlung erfolgen. So werden negative Auswirkungen auf die Gesamt- und insbesondere die ›Sprachentwicklung‹ reduziert.

KP sprachliche Entwicklung → S. 161

Hörstörungen

Periphere Hörstörungen
betreffen Außen-, Mittel- oder Innenohr

Mögliche Ursachen:
- Ohrenschmalz
- Häufige Mittelohrentzündungen
- Fehlbildung der Gehörknöchelchen
- Verletzungen des Trommelfells
- Schädigung der Sinneshärchen

Zentrale Hörstörungen
betreffen Weiterleitung oder Verarbeitung im Gehirn

Mögliche Ursachen:
- Entwicklungsstörungen durch Infektionen im Mutterleib (z. B. Röteln)
- Angeborene Behinderungen (z. B. Down-Syndrom)
- Sauerstoffmangel bei der Geburt

Abb. 8.5 Arten und Ursachen von Hörstörungen

BEISPIEL Kinderpflegerin Renate Zimmermann hat für die Kinder ihrer Gruppe ein Angebot zum Hörsinn ausgearbeitet. Die Kinder müssen mit geschlossenen Augen auf die Richtung deuten, aus der die Kinderpflegerin leise Geräusche mit Musikinstrumenten ertönen lässt. **Benjamin (3;9)** reagiert auf die meisten Töne gar nicht oder erst sehr spät. Da im Team schon öfter besprochen wurde, dass Benjamin ständig nachfragt, wenn er angesprochen wird, sucht Renate Zimmermann das Gespräch mit den Eltern.

Pädagogische Fachkräfte müssen Hinweise auf Hörstörungen bei Kindern erkennen und weitergeben.

Kinder mit hochgradigen Hörstörungen oder taube Kinder besuchen in der Regel Einrichtungen mit speziell geschultem Personal. Für den Umgang mit Kindern, die eine leichter ausgeprägte Hörstörung haben, gibt es folgende Grundsätze:
- Reden Sie mit schwerhörigen Kindern langsam und deutlich.
- Suchen Sie für Gespräche eine ruhige Atmosphäre.
- Lassen Sie sich von den Eltern in Hilfsmittel wie z. B. Hörgeräte einweisen.
- Thematisieren Sie die Einschränkung im Rahmen von Gruppengesprächen.

Abb. 8.6 Kind mit Hörgeräten

Warum muss ich das für meinen Beruf wissen?

Eine Kernaufgabe pädagogischer Fachkräfte ist die Wahrnehmungsförderung der betreuten Kinder. Dabei beobachten Sie die Kinder gezielt und stellen so auch Abweichungen in der Leistung einzelner Sinnesorgane fest. Die Beobachtungen werden fachlich begründet an die Eltern weitergegeben.
Chronische Hauterkrankungen treten im Kindesalter relativ häufig auf. Pädagogische Fachkräfte unterstützen die Behandlung, indem sie beispielsweise Umgebungsreize verhindern, die einen Krankheitsschub auslösen können. Auch die Pflege der erkrankten Hautstellen gehört zu ihren Aufgaben. Zur Gesunderhaltung der Haut führen sie schließlich die betreuten Kinder an eine Vermeidung übermäßiger UV-Belastung heran.

9 RICHTIGES HANDELN IM NOTFALL

Der Gedanke daran, in einer Notfallsituation als Ersthelfer reagieren zu müssen, löst bei vielen Menschen ein ungutes Gefühl aus. Die Angst, etwas „falsch" zu machen, ist wohl die ausschlaggebende Ursache für dieses Gefühl. Auch wenn dadurch die Ängste nur in begrenztem Maße abgebaut werden, ist es immer wieder wichtig, sich die folgenden zwei Dinge bewusst zu machen:

1. Nur keine Hilfe ist schlechte Hilfe!
2. Jeder kann nur im Rahmen seiner Möglichkeiten Erste Hilfe leisten!

Selbst wenn Laienhelfer bei der Ersten Hilfe Fehler machen, ist das besser, als wenn sie gar nicht erst eingreifen. Niemand erwartet z. B. von einer pädagogischen Fachkraft in der Kindertageseinrichtung, dass sie bei Erste-Hilfe-Maßnahmen die Sicherheit eines Arztes an den Tag legt. Trotzdem sollte das Personal in Kindertagesstätten umsichtig handeln, um Unfälle zu vermeiden, und Basismaßnahmen für zu erwartende Notfälle sicher beherrschen. Aus diesem Grund geben die Unfallversicherungsträger vor, dass pro Kindergruppe mindestens eine pädagogische Fachkraft als Ersthelfer ausgebildet sein muss.

Seit 2015 ist der Kurs **„Erste Hilfe in Bildungs- und Betreuungseinrichtungen für Kinder"** bundesweit geregelt. In neun Unterrichtseinheiten werden Grundlagen für Maßnahmen am Erwachsenen und am Kind eingeübt.

Die Fortbildung muss alle zwei Jahre wieder aufgefrischt werden. Manche Träger legen sogar fest, dass jede pädagogische Fachkraft die Fortbildung in regelmäßigen Abständen besuchen muss.

Auflagen der Unfallversicherungsträger für Kitas in Bezug auf Erste Hilfe:

publikationen.dguv.de/dguv/pdf/10002/202-089.pdf

9.1 Grundlagen der Ersten Hilfe

9.1.1 Gut organisiert ist halb geholfen

In der Kindertageseinrichtung müssen Abläufe der Ersten Hilfe für alle Mitarbeiter klar sein. Wenn dann noch die Räumlichkeiten und das notwendige Material durchdacht vorbereitet sind, wird die Hektik in einer Notfallsituation minimiert.
Ein frei zugängliches **Telefon** dient im Notfall als Meldeeinrichtung. Dort sollten gut sichtbar die Namen der ausgebildeten Ersthelfer und die wichtigsten Notrufnummern angebracht sein.
Bevor die pädagogische Fachkraft im Ernstfall handelt, ist es sinnvoll, für ein paar Sekunden in sich zu gehen. Überlegtes Handeln ist wichtig, damit keine unnötige Hektik in das Geschehen gebracht wird. Ein Notfall ist ohnehin immer mit Stress verbunden. Durchdenken Sie daher vor ersten konkreten Maßnahmen ihre Vorgehensweise.

Abb. 9.1 Notrufnummernverzeichnis neben dem Telefon

Beachten Sie diese Punkte vor konkreten Erste-Hilfe-Maßnahmen:

- Verschaffen Sie sich einen Überblick. Nehmen Sie sich ein paar Sekunden Zeit und nehmen Sie wahr, was genau passiert ist.
- Überprüfen Sie, ob von den Notfallmaßnahmen eine Gefährdung für Sie selbst oder andere Anwesende ausgeht. Beispielsweise muss bei Stromunfällen sichergestellt sein, dass keine weitere Person einen Stromschlag bekommt.
- Atmen Sie dreimal tief durch! Sie sollten als Ersthelfer möglichst viel Sicherheit ausstrahlen. Das beruhigt die restlichen Kinder und vor allem den Betroffenen.
- Holen Sie schnellstmöglich Hilfe. Nach Möglichkeit sollten Sie dabei das betroffene Kind nicht verlassen. Arbeiten mehrere Personen zusammen, können Tätigkeiten aufgeteilt werden und man fühlt sich sicherer.

Anschließend können Sie beginnen, die Maßnahmen entsprechend der Rettungskette zu durchlaufen.

9.1.2 Die Rettungskette

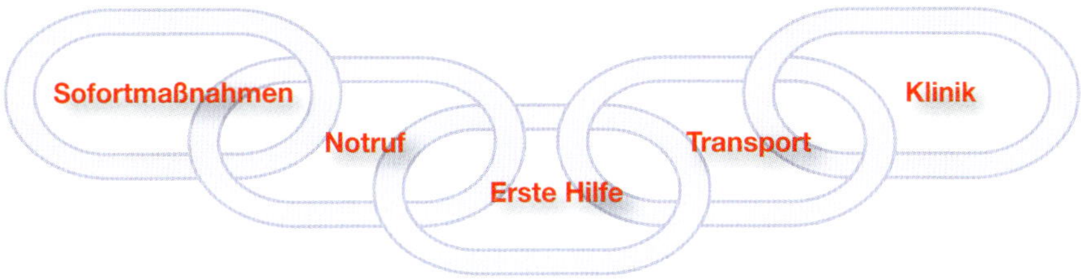

Abb. 9.2 Die Rettungskette

Je nach Schwere und Art des vorliegenden Notfalls sind verschiedene Maßnahmen nötig. Darüber hinaus hat ein Ersthelfer in bestimmten Situationen gar nicht die Möglichkeit, ohne professionelle Hilfe auszukommen. Während die Bereiche lebensrettende **Sofortmaßnahmen**, weitere Maßnahmen der **Ersten Hilfe** und die Behandlung in der **Klinik** vor allem aus konkreten Handlungen am Betroffenen bestehen, bilden der **Notruf** und der **Transport** wichtige Bindeglieder zwischen den genannten Bereichen.

Eine Kette ist nur so stark wie ihr schwächstes Glied. Ohne Notruf erscheinen beispielsweise keine professionellen Helfer. Für den Laienhelfer sind daher die ersten drei Bereiche der **Rettungskette** von Bedeutung.

Lebensrettende Sofortmaßnahmen
- Sicherung der Unfallstelle und Eigenschutz
- Überprüfung der lebenswichtigen Körperfunktionen
  → Bewusstsein und Atmung
- Reaktion auf Störungen der überprüften Körperfunktionen
  → stabile Seitenlage, Herz-Lungen-Wiederbelebung, Blutstillung, Atemspende

Den Notruf absetzen
- Als Faustregel gelten die 5 W:
  Wo? **W**as? **W**ie viele Verletzte? **W**elche Verletzungen? **W**arten auf Rückfragen!
  → Das geschulte Personal in den Rettungsleitstellen leitet Sie durch das Telefonat und fragt gezielt nach. Wichtigste Regel:
  Der Notruf wird von der Rettungsleitstelle beendet!

Weitere Maßnahmen der Ersten Hilfe
- Betreuung und Beruhigung des Kindes
- Versorgen kleinerer Verletzungen
- Ruhigstellung von Brüchen
- Das Kind warm halten

Abb. 9.3 Konkrete Maßnahmen des Ersthelfers in der Rettungskette

9.1.3 Lebensrettende Sofortmaßnahmen im Überblick

Im ersten Schritt der Rettungskette liegt der Schwerpunkt darauf, das Leben des betroffenen Kindes zu erhalten und eine Verschlechterung des Zustandes möglichst zu vermeiden. Aber auch Gefährdungen für den Helfer selbst oder weitere anwesende Personen sind auszuschließen.

Krampfanfall → *S. 199*

BEISPIEL Eine weitere Gefahr für das betroffene Kind ergibt sich etwa bei einem ›Krampfanfall‹ an einer befahrenen Straße durch vorbeifahrende Autos. Das Kind muss auf einen sicheren Bereich neben der Straße gebracht werden. Bei einer Blutung wiederum besteht für den Helfer immer die Gefahr, sich durch Blutkontakt mit eventuellen Erkrankungen anzustecken. Ersthelfer können sich durch die Verwendung von Einmalhandschuhen schützen.

Die lebenswichtigen Körperfunktionen überprüfen

Sind weitere Gefährdungen für alle Beteiligten ausgeschlossen, so prüft der Ersthelfer die lebenswichtigen Köperfunktionen des Betroffenen.
Zunächst lässt sich das **Bewusstsein** eines Kindes einfach überprüfen, indem man es anspricht und vorsichtig berührt.

Beobachtung	Schlussfolgerung	Weitere Maßnahmen
Kind reagiert sofort gezielt auf Ansprache	Kind ist bei vollem Bewusstsein	nötige Hilfe je nach Situation geben
Kind reagiert langsam und verwirrt auf Ansprache	Bewusstsein des Kindes ist eingeschränkt	Bewusstsein weiter beobachten und der Situation entsprechend helfen
Kind reagiert nicht auf Ansprache	Kind ist bewusstlos	Hilfe holen und Atmung überprüfen

Tab. 9.4 Überprüfung des Bewusstseins

Ist das Kind bewusstlos, sollte in jedem Fall Hilfe hinzugezogen werden, in der Kita beispielsweise durch lautes Rufen nach einer weiteren pädagogischen Fachkraft.
In einem zweiten Schritt muss nun die ›**Atmung**‹ kontrolliert werden. Am besten liegt das Kind dabei auf einer harten Unterlage, etwa dem Boden. Ein kurzer Blick in den Mund- und Rachenraum des Kindes klärt, ob Fremdkörper die oberen Atemwege blockieren. Solche Fremdkörper müssen entfernt werden. Dann wird je nach Alter in ›Neutralstellung‹ oder bei überstrecktem Kopf festgestellt, ob das Kind normal atmet. Hinweise auf Atemtätigkeit erhalten sie durch:

die menschliche Atmung → S. 102

Atemspende nach Alter des Kindes → S. 193

- **Sehen:** der Brustkorb hebt und senkt sich
- **Hören:** Atemgeräusche
- **Fühlen:** mit eigener Wange Ausatemluft erspüren; Ertasten von Brustkorbbewegungen

Die Atmung wird für maximal zehn Sekunden überprüft.

Beobachtung	Schlussfolgerung	Weitere Maßnahmen
Kind atmet normal	Atmung vorhanden	›stabile Seitenlage‹
Kind atmet unregelmäßig oder Situation unklar	Atmung nicht normal vorhanden	›Atemspende‹
Kind atmet nicht	fehlende Atmung	Atemspende

stabile Seitenlage → S. 192

Atemspende → S. 192

Tab. 9.5 Überprüfung der Atmung

Für Laienhelfer wird die Pulskontrolle zum Einschätzen der ›**Herz-Kreislauf-Situation**‹ aktuell nicht mehr empfohlen. Je nach Reaktion des Kindes auf die erste Atemspende wird entschieden, ob eine ›**Herz-Lungen-Wiederbelebung**‹ nötig ist. Der Helfer überprüft dazu, ob offensichtliche Lebenszeichen vorliegen. Zu diesen gehören neben einer normalen Atmung beispielsweise Husten oder Bewegungen. Einzelne oder unregelmäßige Atemzüge gelten dabei als nicht ausreichend. Die Überprüfung des Kindes auf Lebenszeichen nach der ersten Atemspende sollte nicht länger als zehn Sekunden dauern und gibt die weiteren Maßnahmen vor.

Herz-Kreislauf-System → S. 100

Herz-Lungen-Wiederbelebung → S. 192

Beobachtung	Schlussfolgerung	Weitere Maßnahmen
Kind atmet wieder ausreichend, bleibt aber bewusstlos	Kreislauf vorhanden	stabile Seitenlage und weitere Überprüfung
Kind zeigt Lebenszeichen, atmet aber nicht ausreichend	Kreislauf vorhanden	Atemspende weiterführen
Kind zeigt keine Lebenszeichen	Fehlender Kreislauf	Herz-Lungen-Wiederbelebung

Tab. 9.6 Überprüfung der Kreislaufsituation

Das Auffindeschema als roter Faden für die Erste Hilfe
Zusammenfassend ergibt sich aus der Überprüfung der lebenswichtigen Funktionen ein sogenanntes **Auffindeschema**, das pädagogischen Fachkräften einen roten Faden beim Durchlaufen der ersten Schritte bietet.

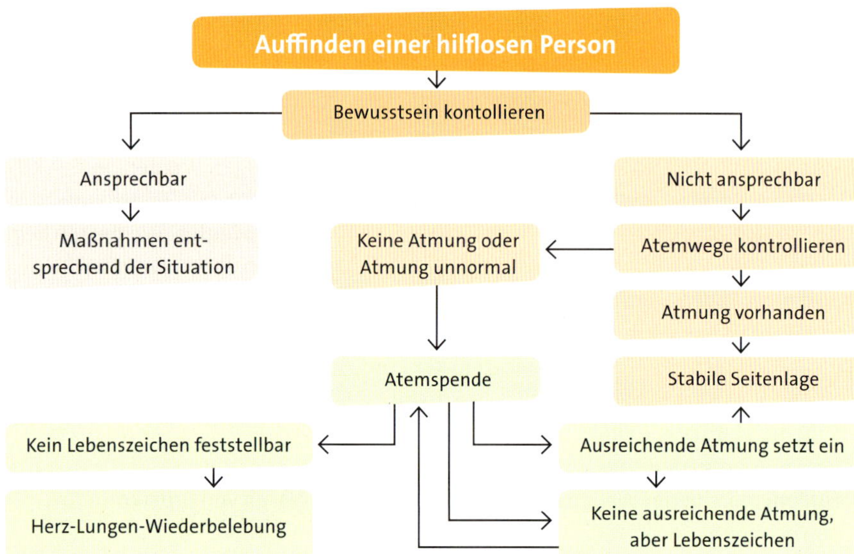

Abb. 9.7 Zusammenfassendes Schema beim Auffinden einer hilflosen Person

Notruf → S. 189

Sind mehrere Helfer anwesend, kann ein ›**Notruf**‹ jederzeit abgesetzt werden. Ist nur ein Helfer vor Ort, so sollte bei fehlendem Kreislauf erst für etwa eine Minute wiederbelebt werden. Danach kann diese Maßnahme für die Dauer des Notrufs unterbrochen werden.

9.1.4 Stabile Seitenlage

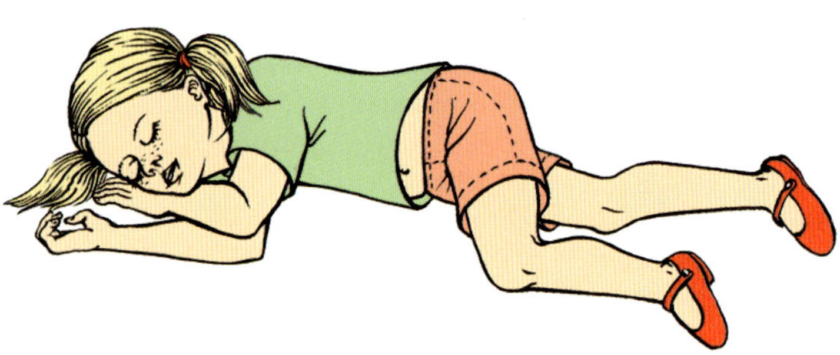

Abb. 9.8 Die stabile Seitenlage

Die stabile Seitenlage wird bei bewusstlosen, aber noch atmenden Menschen angewendet. Sie hat im Wesentlichen zwei Aufgaben:

- Der Mund wird zum tiefsten Punkt des Körpers – so kann die Zunge nicht in den Rachen rutschen und dort die Atemwege verschließen.
- Erbrochenes kann aus dem Mund fließen und gelangt ebenfalls nicht in die Atemwege.

> Jede Lage ist besser als die Rückenlage! Deshalb keine Angst vor kleinen Fehlern bei der stabilen Seitenlage!

Videoanleitungen zur stabilen Seitenlage finden Sie im Internet, z. B. auf der Seite des DRK-Kreisverbandes Lausitz: **drk-lausitz.de/angebote/video.html**

9.1.5 Atmung und Kreislauffunktion übernehmen

Für die richtige Technik bei der Atemspende und der Herz-Lungen-Wiederbelebung ist das Alter des betroffenen Kindes entscheidend. Aufgrund der körperlichen Entwicklung ergeben sich hier wichtige Unterschiede.

Ist eine **Atemspende** bei einem Kind notwendig, so wird diese am besten in Rückenlage auf einer harten Unterlage durchgeführt.

Atemspende beim Säugling

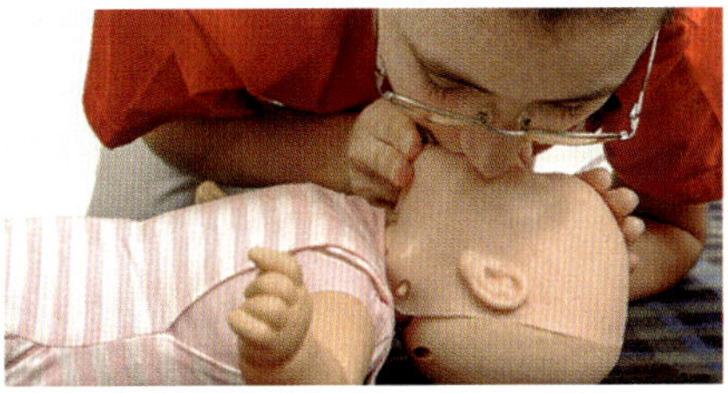

- „Neutralstellung" des Kopfes
- Beatmung über Mund und Nase

Atemspende bei Kindern ab einem Jahr

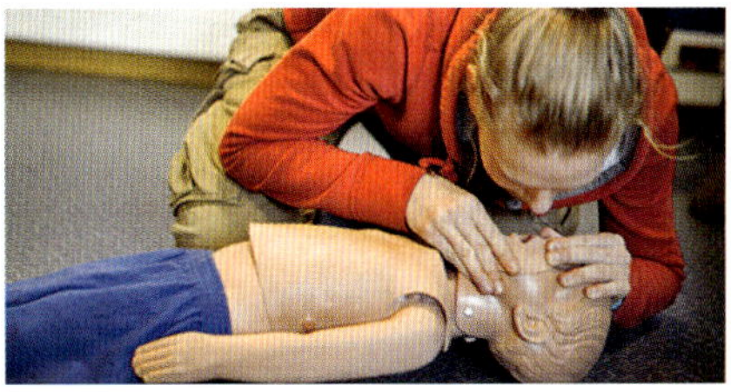

- Kopf überstrecken
- Beatmung nur über den Mund

Abb. 9.9 Atemspende nach Alter des Kindes

Beim **Säugling** wird das Kinn für die Beatmung nur leicht angehoben. Die andere Hand umfasst das Köpfchen, sodass der Kopf eine neutrale Stellung ohne starke Überstreckung einnimmt. Für die Beatmung umschließt der Helfer mit seinem Mund die Nase und den Mund des Kindes. Bei **Kindern ab einem Jahr** wird der Kopf überstreckt und die Beatmung erfolgt von Mund zu Mund. Die Nase des Kindes muss dabei zugehalten werden. In jedem Alter ist es wichtig, die Luft kontrolliert einzublasen, da die kindliche Lunge ein viel kleineres Volumen aufweist als bei Erwachsenen. Hebt sich der Brustkorb sichtbar, ist die Beatmung erfolgreich. Führen Sie für eine Atemspende fünf Atemzüge in Folge aus.

Auch bei der ›**Herz-Lungen-Wiederbelebung**‹ (Reanimation) spielt das Alter des betroffenen Kindes eine Rolle. Für Kinder aller Altersgruppen gelten folgende Aspekte:

- Druckpunkt für die Herzmassage ist die untere Brustbeinhälfte
- zwischen den ›Kompressionen‹ auf vollständige Entlastung des Brustkorbs achten
- 100–120 Kompressionen pro Minute, also etwa zweimal pro Sekunde drücken

Überprüfen der Kreislaufsituation → S. 191

Kompression
das Zusammendrücken

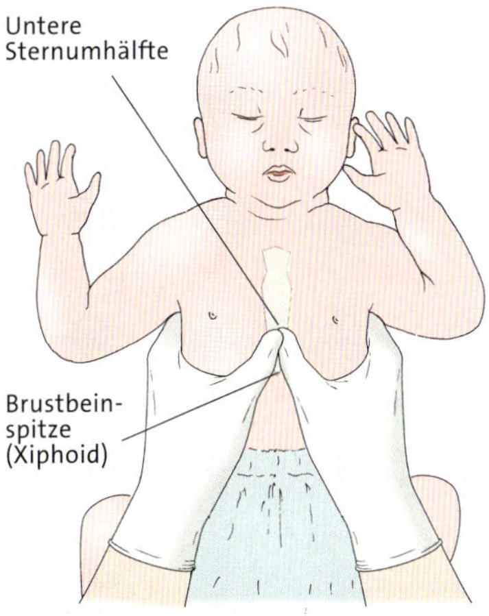

Führen **zwei Helfer** die Reanimation am **Säugling** durch, wird die Kompression des Brustkorbs mit beiden Daumen bei Umfassen des Kindes empfohlen. Brustkorb **vier Zentimeter** eindrücken!

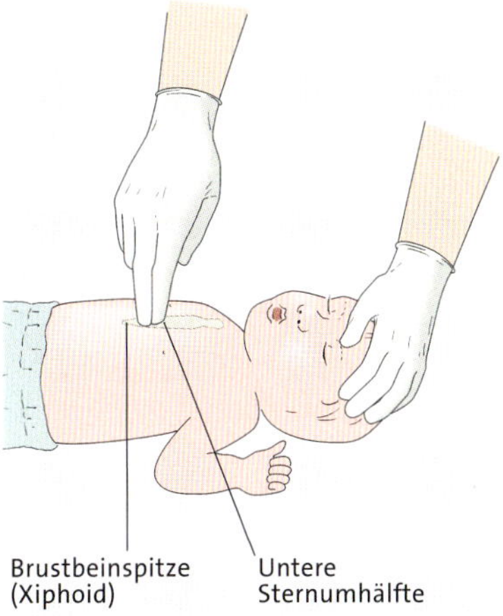

Leistet **ein Helfer** am **Säugling** Erste Hilfe, bietet sich die Kompression mit den Fingerkuppen von Zeige- und Mittelfinger einer Hand an. Brustkorb **vier Zentimeter** eindrücken!

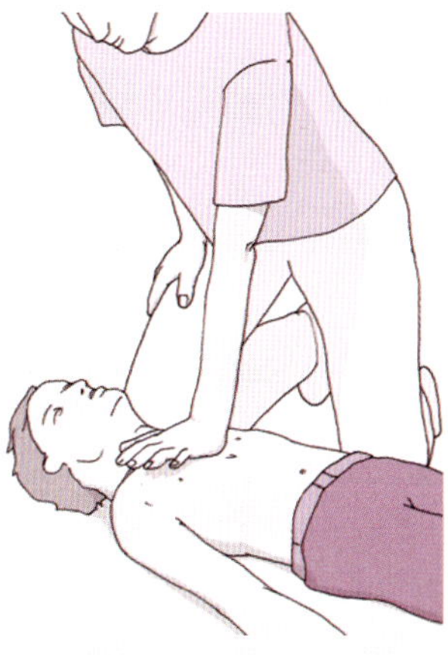

Bei **Kindern ab einem Jahr** komprimiert man den Brustkorb mit einer Hand. Die Finger werden dabei gestreckt. Bei älteren Kindern kann auch die zweite Hand hinzugezogen werden. Brustkorb **fünf Zentimeter** eindrücken!

Abb. 9.10 Techniken der Herzkompression nach Alter des Kindes

Für Laienhelfer wird eine Abfolge von dreißig Herzkompressionen und zwei Beatmungen empfohlen. Gerade bei Kindern ist die Beatmung ein sehr wichtiger Teil der Herz-Lungen-Wiederbelebung.

Kann der Laienhelfer die Beatmung nicht durchführen, so ist die alleinige Kompression des Brustkorbs auf jeden Fall besser, als gar keine Wiederbelebungsmaßnahmen durchzuführen.

Die Reanimation erfolgt, bis das Kind deutliche Lebenszeichen zeigt oder professionelle Hilfe eintrifft.

9.2 Typische Notfallsituationen in der Kita

Bestimmte Notfallsituationen treten in der Kindertageseinrichtung immer wieder auf. Pädagogische Fachkräfte sollten für einige typische Szenarien das nötige Handeln schon vorab durchdacht haben. So wird die Hektik im Ernstfall reduziert.

Notruf → S. 189

Für alle Notfälle ist entscheidend: Rufen Sie schnell nach Hilfe, wenn sich ein Notfall anbahnt. Ein zeitnah abgesetzter ›Notruf‹ sichert das schnelle Eintreffen professioneller Hilfe!

9.2.1 Ein Kind verschluckt einen Fremdkörper

Ein Video zur Ersten Hilfe bei Verschlucken finden Sie unter:
www.erste-hilfe-fuer-kinder.de/Videos/videos.html

BEISPIEL Kinderpflegerin Fabienne Hoch beobachtet den kleinen **Pakka (0;11)** gerade noch aus dem Augenwinkel, wie er einen kleinen Gegenstand in den Mund steckt. Kurz darauf beginnt der Junge stark zu husten und läuft im Gesicht blau an.

Kinder verschlucken sich relativ häufig. Pädagogische Fachkräfte müssen in diesem Fall abschätzen, wie stark die Atmung durch das Verschlucken beeinträchtigt ist. Reagiert ein Kind auf Ansprache, weint es, hustet es laut und kann es vor dem Husten einatmen, so sollte es beim Husten unterstützt und dazu angehalten werden. Vom Kind selbst durchgeführte kräftige Hustenstöße sind das wirksamste Mittel, um einen Fremdkörper wieder nach oben zu befördern.

Bewusstsein kontrollieren → S. 192

Anders sieht es aus, wenn das Kind nicht mehr effektiv husten kann. Sehr leises Husten, fehlendes Einatmen und Sprechen sowie eine Blaufärbung des Gesichtes weisen auf einen solchen Fall hin. Die Maßnahmen der pädagogischen Fachkraft richten sich nun nach dem ›Bewusstseinszustand‹ des Kindes. Reagiert das Kind auf Ansprache, gibt es verschiedene **Techniken**, mit denen versucht wird, die **Atemwegsverlegung** zu lösen.
Zuerst schlägt man fünfmal mit der flachen Hand zwischen die Schulterblätter. Der Kopf ist dabei idealerweise der tiefste Punkt. Ein Säugling kann dazu in Bauchlage auf den Knien liegen, ältere Kinder beugen sich nach vorne über. Führen die Rückenschläge nicht zum Ausstoßen des Fremdkörpers, wird das sogenannte **Heimlich-Manöver** angewendet. Je nach Alter des Kindes besteht diese Technik im Zusammendrücken des Brust- oder Bauchraumes. Bei Säuglingen drückt man ähnlich wie bei der Reanimation fest den Brustraum zusammen.

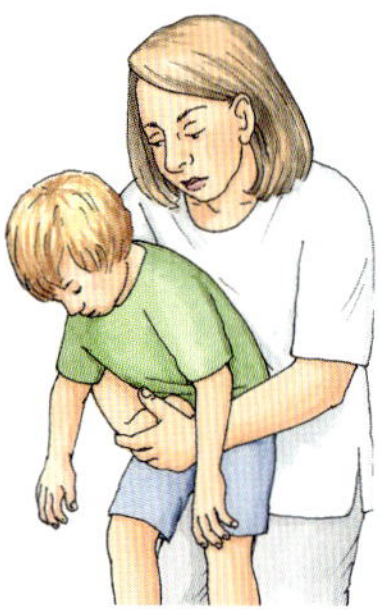

Abb. 9.11 Heimlich-Manöver bei Kindern über einem Jahr

Für Kinder, die älter als ein Jahr sind, wird die Kompression des Oberbauchs empfohlen. Man umgreift das Kind von hinten und legt eine Faust zwischen Nabel und Brustbein. Die zweite Hand greift die Faust und der Bauch wird fest zusammengedrückt. Bei einem bewusstlosen Kind beginnt man sofort mit der ersten ›Atemspende‹ und führt eine ›Herz-Lungen-Wiederbelebung‹ durch.

Atemspende → S. 192
Herz-Lungen-Wiederbelebung → S. 192

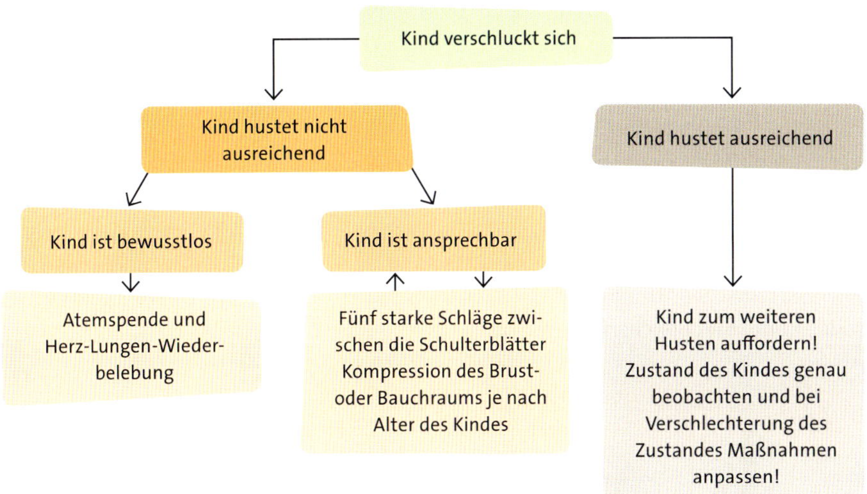

Abb. 9.12 Notfallmaßnahmen bei Atemproblemen durch Verschlucken

9.2.2 Ein Kind hat einen Asthmaanfall

BEISPIEL **Tobias (5;2)** hatte vor einigen Wochen eine Erkältung. Nach der Bewegungsstunde beginnt er plötzlich stark zu husten und beim Ausatmen ist ein lautes Pfeifgeräusch zu hören. Tobias deutet an, dass er keine Luft bekommt.

Erleidet ein Kind, bei dem das ›Asthma‹ bereits bekannt ist, einen Asthmaanfall, so sind pädagogische Fachkräfte meist gut vorbereitet. In der Regel sind in diesem Fall auch **Notfallmedikamente** vorhanden. Schwieriger fällt das Handeln bei Kindern, die bisher nicht als Asthmatiker bekannt waren.

Asthma bronchiale → S. 179

> Bei jedem Asthmaanfall ist es wichtig, das Kind zu einer ruhigen und bewussten Atmung anzuleiten. Besitzt ein Kind ein Notfallmedikament, so muss dieses schnell, aber richtig verabreicht werden.

Kinder mit Asthma erlernen für den Notfall bestimmte Atemtechniken. Bei der **dosierten Lippenbremse** beispielsweise wird die Luft gegen leicht verschlossene Lippen ausgeatmet. Der so in den Atemwegen aufgebaute Druck weitet diese ein wenig und führt zu einer kontrollierten Atmung. Zusätzlich haben sich bestimmte Körperpositionen wie der **Kutschersitz** oder die **Torwartstellung** als atemerleichternd bewährt. Kleinere Kinder oder Kinder mit erstem Anfall lassen sich eventuell durch Körperkontakt beruhigen. Nimmt die pädagogische Fachkraft das betroffene Kind auf den Schoß, so kann es durch **gemeinsames Ein- und Ausatmen** zur ruhigen Atmung angeleitet werden. Ein Notruf sollte auf jeden Fall in folgenden Situationen abgesetzt werden:

- Asthmaanfall, ohne dass bisher eine Erkrankung bekannt war
- Asthmaanfall bessert sich nicht durch Notfallmedikamente

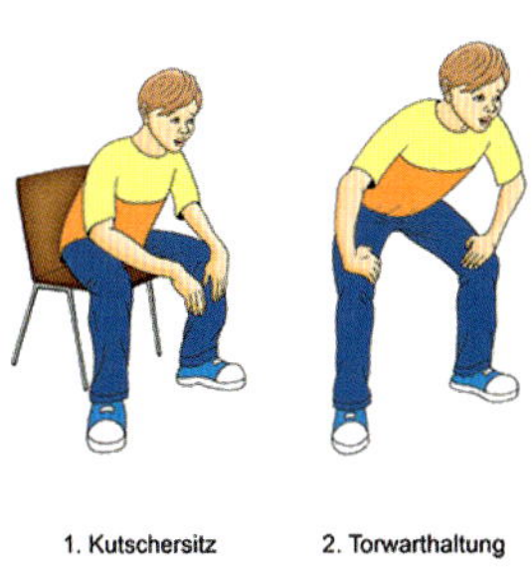

Abb. 9.13 Atemerleichternde Positionen

9.2.3 Ein Kind nimmt etwas Giftiges zu sich

BEISPIEL Die Kinder des Waldkindergartens „Räuberhöhle“ spielen in der Nähe ihres Gruppenwagens. Kinderpfleger Georg Reischl entdeckt plötzlich, dass **Lena (3;1)** etwas vom Boden aufhebt und isst. Beim Nähertreten erschrickt Georg. Lena hat die Beeren des hochgiftigen Aronstabs gegessen.

Recherchieren Sie im Internet die Nummer der nächstgelegenen Giftnotrufzentrale und notieren Sie diese in der Nähe des Telefons!

www.kindergesundheit-info.de/themen/sicher-aufwachsen/notfall-infos/giftinformationszentralen-giftnotruf/

Gerade im Alter **zwischen zwei und vier Jahren** kommt es immer wieder zu Vergiftungen bei Kindern. Kinder haben in dieser Phase schon den typischen kindlichen Forscherdrang, aber es fehlt noch weitgehend an einem ausgeprägten Gefahrenbewusstsein. Vielfältige Stoffe können beim Menschen Vergiftungserscheinungen auslösen, beispielsweise Putzmittel, Kosmetikartikel, Zigarettenstummel oder giftige Pflanzenteile. Vergiftungen können verschiedenste **Symptome** hervorrufen. Neben Beeinträchtigungen des Bewusstseins, der Atmung und des Kreislaufs kommt es häufig zu Übelkeit, Erbrechen sowie Kopf- oder Bauchschmerzen.

Körperfunktionen überprüfen → S. 192
stabile Seitenlage → S. 192
Herz-Lungen-Wiederbelebung → S. 192
Notruf → S. 189

Lebensrettende Sofortmaßnahmen
- Eigenen Kontakt mit dem Gift verhindern
- ›Lebenswichtige Körperfunktionen‹ überprüfen
- Auf Störungen der überprüften Körperfunktionen reagieren → ›stabile Seitenlage‹, ›Herz-Lungen-Wiederbelebung‹

›Notruf‹ absetzen
- Notarzt unter 112 anfordern und auf Vergiftung hinweisen
- Bis zum Eintreffen des Notarztes Beratung bei einer **Giftnotrufzentrale** einholen

Weitere Maßnahmen der Ersten Hilfe
- Das Kind beruhigen und betreuen
- Eventuell Hilfestellung beim Erbrechen leisten (kein Erbrechen herbeiführen!)
- Anweisungen der Giftnotrufzentrale befolgen

Abb. 9.14 Erste-Hilfe-Kette bei Vergiftungen

Wichtige Informationen für die Giftnotrufzentrale:
- Angaben zum Kind (Alter, Gewicht)
- Giftstoff beschreiben
- Menge des eingenommenen Giftstoffes
- Zeitpunkt der Einnahme
- Art der Einnahme (Kontakt, Schlucken)
- Vergiftungsanzeichen

9.2.4 Ein Kind blutet stark

BEISPIEL Bei einem Ausflug auf den Spielplatz haben die Kinder der Gruppe „Regenbogen“ viel Spaß. Sie spielen Fangen und toben sich so richtig aus. **Tizian (5;3)** stolpert beim Davonlaufen und stürzt. Er beginnt sofort laut zu schreien. Als Kinderpflegerin Anita Heindl zu dem Jungen kommt, sieht sie, dass er auf eine Glasscherbe gefallen ist. Er blutet stark am Handgelenk.

Kleinere Wunden können mit einem Wundschnellverband (Pflaster) abgedeckt werden und sind nicht weiter dramatisch. Trotzdem sollte vor allem darauf geachtet werden, dass die Wunde sauber bleibt. So können Entzündungen vermieden werden. Stark blutende Wunden entstehen in der Regel entweder bei Stürzen als **Platzwunde** oder bei **Schnittverletzungen**.

Lebensrettende Sofortmaßnahmen
- Bei Blutkontakt Schutzhandschuhe verwenden
- Blutung stillen (abdrücken, Druckverband)
- Regelmäßig Kreislauf überprüfen

Notruf absetzen
- Ein Notruf ist bei starkem Blutverlust notwendig
- Größere Wunden mit geringerem Blutverlust den Eltern melden und Arztbesuch oder Vorstellung in der Notaufnahme organisieren

Weitere Maßnahmen der Ersten Hilfe
- Das Kind betreuen und beruhigen
- Kontrolle des Tetanus-Impfschutzes anregen

Abb. 9.15 Erste-Hilfe-Kette bei stark blutender Wunde

Es gibt verschiedene **Techniken** zum Stillen einer Blutung, eventuell können sie auch kombiniert werden. Mit einem sauberen Geschirrtuch oder Ähnlichem kann durch festen Druck auf die Wunde die Blutung behelfsmäßig gestoppt werden. Ist die Wunde an Armen oder Beinen entstanden, so besteht die Möglichkeit, die betroffene Gliedmaße nach oben zu halten und die zuführenden Blutgefäße abzudrücken. Alternativ können die Blutgefäße bei sehr starkem Blutverlust auch mit einem Gürtel oder einem Tuch abgebunden werden. Die Wunde kann dann mit einem sogenannten **Druckverband** versorgt werden. Dazu deckt man die Wunde mit einer Wundauflage, z. B. einer Kompresse, ab. Die Wundauflage wird dann mit zwei Umrundungen einer Binde fixiert und ein Gegenstand wird auf die Wundstelle gelegt. Die nächsten Umrundungen des Wundbereiches mit der Binde drücken nun den Gegenstand fest auf die Wunde. Zum Druckaufbau kann eine zusammengerollte Binde verwendet werden, im Notfall aber z. B. auch ein Bauklotz.

Ein **starker Blutverlust** kann dazu führen, dass der Körper nicht mehr ausreichend mit sauerstoffreichem Blut versorgt wird. Diese Unterversorgung kann lebenswichtige Organe wie das Gehirn stark schädigen und sogar tödlich sein. Bevor bei einem sogenannten **Kreislaufschock** das Bewusstsein verloren geht, treten häufig Anzeichen wie Blässe, Frieren oder kalter Schweiß auf. Zeigt ein Kind mit stark blutender Wunde Anzeichen eines Kreislaufschocks, ist die sogenannte **Schocklagerung** durchzuführen. Beim liegenden Kind werden dazu die Beine hochgelagert. Diese Position führt zu einer besseren Versorgung der lebenswichtigen Organe im Rumpf- und Kopfbereich. Verliert das Kind das Bewusstsein, stellt die Schocklagerung allerdings eine Gefahr dar. In diesem Fall sollte immer die stabile Seitenlage angewendet werden, wenn Atmung und Kreislauf noch vorhanden sind.

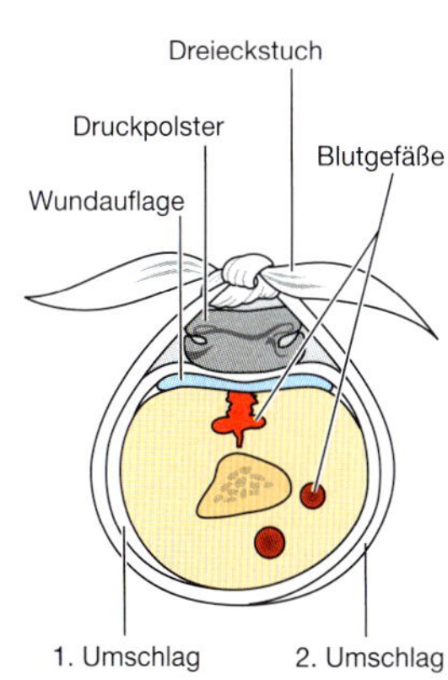

Abb. 9.16 Druckverband

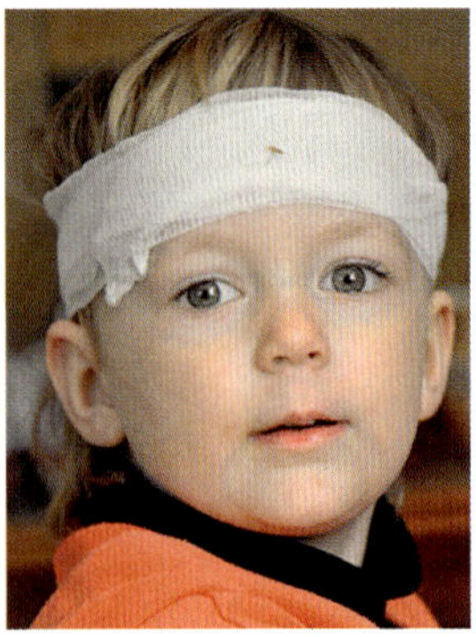

Abb. 9.17 Kind mit Kopfverband

9.2.5 Ein Kind stürzt auf den Kopf

BEISPIEL **Liane (2;3)** steigt gerade die vier kleinen Stufen im Außenbereich nach oben, da alle Kinder zum Mittagessen kommen sollen. Auf der dritten Stufe verliert sie das Gleichgewicht, weil **Andreas (3;4)** schnell an ihr vorbeihuscht. Das Mädchen kippt nach hinten und schlägt mit dem Kopf am Boden auf.

Kinder kommen bei Kopfverletzungen zum Glück meist ohne größere Schäden davon. Trotzdem müssen pädagogische Fachkräfte Kinder beispielsweise nach einem Sturz auf den Kopf ganz genau beobachten. Ist nicht klar abzuschätzen, wie schwer die Kopfverletzung ist, sollte auf jeden Fall ein Arzt hinzugezogen werden. Hinweise darauf, dass es sich nicht nur um eine äußere Verletzung handelt, sondern auch das Gehirn durch den Stoß mitbetroffen ist (**Schädel-Hirn-Trauma**):

- starke Kopfschmerzen
- mehrmaliges Erbrechen nach dem Unfall
- plötzliche Schläfrigkeit oder Bewusstlosigkeit
- ›Krampfanfälle‹

Krampfanfall → S. 199

Druckverband → S. 197

Starke Blutungen am Kopf werden erst abgedrückt und dann mit einem ›**Druckverband**‹ versorgt. Die Binde hält am Kopf des Kindes besser, wenn sie nach wenigen Runden auch einmal von oben nach unten um das Kinn geführt wird.

Lebensrettende Sofortmaßnahmen

- Bei Blutkontakt Schutzhandschuhe verwenden
- Blutung am Kopf stillen (abdrücken, Druckverband)
- ›Bewusstsein‹ und Kreislauf überprüfen

Körperfunktionen überprüfen → S. 192

Notruf → S. 189

Notruf absetzen

- ›Notruf‹ bei Symptomen eines Schädel-Hirn-Traumas
- Bei unauffälligen Kindern Vorfall den Eltern melden und evtl. Arztbesuch oder Vorstellung in Notaufnahme organisieren

Weitere Maßnahmen der Ersten Hilfe

- Das Kind betreuen und beruhigen
- Lagerung mit leicht erhöhtem Oberkörper
- Weitere Beobachtung für 24–48 Stunden anregen

Abb. 9.18 Erste-Hilfe-Kette bei Kopfverletzungen

9.2.6 Ein allergisches Kind wird von einer Wespe gestochen

BEISPIEL Die Kinder der Gruppe „Waschbär“ spielen im Garten. Kinderpflegerin Carolin Erdogdu hat als kleine Stärkung aufgeschnittene Äpfel vorbereitet. **Anja (4;9)** fuchtelt plötzlich ganz wild umher. „Geh weg, du blöde Wespe!“, ruft sie. Doch da ist es schon passiert. Beim Versuch, die Wespe wegzuschlagen, hat sie das Mädchen in den Arm gestochen. Anja weint stark. Kurz darauf beginnt sie, komisch zu atmen, und beklagt, dass sie nur schwer Luft bekommt. Sofort fällt Carolin Erdogdu die rote Gesichtsfarbe auf.

Es gibt viele Auslöser, auf die ein Kind ›allergisch‹ sein kann, beispielsweise Nüsse, Erdbeeren, Fisch oder Insektengifte. Starke allergische Reaktionen können neben Rötungen, Juckreiz und Übelkeit auch zu Beeinträchtigungen des Bewusstseins oder der Atmung führen. Bricht der Kreislauf aufgrund einer allergischen Reaktion zusammen, spricht man vom **allergischen Schock**.
Ist bei einem Kind eine Allergie bekannt, so ist in der Regel auch ein **Notfallset** in der Einrichtung vorhanden. Pädagogische Fachkräfte sollten durch enge Zusammenarbeit mit den Eltern und dem behandelnden Arzt für die konkrete Vorgehensweise im Notfall geschult werden. Je nach Schwere der allergischen Symptome kommen z. B. ›Kortisontabletten‹ oder Notfallspritzen mit ›Adrenalin‹ zum Einsatz.

Allergie → S. 159

Abb. 9.19 Insektengifte können zu allergischen Reaktionen führen.

Kortison

entzündungshemmendes Medikament

Adrenalin

Medikament, das in Notfallsituationen den Kreislauf unterstützt

Lebensrettende Sofortmaßnahmen
- Bewusstsein, Atmung und Kreislauf überprüfen
- Bei bekannten Allergikern Notfallmedikamente verabreichen
- Auf Einschränkungen der lebenswichtigen Funktionen reagieren

Notruf absetzen
- Notruf bei Atem- und Kreislaufproblemen

Weitere Maßnahmen der Ersten Hilfe
- Das Kind beruhigen und betreuen
- Lagerung je nach Symptomen:
  → Atemnot: sitzen, Oberkörper hoch
  → Schockanzeichen: ›Schocklagerung‹
- Bei Bewusstsein zum Abschwellen der Atemwege Eiswürfel lutschen lassen

Schocklagerung → S. 197

Abb. 9.20 Erste-Hilfe-Kette bei allergischen Reaktionen

9.2.7 Ein Kind erleidet einen epileptischen Anfall

BEISPIEL **Valentin (4;9)** hat bei der Geburt einen Sauerstoffmangel erlitten, da sich die Nabelschnur um seinen Hals gewickelt hatte. Die Entwicklung des Jungen ist weitgehend normal verlaufen, allerdings sind bereits im Alter von wenigen Monaten erste Krampfanfälle aufgetreten. Unter medikamentöser Behandlung konnte die Zahl der Anfälle verringert werden. Trotzdem treten sie immer wieder auf, gerade in belastenden Situationen. Valentin besucht einen Regelkindergarten. Die pädagogischen Fachkräfte dort sind alle informiert und wissen, wie sie bei einem Krampfanfall reagieren müssen.

Etwa vier bis fünf Prozent aller Kinder erleiden in ihrem Leben mindestens einen epileptischen Anfall. Dabei muss aber noch keine ›**Epilepsie**‹ vorliegen. Auch starke psychische Belastungen können z. B. einzelne Krampfanfälle auslösen. Von einer Epilepsie spricht man erst, wenn die Anfälle wiederholt und ohne Zusammenhang mit außergewöhnlichen Belastungen auftreten. Von einer wirklichen Epilepsie ist etwa eines von 200 Kindern betroffen.

Epilepsie

Veränderung der Gehirnstrukturen oder Gehirnvorgänge, die zu immer wieder auftretenden Anfällen führt

Epileptische Anfälle können ganz unterschiedlich ausgeprägt sein, von kurzen Phasen geistiger Abwesenheit bis hin zum großen Krampfanfall mit Verkrampfung und Zittern. Nach einem epileptischen Anfall, der mit Krämpfen oder Zuckungen einhergeht, ist das betroffene Kind in der Regel sehr erschöpft. Reicht die **Erschöpfung** so weit, dass das Kind nicht ansprechbar ist, so muss bei vorhandener Atemtätigkeit die ›stabile Seitenlage‹ angewandt werden. Auch wenn das Kind erwacht, sollte es weiter geschont werden. Gerade beim ersten Anfall kann eine genaue Beschreibung des Ablaufs wichtig für die ärztliche Behandlung sein.

stabile Seitenlage → S. 192

Körperfunktionen überprüfen → S. 192

Notruf → S. 189

Lebensrettende Sofortmaßnahmen
- Kind aus Gefahrenbereich bringen (Straße, Treppe ...)
- ›Bewusstsein, Atmung und Kreislauf überprüfen‹
- Beim Kind bleiben, es jedoch nicht festhalten
- Anfall genau beobachten

Notruf absetzen
- ›Notruf‹ bei einem Anfall, ohne dass die Epilepsie bekannt ist
- Notruf bei einer Anfallsdauer über drei Minuten

Weitere Maßnahmen der Ersten Hilfe
- Das Kind beruhigen und betreuen
- Bei Bewusstlosigkeit nach Anfall stabile Seitenlage
- Nach Anfall Zeit zum Ausruhen geben
- Eventuell Versorgung nach unkontrolliertem Einnässen oder Stuhlgang des Kindes
- Beobachtung des Anfalls dokumentieren

Abb. 9.21 Erste-Hilfe-Kette bei einem epileptischen Anfall

> Ist ein Kind häufiger von Krampfanfällen betroffen, so müssen pädagogische Fachkräfte in Absprache mit den Eltern entscheiden, ob ein Verbleib im Kindergarten nach einem Anfall sinnvoll ist.

9.2.8 Ein Kind verbrüht oder verbrennt sich

BEISPIEL Zum zehnjährigen Bestehen der Kindertagesstätte St. Wolfgang sind alle Kinder und ihre Eltern zu einer kleinen Feier eingeladen. Die Kinder des Hortes helfen beim Vorbereiten des Buffets. **Jana (7;8)** und **Hendrik (7;2)** helfen Kinderpfleger Quirin Escherich dabei, Würstchen aufzuwärmen. Als der Kinderpfleger kurz auf eine Frage seiner Kollegin antwortet, geraten Jana und Hendrik in Streit darüber, wer die Würstchen ins fast kochende Wasser legen darf. Dabei zieht Jana zu fest am Topf und kippt Hendrik das heiße Wasser über Bauch und Beine.

Gerade Verbrühungen, aber auch Verbrennungen gehören zu den häufigsten Unfällen im Kindesalter. Auch in der Kita können Kinder in Kontakt mit heißen Flüssigkeiten oder Flächen kommen, z. B. bei Kochangeboten. Durch gute Vorbereitung und eine realistische Einschätzung der kindlichen Fähigkeiten kann Verletzungen dieser Art vorgebeugt werden. Passieren kann jedoch auch bei noch so umsichtigem Handeln etwas.

Bei Unfällen durch starke Hitzeeinwirkung stehen folgende Probleme im Vordergrund:
- starke Schmerzen
- Gefahr des Kreislaufschocks bei großflächigem Hitzeschaden
- Wundinfektion bei offenen Wunden

Bei Verbrühungen oder Verbrennungen ergibt sich die Schwere der Verletzung durch die **betroffene Fläche** und die **Tiefe der Schädigung**. Bei Kindern wird schon eine betroffene Fläche von zehn Prozent der Körperoberfläche als lebensbedrohlich eingestuft.

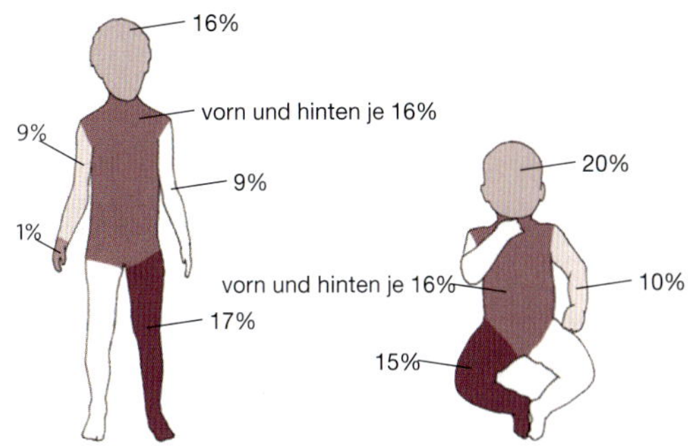

Abb. 9.22 Anteile der Körperoberfläche beim Kind und beim Säugling

Faustregel zur Einschätzung der betroffenen Fläche: Die kindliche Hand mitsamt Fingern umfasst ungefähr ein Prozent der Körperoberfläche.

Lebensrettende Sofortmaßnahmen
- Kind und Helfer aus Gefahrenbereich bringen (z. B. bei einem Brand)
- Kleidung nach Verbrühung entfernen
- Bewusstsein, Atmung und Kreislauf überprüfen

Notruf absetzen
- Säuglinge und Kleinkinder sollten in jedem Fall ärztlich beurteilt werden
- Bei großflächigen Hitzeschäden Notruf absetzen

Weitere Maßnahmen der Ersten Hilfe
- Das Kind beruhigen und betreuen
- Ein Kühlen der Wunde wird gerade im Kindesalter nicht mehr empfohlen
- Kind unbedingt warm halten
- Wunde anschließend mit sterilem Verband abdecken
- Kreislauf weiter beobachten
- Brandblasen geschlossen lassen

Abb. 9.23 Erste-Hilfe-Kette bei Verbrühung oder Verbrennung

Warum muss ich das für meinen Beruf wissen?

Pädagogische Fachkräfte übernehmen bei der Betreuung der ihnen anvertrauten Kinder die Aufsichtspflicht. Doch auch bei noch so umsichtigem Handeln können nicht alle Notfallsituationen vermieden werden. Um Erste-Hilfe-Maßnahmen sicher durchführen zu können, organisieren pädagogische Fachkräfte alle räumlichen und die Ausstattung betreffenden Vorkehrungen.
Um die kindliche Sicherheit zu gewährleisten, reagieren pädagogische Fachkräfte bei Bedarf geplant und durchdacht. Gerade für im Kindesalter typische Notfallsituationen sollten sie bereits vorab über einen gedanklichen Leitfaden verfügen, der im Ernstfall ihr Handeln gezielt leitet. Zusammenarbeit spielt bei Maßnahmen der Ersten Hilfe eine große Rolle. Pädagogische Fachkräfte sprechen daher im Team regelmäßig über die Abläufe im Notfall.

IV

Lernsituationen und Aufgaben

S. 204 – 205

Lernsituation 1

„Die sind alle so tollpatschig!"

1

2

S. 206 – 207

Lernsituation 2

„Ayasha ist traurig"

3

S. 208–209

Lernsituation 3

„Windpocken in der Kita …?“

Lernsituation 1

Die sind alle so tollpatschig!

Der Kindergarten St. Margareta liegt inmitten einer Großstadt. Hier werden Kinder im Alter von drei bis sechs Jahren in vier Gruppen betreut. Jede Gruppe hat eine Größe von circa 15 Kindern und wird von zwei pädagogischen Fachkräften betreut; die Gruppenleitung hat immer eine Erzieherin oder ein Erzieher inne.

Kinderpflegerin Sonja Marktschmidt ist erst vor Kurzem aus einem kleinen Dorf in die Großstadt gezogen. Seit vier Wochen ist sie staatlich geprüfte Kinderpflegerin. Die Kindertagesstätte in ihrem Heimatort, in der sie ihr Praktikum im Rahmen der Ausbildung absolviert hat, hat die motivierte Auszubildende nur ungern gehen lassen. Sonja Marktschmidt betreut gemeinsam mit Erzieher Paolo May die Gruppe „Zauberhut". Sie hat für heute ein Bewegungsangebot ausgearbeitet, das in der Turnhalle der Einrichtung stattfinden soll. Während Erzieher Paolo May die Kinder im Morgenkreis betreut, baut die Kinderpflegerin die Stationen ihres Bewegungsparcours auf. Sie bindet viele Turngeräte in die einzelnen Bereiche ein und achtet auch auf die Sicherheit. Als Paolo May mit den Kindern in der Turnhalle ankommt, schaut er schon etwas skeptisch. „Sonja, meinst du, das schaffen die Kinder?", fragt er.

Sonja antwortet heiter: „Natürlich, einen ähnlichen Parcours habe ich schon in der Ausbildung angeboten. Die Kinder hatten viel Freude daran und konnten alle Stationen durchführen."

Das Turnangebot geht leider völlig nach hinten los. Die Kinder sind in der Mehrzahl mit den Übungen gänzlich überfordert und verlieren dadurch schnell die Motivation. Einige Beobachtungen verunsichern Sonja Marktschmidt besonders. So schafft es Franziska (3;6) nicht, mit beiden Beinen von einem fünfzig Zentimeter hohen Kasten auf eine Weichbodenmatte zu springen. Auch sind viele der Kinder damit überfordert, auf einem Bein durch drei hintereinandergelegte kleine Reifen zu hüpfen.

Paolo May, der die Gruppe schon länger betreut, gesteht Sonja Marktschmidt, er habe bereits vorab gedacht, dass die Kinder mit den Aufgaben überfordert sein werden. Gemeinsam beschließen die beiden pädagogischen Fachkräfte, im Teamgespräch in der nächsten Woche anzuregen, in der Kindertagesstätte großen Wert auf Bewegungsangebote und die Förderung der Motorik zu legen. Die Kollegen und auch die Einrichtungsleitung greifen diese Idee gerne auf. In kleinen Teams soll nach und nach ein Repertoire an Bewegungsangeboten erarbeitet werden, das die motorische Entwicklung der Kinder unterstützt. Allen Beteiligten ist klar, dass punktuelle, einzelne Bewegungsangebote nicht ausreichen. Daher sollen auch kleine „Motorikrituale" entstehen, die dauerhaft wiederholt werden. So berichtet z. B. eine Kollegin, dass sie mit ihrer Gruppe vor dem Morgenkreis immer eine kurze Gymnastikübung durchführt, bei der sich die Kinder strecken und dehnen.

MATERIALIEN

Steckbrief zur Ausarbeitung eines Bewegungsangebots

Name des Bewegungsangebots
(z. B. Staffellauf)

1. zu fördernde Bewegungsqualität/weitere enthaltene Bewegungsqualitäten
(z. B. Schnelligkeit, Koordination, Ausdauer)

2. benötigte Materialien
(z. B. zwei Hütchen, zwei Stöcke bzw. Ringe ...)

3. Beschreibung der Vorbereitung und der Durchführung
(z. B. Bilden von zwei Gruppen, die sich in einer Linie hinter einer Startmarkierung aufstellen; das erste Kind der Gruppe läuft eine vorgegebene Strecke bis zu dem mit einem Hütchen markierten Wendepunkt und wieder zurück; Übergabe des Stocks oder Rings am Startpunkt an das nächste Kind; die Gruppe, bei der als Erstes alle Kinder den Parcours abgelaufen haben, gewinnt ...)

4. Hinweis auf Besonderheiten/Gefahren
(z. B. bei der Gruppenbildung darauf achten, etwa gleich starke Mannschaften zu bilden; ansonsten besteht Gefahr der Frustration für die schwächere Gruppe)

CHECKLISTE ZUR BEURTEILUNG EINES BEWEGUNGSANGEBOTS

Ein Bewegungsangebot ist gelungen, wenn ...
- ... jedes Kind dabei Spaß hatte und kleine Erfolge erleben konnte.
- ... die unterschiedliche motorische Entwicklung der einzelnen Kinder berücksichtigt wurde.
- ... verschiedene Bewegungsqualitäten gefördert wurden.

AUFGABEN

- Informieren Sie sich in **Kapitel II.6 Bewegung – Wer rastet, der rostet** über das **Prinzip der motorischen Entwicklung** und das **Grenzsteinprinzip (S. 78)**. Beurteilen Sie auf dieser Grundlage die Beobachtungen in Bezug auf Franziska und das Hüpfen auf einem Bein.
- Recherchieren Sie im Internet, ob ein Zusammenhang zwischen der weniger entwickelten Motorik und dem Wohnort Stadt bekannt ist. Suchen Sie auch nach weiteren Gesichtspunkten, die das Bewegungsverhalten beeinflussen können.
- Erarbeiten Sie in Gruppen jeweils ein motorisches Ritual (kurze, leicht in den täglichen Ablauf einzubauende Aktivität) und ein vollständiges **Bewegungsangebot zu den verschiedenen Bewegungsqualitäten (Kapitel II.6, S. 79, Steckbrief Bewegungsangebot)**.
- Ergänzen Sie die Checkliste zur Beurteilung eines Bewegungsangebots um weitere Punkte. Diskutieren Sie, anhand welcher Beobachtungen Sie das Erreichen der Ziele überprüfen können.

Lernsituation 2

Ayasha ist traurig

Ayasha (5;2) ist vor anderthalb Jahren gemeinsam mit ihrer Familie aus dem Bürgerkriegsland Syrien geflohen. Nachdem der Asylantrag genehmigt wurde, darf das Mädchen nun den kommunalen Kindergarten „Horizonte" besuchen. Außer Ayasha sind noch 16 weitere Kinder in ihrer Gruppe, die alle in der näheren Umgebung des Kindergartens aufgewachsen sind.

Ayashas Eltern sind beide Akademiker und haben bereits während ihrer Studienzeit in Damaskus ein wenig Deutsch gelernt. Das Mädchen lernt schnell, hat aber immer wieder Probleme, sich mit den anderen Kindern in der Gruppe zu verständigen. Oft sitzt Ayasha allein in einer Ecke des Gruppenraums und starrt regungslos aus dem Fenster. Sie findet zu keinem der anderen Kinder wirklich Anschluss, obwohl sie eigentlich mit allen gut auskommt. Das freundliche Wesen des Mädchens hat von Beginn an sehr positiv auf alle pädagogischen Fachkräfte und die betreuten Kinder gewirkt. Trotzdem bleibt Ayasha irgendwie verschlossen und traurig.

Ayasha liebt es, Bilder zu malen. Dabei kann sie sich sehr lange konzentrieren und versinkt geradezu in einer anderen Welt. Die Bilder haben allerdings oft einen sehr düsteren Charakter. Graue und rote Farben dominieren die Gemälde.

Kinderpflegerin Isabell Ulm thematisiert im Gespräch mit den Eltern ihre Beobachtungen. Die Eltern berichten, dass sich Ayasha auch zu Hause sehr zurückhaltend verhält und sich oft in Bereiche der Wohnung zurückzieht, in denen sie alleine ist. Unterhaltungen mit den Eltern über ihr Befinden weicht sie aus. Isabell Ulm spricht offen an, dass das Verhalten des Mädchens durchaus auf eine psychische Störung hindeuten könnte. Sie fände es sinnvoll, einen Experten einzubeziehen. Die Eltern versperren sich sofort gegen diesen Vorschlag. Sie sind der Ansicht, dass es nur genügend Zeit benötige, bis das Kind schon von selbst wieder lebensfroher werde.

In der folgenden Teambesprechung beschließen die pädagogischen Fachkräfte, erst einmal keine weiteren Maßnahmen ohne das Einverständnis der Eltern zu ergreifen. Sie wollen jedoch versuchen, Ayashas Selbstbewusstsein gezielt aufzubauen. Dazu soll eine pädagogische Vorgehensweise erarbeitet werden.

INTERNETSEITEN

www.kindergartenpaedagogik.de/426.html

www.buendnis-depression.de/depression/kinder-und-jugendliche.php

MATERIALIEN

Psychische Erkrankungen bei Kindern und Jugendlichen mit Migrationshintergrund erhöht

In Deutschland lebende Kinder und Jugendliche mit Migrationshintergrund haben ein erhöhtes Risiko für eine Depression, Abhängigkeitserkrankung, posttraumatische Belastungsstörung, ein psychosomatisches Leiden oder andere psychische Störungen. Darauf hat der Berufsverband für Kinder- und Jugendpsychiatrie, Psychosomatik und Psychotherapie (BKJPP) hingewiesen.
„Die Kinder und Jugendlichen aus Migrantenfamilien wachsen häufig in einem enormen kulturellen und emotionalen Spannungsfeld auf", erklärte Oya Uzelli-Schwarz aus dem Vorstand des Berufsverbandes. Mit den sich daraus ergebenden Konfliktsituationen seien Eltern und die Heranwachsenden häufig überfordert, was sich zunächst in einem auffälligen Verhalten und bei einem Andauern der emotionalen Belastung auch in einer psychischen Störung äußern könne.
Besorgniserregend sind laut dem BKJPP auch die zum Teil anzutreffenden Vorbehalte gegenüber medizinischen und psychosozialen Hilfen. „Die Familien vertrauen sich in der Regel viel zu spät einem Arzt an", so Uzelli-Schwarz, die in Gelsenkirchen als niedergelassene Kinder- und Jugendpsychiaterin tätig ist. Dies verschlimmere nicht nur das seelische Leiden der jungen Patienten. „Auch die Behandlung wird dann schwieriger, sie dauert länger und im schlimmsten Fall wird der Behandlungserfolg sogar infrage gestellt", so die Kinder- und Jugendpsychiaterin.

Deutsches Ärzteblatt (2013): Psychische Erkrankungen bei Kindern und Jugendlichen mit Migrationshintergrund erhöht; www.aerzteblatt.de/nachrichten/56535/Psychische-Erkrankungen-bei-Kindern-und-Jugendlichen-mit-Migrationshintergrund-erhoeht (Abruf 3.11.2015)

AUFGABEN

- Informieren Sie sich in diesem Buch **(Kapitel II.7 Das kindliche Wohlbefinden, S. 88, Kapitel III.5 Stress bei Kindern, S. 168)** und im Internet zu Depressionen im Kindesalter. Prüfen Sie Ayashas Verhalten auf zutreffende Symptome.
- Erarbeiten Sie konkrete Maßnahmen, die bei Ayasha Selbstbewusstsein und weitere Resilienzfaktoren fördern können. Nutzen Sie dazu die angegebenen Kapitel und Materialien.
- Lesen Sie den Artikel aus dem Deutschen Ärzteblatt. Recherchieren Sie Gründe dafür, dass Kinder mit Migrationshintergrund überdurchschnittlich oft von psychischen Störungen betroffen sind.

Lernsituation 3

Windpocken in der Kita ...?

Sami (4;6) geht in den städtischen Kindergarten Hesterhöhe. Dort wird er gemeinsam mit 13 weiteren Kindern im Alter zwischen drei und sechs Jahren in der Gruppe „Laubfrösche" betreut. Der Junge geht gerne in den Kindergarten und ist gut mit vielen Kindern befreundet.

Seit zwei Tagen ist Sami aber irgendwie verändert. Er wirkt abwesend und hat keine Lust, mit den anderen Kindern zu spielen. Heute Morgen hat Samis Mutter ihn schon mit einem kleinen Schnupfen in die Kita gebracht. Gemeinsam mit Kinderpflegerin Aurora Seidel hat die Mutter entschieden, dass eine Betreuung dennoch möglich ist. Doch im Laufe des Vormittags kränkelt das Kind immer mehr. Für Windpocken ist diese Symptomatik nicht mehr passend. Da Aurora Seidel die Situation nicht so recht einschätzen kann, misst sie vorsichtshalber die Körpertemperatur. Sami hat mit 38,1 °C Fieber. Die Kinderpflegerin ruft die Mutter an und bittet sie, den Jungen abzuholen. Bei der Abholung entwickelt sich folgendes Gespräch:

Mutter: „Wie geht es denn dem Kleinen?"
Aurora Seidel: „Er hat leichtes Fieber und ist einfach schlapp. Was könnte er sich denn eingefangen haben? Ist bei Ihnen zu Hause sonst noch jemand krank?"
Mutter: „Wir sind eigentlich alle gesund. Der Nachbarsjunge, mit dem Sami öfter spielt, hat allerdings die Windpocken. Aber Sami hat ihn nicht mehr gesehen, seit er diesen roten Ausschlag bekommen hat."
Aurora Seidel: „Ist Sami denn nicht gegen die Windpocken geimpft?"
Mutter: „Wir haben uns gedacht, die Erkrankung kommt doch eh nur noch so selten vor. Und man hört ja immer von Impfschäden."

Aurora Seidel bespricht mit der Mutter, dass diese mit Sami einen Arzt besuchen soll. Sofort gehen der Kinderpflegerin einige Fragen durch den Kopf. Was ist, wenn Sami wirklich die Windpocken hat? Leider kann sie die erfahrene Einrichtungsleitung Gerlinde Weiss nicht hinzuziehen, da diese selbst längerfristig erkrankt ist. Deshalb bespricht sich Aurora Seidel mit der Erzieherin Ute Worlitschek, die allerdings erst seit einigen Monaten in der Einrichtung arbeitet.

Auch Ute Worlitschek ist sich nicht sicher, welche konkreten Maßnahmen nun nötig sind. Die Erzieherin weiß aber, dass weitere Kinder der Gruppe keinen Impfschutz gegen Windpocken haben. Außerdem geht Samis Bruder Felix in eine andere Gruppe des Kindergartens.

INTERNETSEITEN

Das Infektionsschutzgesetz im Internet:
http://www.gesetze-im-internet.de/ifsg/

Gut verständliche Informationen zu Windpoken:
http://www.infektionsschutz.de/erregersteckbriefe/windpocken/

Häufige Argumente gegen das Impfen und entsprechende Antworten des Robert Koch-Instituts (RKI):
https://www.impfen-info.de/wissenswertes/20-fragen-und-antworten-zum-impfen/

AUFGABEN

- Informieren Sie sich über das Krankheitsbild Windpocken **(Kapitel III.3 Infektionserkrankungen, S. 150, 160; Recherche im Internet; Steckbrief Windpocken)**. Schätzen Sie auf der Grundlage dieser Informationen ein, ob Sami sich beim Nachbarsjungen angesteckt haben kann. Diskutieren Sie, inwieweit die Krankheitszeichen des Jungen zum Krankheitsbild passen.
- Lesen Sie im **Infektionsschutzgesetz** die Paragrafen 33–36. Erschließen Sie daraus, inwieweit die pädagogischen Fachkräfte im Fall von Sami zu weiteren Maßnahmen verpflichtet sind. Versuchen Sie, zu beurteilen, wie mit nicht geimpften Kindern verfahren werden soll **(eventuell Infotelefonat mit zuständigem Gesundheitsamt)**.
- Planen Sie einen Elternabend zum Thema „Impfen – ja oder nein?". Erstellen Sie zu den **aktuellen Impfempfehlungen des Robert Koch-Instituts** eine PowerPoint-Präsentation (oder ein Plakat), die (das) Sie für eine Einführung in den Abend verwenden können. Bereiten Sie sich auf kritische Argumente mit passenden Antworten vor **(Artikel „Häufige Argumente gegen Impfen ...")**.

1–10

A

B

C

D

E

F

G

H

I

K

L

M

N

O

P

R

S

T

U

V

W

Y

Z

BILDQUELLENVERZEICHNIS

S. 3: Thomas Schauer; **S. 10/1:** Shutterstock/dotshock; **S. 10/2:** Shutterstock/Lana K; **S. 11:** Fotolia/lolo26750; **S. 14/1:** Shutterstock/Volodymyr Baleha; **S. 14/2:** Shutterstock/Jarrod Erbe; **S. 14/3:** Shutterstock/greenland; **S. 14/4:** Shutterstock/Lana K; **S. 14/5:** Shutterstock/Jaren Jai Wicklund; **S. 14/6:** Shutterstock/Arjen de Ruiter; **S. 18/1:** Shutterstock/Lisa S.; **S. 18/2:** Shutterstock/dotshock; **S. 18/3:** Shutterstock/iLight photo; **S. 18/4:** Shutterstock/Renata Sedmakova; **S. 18/1:** Shutterstock/lineartestpilot; **S. 18/2:** Shutterstock/hchjjl; **S. 19:** Shutterstock/Asmati Chibalashvili; **S. 20/1:** Shutterstock/Oksana Kuzmina; **S. 20/2:** Shutterstock/Vucicevic Milos; **S. 21:** Shutterstock/wavebreakmedia; **S. 22/1–2:** Shutterstock/Mopic; **S. 22/3:** Shutterstock/emin kuliyev; **S. 22/4:** Shutterstock/Kzenon; **S. 22/5:** Shutterstock/Tressie Davis; **S. 25:** Grafik nach Zahlen der ESU-services Ltd. (www.esu-services.ch) **S. 26/1:** Shutterstock/topseller; **S. 26/2:** Fotolia/bokan; **S. 26/3:** Shutterstock/ISchmidt; **S. 26/4:** Shutterstock/Tomsickova Tatyana; **S. 27/1:** Your photo today . A1 pix – superbild; **S. 27/2:** Shutterstock/Ilike; **S. 27/3:** Fotolia/MNStudio; **S. 27/4:** Fotolia/contrastwerkstatt; **S. 27/5:** Fotolia/Robert Kneschke; **S. 27/6:** Fotolia/savoieleysse; **S. 30/1:** Fotolia/Mitarart; **S. 30/2:** Fotolia/Monkey Business; **S. 30/4:** Fotolia/kazoka303030; **S. 30/3:** Shutterstock/Andrey_Kuzmin; **S. 32/1:** Fotolia/schiros; **S. 32/3:** Fotolia/PhotoSG; **S. 32/2:** Fotolia/Charlotte Lake; **S. 32/4:** Fotolia/ATAMANENKO EVGENY; **S. 33/1:** Fotolia/BillionPhotos.com; **S. 33/2:** Fotolia/Sukharevskyy Dmytro; **S. 33/3:** Fotolia/schiros; **S. 34/1:** Fotolia/PhotoSG; **S. 34/2:** Fotolia/Charlotte Lake; **S. 36:** Deutsche Gesellschaft für Ernährung, Bonn; **S. 38:** Deutsche Gesellschaft für Ernährung, Bonn; **S. 39/1:** Tabelle nach Zahlen des Forschungsinstituts für Kinderernährung GmbH, Dortmund; **S. 39/2:** Fotolia/Niki Love; **S. 40:** St. Faust, Berlin; **S. 41/1:** laif/B.&C. Alexander/Arcticphoto; **S. 41/2:** Corbis RF/Ocean/2/sot; **S. 41/3:** Reuters; **S. 43:** Shutterstock/Anna Omelchenko; **S. 44:** Fotolia/bokan; **S. 45:** Fotolia/Monkey Business; **S. 46:** Fotolia/Kay Taenzer; **S. 47/1:** Fotolia/Wolfgang Jargstorff; **S. 47/2:** Shutterstock/Szasz-Fabian Ilka Erika; **S. 48:** J. Mair, München; **S. 49/1:** Fotolia/Visions-AD; **S. 49/2:** Fotolia/nys; **S. 49/4:** Fotolia/Kzenon; **S. 49/3:** Fotolia/©karelnoppe; **S. 50/1:** Fotolia/euthymia; **S. 50/2–4:** Welz, N., Berlin; **S. 51:** Fotolia/Katarzyna Leszczynsk; **S. 53/1:** Shutterstock/Denis Kukareko; **S. 53/2:** Shutterstock/Vasilyev Alexandr; **S. 53/3:** Shutterstock/Sokolova Maryna; **S. 53/4:** Shutterstock/Tatyana Vyc; **S. 53/5:** Shutterstock/Donskaya Olga; **S. 53/6:** Shutterstock/Netfalls – Remy Musser; **S. 54:** Shutterstock/Cute_photos; **S. 55/1:** Welz, N., Berlin; **S. 55/2:** Shutterstock/ISchmidt; **S. 58:** G. Raichle, Ulm; **S. 60/1:** Shutterstock/kotanya; **S. 60/2:** Shutterstock/Ashka; **S. 60/3:** Shutterstock/Tomsickova Tatyana; **S. 60/4:** Shutterstock/elista; **S. 60/5:** Fotolia/JorgeAlejandro; **S. 61:** Bundeszentrale für gesundheitliche Aufklärung (BZgA); **S. 62:** Shutterstock/Maurizio Milanesio; **S. 63:** Bode Science Center, Hamburg; **S. 64:** Shutterstock/Jorg Hackemann; **S. 65/1–2:** Shutterstock/Photographee.eu; **S. 65/3:** Shutterstock/Elena Schweitzer; **S. 66/1:** Shutterstock/Dmitry Naumov; **S. 66/2:** Shutterstock/topseller; **S. 66/3:** Shutterstock/wenani; **S. 67/1:** Shutterstock/Piotr Wawrzyniuk; **S. 67/2:** Shutterstock/bikeriderlondon; **S. 67/3–4:** Your photo today . A1 pix – superbild; **S. 67/5:** Shutterstock/Image Point Fr; **S. 68:** Fotolia/djama; **S. 69:** Welz, N., Berlin; **S. 70/1:** Shutterstock/topseller; **S. 70/2:** Shutterstock/OmiStudio; **S. 70/3:** Shutterstock/Milleflore Images; **S. 70/4:** Shutterstock/Nataliia K; **S. 71/1:** Welz, N., Berlin; **S. 71/2:** Welz, N., Berlin; **S. 75:** Shutterstock/JaySi; **S. 78:** Heinisch, G., Berlin; **S. 79:** Mair, J., München; **S. 81/1:** Shutterstock/Rob Hainer; **S. 81/2:** Shutterstock/pavla; **S. 82/1:** Shutterstock/bikeriderlondon; **S. 82/2:** Shutterstock/racorn; **S. 82/3:** Shutterstock/Syda Productions; **S. 82/4:** Shutterstock/Ilike; **S. 82/5:** Shutterstock/matka_Wariatka; **S. 83/1:** Laif/Andreas Pein; **S. 83/2:** Shutterstock/Vereshchagin Dmitry; **S. 83/3:** Shutterstock/Olesya Feketa; **S. 84/1:** Imago; **S. 84/2:** Fotolia/lunaundmo; **S. 84/3:** Colourbox.com; **S. 85:** picture-alliance/dpa; **S. 86:** Shutterstock/Suzanne Tucker; **S. 88:** Fotolia/V&P Photo Studio; **S. 89:** G. Heinisch, Berlin; **S. 90:** G. Heinisch, Berlin; **S. 91:** Fotolia/Jean Kobben; **S. 92:** Evangelischer Kindergarten „Sonnenkindergarten", Ladbergen; **S. 94/1:** Fotolia/Monkey Business; **S. 94/2:** Fotolia/Erwin Wodicka – wodicka@aon.at; **S. 95/1:** Fotolia/velazquez; **S. 95/2:** Shutterstock/Africa Studio; **S. 96:** Fotolia/MNStudio; **S. 97:** Shutterstock/DmitriMaruta; **S. 98/1:** Shutterstock/Ilike; **S. 98/2:** Fotolia/Ermolaev Alexandr; **S. 98/3:** Shutterstock/matka_Wariatka; **S. 98/4:** Shutterstock/Monkey Business Images; **S. 100:** J. Mair, München; **S. 102:** J. Mair, München; **S. 103:** Fotolia/Marcin Sadlowski; **S. 104:** Fotolia/torsakarin; **S. 105:** Grafik nach Zahlen der DGUV – Deutsche Gesetzliche Unfallversicherung; **S. 106/1:** Fotolia/michael bauroth; **S. 106/2:** Fotolia/chrisberic; **S. 106/3:** Fotolia/contrastwerkstatt; **S. 107:** VISUM/Michael Klein; **S. 109/1:** Shutterstock/Zdenka Darula; **S. 109/2:** Fotolia/hakase420; **S. 109/3:** Fotolia/S. Kobold; **S. 109/4:** Fotolia/Marco2811; **S. 110:** G. Raichle, Ulm; **S. 111/1:** J. Mair, München; **S. 111/2:** Fotolia/foto76/JEERAGONE INRUT; **S. 112/1:** Fotolia/tunedin; **S. 112/2:** Fotolia/farbkombinat; **S. 113/1:** Shutterstock/Pavel L Photo and Video; **S. 113/2:** Fotolia/Dmitry Naumov; **S. 114/1:** Fotolia/Irina Schmidt; **S. 114/2:** Fotolia/InPixKommunikation; **S. 114/3:** imago; **S. 115/1:** Shutterstock/altanaka; **S. 115/2:** Fotolia/Robert Kneschke; **S. 118/1:** Fotolia/Jean Kobben; **S. 118/2:** Fotolia/Igor Sokolov; **S. 118/3:** Shutterstock/Tanya Lomakivska; **S. 119/1:** Fotolia/underdogstudios; **S. 119/2:** Fotolia/paffy; **S. 119/3:** Shutterstock/Matt Jeppson; **S. 119/4:** Fotolia/savoieleysse; **S. 120/1:** Fotolia/sunsinger; **S. 120/2:** Fotolia/ChDgon@gmail.com; **S. 120/3:** Shutterstock/Julia Ivantsova; **S. 120/4:** Fotolia/Marc Stephan; **S. 120/5:** Fotolia/lolo26750; **S. 120/6:** Fotolia/ALCE; **S. 121:** imago sportfotodienst; **S. 122/1–4:** G. Heinisch, Berlin; **S. 122/5:** Fotolia/hfox; **S. 122/6:** Fotolia/schankz; **S. 122/7:** Fotolia/Jaroslav Silhan; **S. 123:** G. Heinisch, Berlin; **S. 124/1:** Fotolia/Ian 2010; **S. 124/2:** Used by permission of The Center for Sustainability and the Global Environment, Nelson Institute for Environmental Studies, University of Wisconsin-Madison; **S. 125:** G. Heinisch, Berlin; **S. 126:** G. Heinisch, Berlin; **S. 127/1:** Fotolia/Bjoern Wylezich; **S. 127/2:** Fotolia/Shaiith; **S. 127/3:** Fotolia/Monika Wisniewska Amaviael; **S. 127/4:** Fotolia/Eisenhans; **S. 128/1:** Fotolia/Reinhard Tiburzy; **S. 128/2:** Fotolia/Erwin Wodicka – wodicka@aon.at; **S. 128/3:** Fotolia/digitalstock; **S. 128/4:** Fotolia/JSB31; **S. 128/5:** Fotolia/countrypixel; **S. 129/1:** Fotolia/playstuff; **S. 129/2:** Fotolia/lisovoy; **S. 130:** picture-alliance/dpa Grafik / Globus Infografik; **S. 133/1:** Fotolia/M. Schuppich; **S. 133/2:** Fotolia/photo 5000; **S. 133/3:** Shutterstock/Natali Zakharova; **S. 133/4:** ZAW (Zweckverband Abfall- und Wertstoffeinsammlung für den Landkreis Darmstadt-Dieburg) /Sarah Heinrichs; **S. 134/1:** Grafik: Techniker Krankenkasse; **S. 134/2:** Fotolia/Rofeld/Hempelmann; **S. 135:** picture-alliance/dpa-infografik/; **S. 136/1:** Fotolia/Chepko Danil Chepko@yandex.ru; **S. 136/2:** Fotolia/nat_fox; **S. 136/3:** Fotolia/ANDREAS SCHULZE (aschulzie@vodafone.de); **S. 136/4:** Fotolia/Irina Schmidt; **S. 138/1:** Fotolia/Elena Stepanova; **S. 138/2:** Shutterstock/Dmitry Lobanov; **S. 138/3:** OKAPIA/© CID/ISM/OKAPIA; **S. 138/4:** Fotolia/Yvonne Bogdanski; **S. 139/1:** Shutterstock/luxorphoto; **S. 139/2:** Fotolia/Myst; **S. 139/3:** Fotolia/detailblick-foto; **S. 139/4:** Fotolia/VStock; **S. 139/5:** Fotolia/jirsacz; **S. 143:** Bundeszentrale für gesundheitliche Aufklärung (BZgA); **S. 145:** Welz, N., Berlin; **S. 148:** Fotolia/Zerbor; **S. 149:** Fotolia/© Robert Kneschke; **S. 150/1:** Fotolia/Sebastian Kaulitzki; **S. 150/2:** Fotolia/Sagittaria; **S. 150/3:** Fotolia/Africa Studio; **S. 150/4:** Shutterstock/plenoy m; **S. 151:** Welz, N., Berlin; **S. 152:** Fotolia/© Eleonore Horiot; **S. 153/1:** Fotolia/micromonkey; **S. 153/2:** Fotolia/Oksana Kuzmina; **S. 153/3:** Fotolia/Elena Stepanova; **S. 153/4:** Fotolia/gradt; **S. 154/1:** OKAPIA/© Lowell Georgia/Science Source/; **S. 154/2:** Fotolia/Sagittaria; **S. 154/3:** Fotolia/TrudiDesign; **S. 154/4:** mauritius images/Science Source; **S. 154/5:** Fotolia/Sagittaria; **S. 154/6:** Fotolia/TrudiDesign; **S. 154/7:** mauritius images/Jiri Hubatka; **S. 154/8:** Fotolia/Sagittaria; **S. 154/9:** Fotolia/TrudiDesign; **S. 155/1:** Fotolia/Sagittaria; **S. 155/2:** OKAPIA/© CID/ISM/OKAPIA; **S. 155/3:** Fotolia/Sagittaria; **S. 155/4:** Fotolia/TrudiDesign; **S. 155/5:** Fotolia/loflo; **S. 155/6:** Fotolia/Sagittaria; **S. 155/7:** doc-stock health&wellness; **S. 155/8:** Fotolia/Sebastian Kaulitzki; **S. 155/9:** Superbild/Image N/0410604 copyright protected BSIP; **S. 156/1:** Fotolia/Valua Vitaly; **S. 156/2:** Fotolia/photophonie; **S. 158/1:** Shutterstock/Victoria Mchedleshvili; **S. 158/2:** Fotolia/Pixelot; **S. 159:** Fotolia/Fotolia RAW; **S. 160:** Shutterstock/NatUlrich; **S. 161:** K. Hartleb, Berlin; **S. 162:** Shutterstock/Dmitry Lobanov; **S. 163/1:** Fotolia/ratmaner; **S. 163/2:** Fotolia/katharinarau; **S. 163/3:** Fotolia/©Yingko; **S. 163/4:** Fotolia/Sea Wave; **S. 163/5:** Fotolia/Yvonne Bogdanski; **S. 164:** Fotolia/adimas; **S. 165/1:** Shutterstock/0tnOgy3Xq1EBFal7W7hDet; **S. 165/2:** Fotolia/Yvonne Bogdanski #4209690; **S. 166/1:** J. Mair, München; **S. 166/2:** G. Heinisch, Berlin; **S. 167/1–5:** G. Heinisch, Berlin; **S. 169:** Fotolia/Tanja; **S. 170:** Shutterstock/greggsphoto; **S. 171/1:** Shutterstock/Refat; **S. 171/2:** Shutterstock/luxorphoto; **S. 173:** Shutterstock/Ievtieiev Oleksandr; **S. 175/1:** Fotolia/Myst; **S. 175/2:** J. Mair, München; **S. 176:** Shutterstock/vadimmmus; **S. 177:** All mauritius images/Alamy; **S. 179/1:** Fotolia/detailblick-foto; **S. 179/2:** Fotolia/jirsacz; **S. 180:** J. Mair, München; **S. 182:** Fotolia/lisalucia; **S. 183/1:** G. Heinisch, Berlin; **S. 183/2:** imago/; **S. 185:** Fotolia/David Freigner; **S. 186:** Fotolia/VStock; **S. 187:** Shutterstock/Lopolo; **S. 189/1:** Seton, Sicherheit und Kennzeichnung/BRADY GmbH, SETON Division (www.seton.com); **S. 192:** Xenia Fink, Berlin; **S. 193/1:** Shutterstock /pryzmat; **S. 193/2:** doc-stock /© BSIP; **S. 193/3–4:** G. Raichle, Ulm; **S. 193/5:** B. Schlund, Hamburg; **S. 194:** G. Heinisch, Berlin; **S. 195:** Ärztliches Zentrum für Qualität in der Medizin (ÄZQ)/© ÄZQ, BÄK, KBV und AWMF 2015; **S. 197:** K. Mall, Berlin; **S. 198:** Fotolia/jörn buchheim; **S. 199:** Fotolia/Anterovium; **S. 201:** B. Schlund, Hamburg; **S. 202/1:** Fotolia/Pavel Losevsky; **S. 202/2:** Shutterstock/Oksana Guseva; **S. 203:** Shutterstock/smikeymikey1; **S. 204:** Fotolia/Pavel Losevsky; **S. 206:** Shutterstock/Oksana Guseva; **S. 208:** Shutterstock/smikeymikey1